零售业职业经理人（店长）资质认证培训教材

现代零售概论

黄国雄　总编
王成荣　主编

中国物资出版社

图书在版编目（CIP）数据

现代零售概论/王成荣主编．—北京：中国物资出版社，2007.1（2017.7重印）

零售业职业经理人（店长）资质认证培训教材

ISBN 978-7-5047-2601-8

Ⅰ.现… Ⅱ.王… Ⅲ.零售商业—商业经营—技术培训—教材 Ⅳ.F724.2

中国版本图书馆CIP数据核字（2006）第156568号

责任编辑 葛晓雯
责任印制 方朋远
责任校对 孙会香

中国物资出版社出版发行
网址：http://www.clph.cn
社址：北京市西城区月坛北街25号
电话：（010）68589540 邮政编码：100834
全国新华书店经销
三河市西华印务有限公司印刷

开本：787×980mm 1/16 印张：20 字数：364千字
2007年1月第1版 2017年7月第3次印刷
书号：ISBN 978-7-5047-2601-8/F·1062
印数：7001—8000册
定价：32.00元

育商界人才
塑现代精英

丙戌年夏月 何济海题

本书作者

主　　编：王成荣

副主编：赖　阳　黄爱光

参编人员：王成荣　赖　阳　黄爱光　韩凝春　康　健

胡　昕　李　诚　赵　挺　荆林波　赵京桥

序　言

中国商业联合会把零售业职业经理人（店长）资质认证作为一项中心任务来抓，资格认证，持证上岗，人才入库，统一交流，既体现了行业协会的基本职能，又适应当前零售业发展对人才的迫切需要。他们组织了全国著名的零售专家和学者，编写了“现代零售概论”、“现代零售实务”、“现代零售战略与管理”和“现代零售业法律法规汇编”一套丛书，不仅作为零售业职业经理人（店长）资质认证培训的教材，也成为所有从事零售工作者的重要参考书籍。

“商道即人道，商业即人业”，零售业直接关系群众的生活，营造消费环境，提供生活内容，促进消费观念的改变，推动生活质量的提高。在现代经济生活中，特别是我们社会主义市场经济国家，不仅应该把零售经营看作一种买卖形式，而且应该把它看成一种生活方式，把它作为一项“民生工程”，它直接关系宜居环境的建立和和谐社会的建设。因此，提高全体从业人员的素质，特别是管理者的素质，不仅仅关系到流通产业的生存和发展，同时也直接关系到广大消费者的利益，甚至也影响到生产的正常进行。

同时，我们还必须看到，第一，随着市场的全面开放，外资进入流通领域的步伐加快，市场竞争将全面展开。国内竞争国际化、国际竞争国内化。如何培育适应两个市场发展需要的复合型管理人才就更为迫切；第二，零售市场的竞争，是单体企业在同一商圈的较量，是在同一区域争夺消费者的抗争，首先不取决于它的总体规模，而取决于单体的竞争力，取决于每一个零售业企业管理者的水平和经营者的素质；第三，决定未来零售业胜败的三个要素，科技、信息和服务，归根结底还是个人的问题，是人才之间的竞争，“得人才者得天下”；第四，中国连锁商业急速扩张，人才已成为它发展的瓶颈，“十个杯子八个盖”，无法满足连锁发展对管理人才的需要。人才短缺，不仅导致连锁有规模无效益，而且也潜伏着发展的危机；第五，零售业的利润，主要来自管理利润，包括充分利用市场信息的机会利润，有效组织人、财、物、产、供、销有机运行的集聚效益，以及坚持勤俭办企业的成本节约，这三者都必须通过有效管理才能实现，其实质都是人的问题。

再者，我国市场经济处于发展初期，当前经理人培训市场不成熟、不规范、不系统，甚至处于混乱状态，多方卖弄插手，“证出多门”、“交钱发证”，导致证件贬值，直接影响到职业培训的健康发展。这次职业经理人（店长）资质认证培训由中国商业联合会统一组织、统一领导，一、这是行业协会职责所在，名正言顺，是世界的惯例。行业协会的根本任务在于自律，通过多种形式的培训，推动行业整体素质的提高；二、这是行业发展的客观需要。不管是深度开拓还是广度扩展，其核心问题在于人，特别是我国已进入连锁商业大发展时期，成也人才败也人才；三、这是专业性强，有一批职业性、专业性强的专家和教师队伍，可以针对实际需要，实施专业人才的培训计划；四、这是系统性教育。针对零售业实际需要，组织编写系统教材，从理论到实践、从历史到现实、从管理到经营，内容系统全面，考核重点，教师力量雄厚，既有教学、考评的权威性，又有全国商业联合会认证、发证的权威性。

人才的培育，特别是店长、公司经理一级人才的培训是当务之急，是全国推进整个零售产业经营和管理水平的关键，我愿意和业界同仁，从事零售业研究的专家、学者，以及企业界的老总共同努力，抓好零售业职业经理人（店长）资质认证这一工作，促进中国零售业健康、稳步、有序地发展。

注：黄国雄系中国商业经济学会副会长、中国市场学会顾问、商务部特聘专家

前　言

零售业是蓬勃发展的中国市场经济中最具活力的行业之一。在短短十几年时间里，中国零售业发生了翻天覆地的变化，新的经营业态和经营形式不断涌现，经营手段不断创新，整个行业面貌今非昔比。

特别是近几年来，由于国外零售商加速进入中国零售市场，在加剧了中国零售市场竞争的同时，也为我们带来了新的理念、新的技术、新的管理、新的商业面貌，促进了中国零售业以后发优势实现着跨越式的发展。走进一座城市，繁华有序的商业街成为城市现代化的标志；走进一个新型社区，功能齐备的各类零售服务网点给人们的生活带来了便捷与舒适。可以毫不夸张地说，中国的老百姓不出国门，甚至不出社区，就能享受到世界上最现代的商业设施，与世界同步流行的品牌，得到“上帝”般的礼遇和全新的购物体验。

零售业刺激着经济与就业，零售业改变着人们的生活方式，零售业推动着城市的繁荣，零售业也传递着新的社会风尚。中国零售业已经成为世界零售业的新秀，其发展速度、发展潜力不可低估。

但我们也清醒地看到，中国零售业由于发展时间短、市场环境不稳定，在与国外零售商短兵相接进行竞争的时候，明显感到，我们的网点优势、硬件优势突出，但软件过软，缺乏先进的经营管理理念与技术，尤其是缺乏人才，不少零售企业经营一家店铺尚可，但在以连锁形式扩张时，人才成为最大瓶颈。其中，经营管理人才，特别像店长和高级店长层次的人才更为短缺，成为人才市场竞争中的焦点。

在这样的背景下，中国商业联合会推出了《零售业职业经理人（店长)》职业标准，组织编写了“零售业职业经理人（店长）资质认证培训教材”，同时在全国开展了职业培训，为零售业发展提供人才支持。这是“雪中送炭”之举，是具有深远意义的一件事。

我们北京财贸职业学院商业研究所很高兴被邀请参加这套教材的编写，并由我主编《现代零售概论》一书。北京财贸职业学院商业研究所是专门从事现代流通研究的学术机构，2006 年被北京市教委正式批准为市属市管高等学校“学术创新团队”。零售业现代化问题是我们这个团队项目研究的重点内容之一，因此这本教材也就成为这个项目研究的部分成果。

从学科角度讲，零售是一门很复杂的学科，既涉及经济学、经营学，又与管理学、心理学和消费学密不可分。本书依据理论与实践相结合的编写原则，主要以总结零售业的产生发展规律和现代零售业的运作经验为切入点展开阐述，较为系统地介绍现代零售业经营与管理的基本知识，为读者学习本系列丛书中的《现代零售战略与管理》和《现代零售实务》奠定基础。

本书共分为十二章，从界定零售活动的特点、研究现代零售业的发展规律与趋势入手，依次阐述了零售组织、零售环境、零售客群、零售竞争、零售商圈、零售定位、零售经营、零售品牌、零售文化、零售理财和零售自动化等内容。

本书各章的撰稿人主要是北京财贸职业学院商业研究所的教师和研究人员。具体分工如下：第一章、第九章、第十章第一节由王成荣撰稿，第二章由韩凝春撰稿，第三章、第六章由黄爱光撰稿，第四章由赵挺撰稿，第五章、第十章第二节由李诚撰稿，第七章、第十二章由赖阳撰稿，第八章由胡昕撰稿，第十一章由康建撰稿。李诚参与了第九章的编作。中国社会科学院财贸经济研究所所长助理荆林波博士和赵京桥先生提供了第一章和第二章的部分手稿。赖阳和黄爱光作为副主编，协助本人对书稿进行了整理与修改，最后由本人总纂定稿。中国人民大学黄国雄教授对本书给予了方向性的指导，中国商业联合会培训部做了大量的组织协调工作，在此向他们表示真诚感谢！

我国零售业正处于成长过程中，零售理论与实践的探索十分活跃。由于编者水平所限，书中内容未必能够充分反映零售理论与实践研究的最新成果，缺陷、不足乃至错误在所难免，我们会在教学中认真听取学员的意见，听取读者的意见，在以后的修订中加以修改和完善。我们希望本书能够伴随中国零售业共同成长。

王成荣

2007 年 1 月

目录

第一章 导 论

本 章 提 要

零售业处于流通领域的终端，是国民经济的基础产业和窗口行业。厘清零售的概念以及零售业的职能，知悉零售业的演变过程、发展趋势以及相关理论，是学习和研究现代零售经营与管理的逻辑起点。

学习目的

了解零售活动的特点、零售业的职能和零售业态的分类；掌握历次零售革命的创新点和几种业态变迁理论的要点；重点掌握并联系实际分析国际国内零售业的发展趋势。

第一节 零售与零售业

一、零售的定义

“零售”一词来源于法语动词“retailer”，意思是“切碎”，是指一种大批量买进并且小批量卖出的活动；亦指将产品或服务出售给最终消费者，或出售给代表最终消费者进行购买活动的人的过程，这种消费活动通常是通过商店货架或邮购等方式完成的。由此我们可以把零售定义为：通过店铺或非店铺方式，以相对较小的数量，将商品出售给最终消费者并提供售后服务的活动。

正确理解零售的定义，需要把握以下内涵和延伸概念：

1. 零售在商品流通过程中是最终环节。商品经过零售环节，就从商品流通领域进入消费领域。

2. 零售的对象是最终消费者。最终消费者包括个人消费者和团体消费者，其购买商品与服务的目的是为了直接消费，通常不会将其再销售。

3. 零售商是零售活动的主要组织者。零售商作为制造商和消费者、批发商和消费者的中介，承担着满足个人消费和家庭消费的主要职能。但零售商并非惟一的“拆装（break bulk）”商业实体，部分生产商和批发商在从事大批量销售活动的同时也伴有零售活动。

4. 零售业作为零售商的集合，构成流通产业的重要组成部分。零售业是经济发展的晴雨表，其经营状况如何，不仅关乎着消费者需要的满足程度，影响着整个经济的增长速度，同时也关系着社会就业和社会和谐。

二、零售活动的特点

与批发活动相比较，零售活动具有如下特点：

1. 交易次数频繁，但交易批量较少。由于零售商主要面对的是众多最终消费者，在一定时间内接待的顾客多，出售的商品品种多，交易次数多，但每次交易的数量和金额较少。零售活动的这一特点，要求零售商必须做到经营品种齐全、备货充分；同时要求零售商在批量购进商品、零散售出商品的整个过程中，对每一个环节的成本与费用都要精打细算，实施严格控制。

2. 零售活动多为固定场所或固定现货交易。消费者通过到商店现场选购或通过网络及电话向零售商订购商品，一次性完成现货交易。零售活动的这一特点，要求零售商必须有品质保证及适用的包装和明确的价格提示；同时要求零售商做好市场预测，及时购进适销对路的商品，避免造成商品积压。

3. 零售交易中消费者表现出一定的随机性。消费者有计划的购买行为只占一部分，在很多情况下是即兴购买，即凭兴致和情感进行购买决策。这就要求零售商必须考虑营业时间、商品陈列、店堂布置、橱窗广告及灯光、音响等环境因素，在提供优质商品的同时，提供适度服务。在吸引消费者购买和创造效益中取得平衡。

4. 零售活动受业态及商圈的影响较大。零售商从事零售活动都会选择一种或几种业态，各种业态的店铺都有相应的商圈。因为每种业态都有自身的经营规律，每个商圈的需求都存在一定差异，因此要求零售商潜心研究目标市场，明确经营方向，在经营商品的综合性与专业性、广度与深度以及品牌组合和价位上寻找最好的定位。

5. 零售活动可以在店铺内进行也可在非店铺进行。现代零售业，多数零售活动是在固定的商店内进行的，但随着信息技术在零售业中的广泛应用，电话或电视直销、邮购、网上销售等非店铺销售形式长足发展。据此，零售商可以通过采用现代营销技术和手段，降低成本，适应需求，扩大销售。

三、零售业的使命及责任

零售业承担着将商品从流通领域转入到消费领域的使命。

这一使命决定了它的具体责任：

1. 组织商品。消费者为了生存和发展，需要衣、食、住、行、用、娱、教等各类商品，但在市场经济条件下，由于受时间、空间、信息沟通等因素制约，消费者一般不可能与制造商和批发商直接发生交易。在这种情况下，零售商承担起从生产商和批发商购进商品，并按照消费者的需要进行分类、组合、包装，使消费者不仅能方便购买，而且能得到多方面需求的满足。

2. 储存商品并承担风险。为了满足消费者随时购买之需，零售商必须储备一定的商品，即批量采购、零散售出。但是商品在储备期间会伴随着各种风险，如因商品自然损耗、自然灾害、被盗等会造成损失，因商品购进过多或时尚更新、技术更新等形成积压也会造成损失，这些风险均由零售商来承担。

3. 信息传递。零售业的商品流通终端地位，决定了它能以最快的速度获得消费品市场上的各种信息，并将这些信息及时反馈给批发商和制造商，促使批发商和制造商及时购进或生产适销对路的商品；同时，还可以把批发商、制造商以及自身的商品信息快速传递给消费者，引发消费者的购买欲望，方便消费者的购买。

4. 恪守诚信。零售业是社会信用的主要体现者和承担者之一，消费者要透过零售业这一窗口，直接感受和评价社会信用状况。零售商只有坚守商业信用、诚实经营，才能取信于消费者。零售业的诚信责任还体现在，通过向消费者提供赊销、分期付款等消费信用形式，对消费者起到融资的作用。

从扩展意义上讲，零售业还具有创造社会价值、保持社会稳定、保护环境、推动文明建设等方面的社会责任。

第二节　零售革命与业态变迁

一、零售业的产生

零售业是伴随着商业的产生而产生的。

人类社会的发展进程经历了三次社会大分工：即第一次，畜牧业与农业分离；第二次，手工业与农业、畜牧业分离；第三次，商业与农业、畜牧业、手工业分离。伴随着社会大分工，商品交换也经历了物物交换、以货币为媒介的交换和以商业（人）为媒介的交换三个阶段。商业是社会分工和商品交换发展的必然产物。

商业（人）产生以后，解决了生产过程和消费需要在时间、空间、数量、质量和技能等方面的矛盾，因而大大促进了商品经济的发展。但在商品经济发展的初期，由于生产规模较小，品种较少，消费需求简单，商人从生产者那里购买商品直接卖给消费者，没有批发与零售的详细分工；当商品经济迅速发展以后，尤其是伴随着大机器工业的出现，不仅生产规模扩大，商品品种、花色大幅度增加，消费需求也越来越复杂多变，依靠单个商人从众多、分散的生产者处购买商品，再卖给更加众多、分散的消费者，已经十分困难。因此，在商业内部，批发与零售的职能开始分离。批发商专门从众多、分散的生产者那里采购商品，卖给数量较少的零售商；零售商通过向不同的批发商购进商品，进行合理的组合，通过固定的店铺或其他形式把商品卖给消费者，满足不同消费者的不同需求。于是零售业作为商品流通中相对独立的产业应运而生。

零售业发展的早期，零售商从事零售活动，没有准确的市场定位，也没有多变的业态，零售形式多以杂货铺和流动售卖为主。杂货铺和流动售卖适应当时的市场需要，经营特点是规模小，经营的商品“杂”而“变”，即品种、品类杂，并且因市场变化而迅速改变，带有较大随机性。

伴随着工业革命的爆发，世界上第一家百货商店在法国巴黎诞生，之后蔓延至整个西方世界。它以全新的面貌和经营方式，开创了零售业的一个新时代。可以说，百货商店的诞生是现代零售业形成的重要标志。

二、零售革命

零售革命是零售业发展过程中新旧形式换位变化及内在动力的扩张与延伸

过程。零售革命是一个国家和地区社会发展、经济增长、技术与生活方式变革的必然产物。零售革命不是一种零售形式对另一种形式的替代，而是新的零售形式对旧的零售形式的冲击。每次零售革命所诞生的并取得支配地位的零售形式，都对当时的零售业和生活方式具有很强的冲击力，具有影响面大、持续时间长的显著特征。零售革命包括零售业态革命和零售管理革命。有些零售革命是以零售业态变革为主要标志的，有些零售革命则是以管理变革为主要标志的。

目前，学术界对零售革命的认定，说法不一。一种为三次说，即百货商店、连锁商店、超级市场，这三次革命是零售革命中最重要的三次，也是对世界零售格局影响最大的三次。还有一种观点是八次说，即百货商店、一价商店、连锁商店、超级市场、购物中心、自动售货机、步行商业街和多媒体购物。这种观点比较全面地概括了世界零售业发展史上的历次重大变革。本书认为，纵观现代零售业一百多年的历史，百货商店、连锁商店、超级市场、购物中心和无店铺销售的相继出现，对零售业发展和消费方式变化的冲击力和影响面较大，持续时间也较长，具有零售革命的显著特征。

（一）第一次零售革命：百货商店兴起

世界上第一家百货商店诞生于 1852 年，是由阿里斯蒂德·布西科与合伙人在法国巴黎创办的博马尔谢商店。因此阿里斯蒂德·布西科被称为百货商店之父。第一家百货商店诞生后，迅速被各国所效仿，美国梅西百货店、德国尔拉海姆、黑尔曼和奇茨百货店、英国哈罗德百货店相继开业，在全世界掀起了百货商店的高潮。

百货商店的诞生与第一次工业革命的爆发密切相联。第一次工业革命带来了丰富的商品和更加便利的交通运输条件，使得开设综合性商店成为可能；城市化进程的加快，八小时工作制的实行，使得人们购买力集中，购物休闲时间大大增加。这些条件带来了人们对百货商店这种新型业态的需求，并使其得以在最早爆发工业革命的国家和地区迅速扩展，并迅速取得主导地位。

百货商店与传统的店铺相比，具有很大创新性，其很多方面的创新奠定了现代零售业的基础。百货商店的创新点主要表现在：

1. 由单项经营变为综合经营。传统店铺多为单项经营，如布料店、鞋店、饰品店等；即使在一些杂货店里，品种也非常有限。而百货商店将多种日常用品汇集一店，实行综合经营。

2. 由单纯购物场所变为休闲场所。传统店铺只限购物者进入，而百货商店欢迎顾客自由参观、购物，一时被誉为“免费博物馆”，成为人们休闲享乐的场所。

3. 由议价销售变为明码标价销售。传统店铺以讨价还价方式进行销售，价格具有弹性，一客一价，因人而异，带有随意性、欺骗性。百货商店采取明码标价的固定价格策略，一视同仁，使得不会议价的消费者也能放心购物。

4. 由不退换商品变为自由退换商品。在传统店铺，顾客常常受到“售出商品概不退换”的提示。百货商店实行商品自由退换制度，只要是顾客不满意的商品一般都可以进行退换。

5. 由高价销售变为低价销售。传统店铺实行高价格、低周转的策略。百货商店采取低价格、高周转的策略。最早的博马尔谢百货商店在法文中就是廉价的意思，这是百货商店在零售业中势力迅速扩张的关键之处。当然到今天，百货商店经过150多年的漫长生命历程，以及在与新兴业态不断竞争的态势下，已逐渐转移自己的市场定位，购物环境越来越舒适，附加服务越来越多，商品从日用品走向高档商品，价格也越来越高。

百货商店革命使人们购物更加便利，使人们享受到了低廉的价格和舒适的环境。这些特点也成为后来历次零售革命的主要突破口。

（二）第二次零售革命——连锁商店的出现

世界上最早的连锁商店产生于19世纪中叶。1859年乔治·吉尔曼和乔治·哈特福德在纽约开办了大美茶叶公司，由于价格较低、促销有力，形成廉价连锁系统，使店铺数量迅速增加，取得极大成功。后来，伍尔沃思兄弟开办了廉价杂货商店，巴尔的摩杂货批发公司、曼哈顿药品联合公司、辛辛那提杂货批发公司开设的连锁商店相继创建，连锁公司在美国得到迅速发展。同时，欧洲各国也先后产生了一大批连锁商店，形成了世界范围的连锁革命。

连锁商店革命的爆发，从根本上讲，也是工业革命的必然产物。从零售业发展角度看，它是零售商之间竞争不断加剧、零售企业集中化程度提高的必然结果。

连锁商店一般是在同一总部的指导和管理下，经营同类商品，使用统一商号，采取统一采购配送，实现规模化经营。连锁商店的经营形式适应了社会大生产的需要，能够批量吞入商品，又能分散吐出，最佳地解决了产、销矛盾。连锁商店革命所带来的零售业创新，主要表现在零售组织方面：

1. 实现了统一管理和标准化运作。连锁商店经营方式实际上是工业标准化流水线作业方式在零售业的延续。由于实现了统一管理，强化了商品进销、价格、服务以及形象等方面的标准化，所以大大降低了成本，扩展了市场，产生了规模效应。

2. 创造了一种新的商业循环。即通过大量开店，实现规模经营，压低进货价格，进而实现较低售价，再用低售价取得竞争力，扩大市场份额和经营规模。连锁商店的最大优势和杀手锏就是低价。

3. 更加便利了消费者的购买。由于连锁商店主要经营的是大众化商品，店铺又多数开在交通便捷之地或居民社区附近，缩短了消费者购物的空间距离和所用时间，方便了人们的购买。

连锁商店经过一百多年的发展，不断完善并成熟起来。从连锁形式上看，其已经形成正规连锁、自由连锁和特许连锁三种形式；连锁商店所涉及的业态也在不断增多，包括超级市场、仓储商店、专业店、专卖店、廉价商店、便利商店和百货商场等；连锁经营的价格也因业态的增多出现多样化，如百货商店实行连锁经营，并不意味着低价，因为它要提供各种附加服务，不一定给顾客提供多少价格实惠。

连锁商店革命的影响是巨大的，它不仅为大零售集团的形成创造了条件，推动了工农业生产的标准化，而且促进了社会服务业的发展和人们生活方式的变革。

（三）第三次零售革命——超级市场的诞生

超级市场诞生于20世纪30年代，美国金·卡伦超级市场是今天超级市场的先驱。30年代以后超级市场在美国得到发展，第二次世界大战以后，超级市场迅速在欧洲和日本等地蔓延，标志着世界性的超级市场革命的爆发。

超级市场革命与信息革命相联，也是第二次零售革命的延续。超级市场出现后，借助连锁和IT技术的帮助，迅速扩张成为了百货商店的最大挑战者，并逐渐扩大市场份额，如今已经成为世界零售业的主导业态。

超级市场革命所推动的零售创新主要表现在：

1. 自我服务。超级市场一改过去由营业员提供服务的状况，开创了开架销售、自我服务的销售方式。顾客成为商店的主人，直接接触商品，任意挑选，自主决策。这种销售方式不仅提升了顾客的地位，满足了顾客的消费心理，方便了顾客购买，而且大大节省了商店的人力成本，使得价格更加低廉，竞争力更强。

2. 一次满足。超级市场经营的食品和日用品品牌、品种齐全，能够满足人们居家生活各个方面的基本需求。所以超级市场出现后，实现了家庭主妇一次购足的愿望，即只要进入一家店铺，就能买全日常生活所需商品，不必分头采购。这样，节省了消费者的购物时间，适应了当时人们生活节奏加快的趋势。

3. 零售现代化。超级市场应用了现代电脑化的收银系统、订货系统、核算系统，科学地管理经营的各个环节，同时应用了现代化的交通手段，使流通速度和周转效率大为提高。因此，超级市场革命不仅是一场零售革命，也是一场电脑技术在流通领域应用的革命。

4. 店址边缘化。在超级市场出现之前，传统店铺多是围绕城市中心设置，城与市一体。第二次世界大战后，随着住宅向城郊发展，不少超级市场也远离城市中心，向城郊居民区渗透，冲破了传统城与市一体化的格局，创造了新的郊区商业格局。超级市场边缘化的成功，也带动了其他业态城郊化的热潮。

超级市场出现后，一直处于不断变化和完善过程中，其演变轨迹呈现为：经营的商品由食品走向综合日用品，规模由小到大，服务也由一元走向多元。

超级市场革命本质上是一场售货方式的变革，它使开架销售流行，使整洁和舒适的购物环境得以普及，同时促进了商品包装的变革，对零售业的变革与发展具有深远的影响。

（四）第四次零售革命——购物中心崛起

1920 年，杰西·尼克尔斯在美国堪萨斯创建的乡村俱乐部广场，被认为是购物中心时代的开端，但购物中心的快速发展是在第二次世界大战以后，因此，人们普遍认为购物中心革命是 20 世纪 50 年代爆发的。

购物中心革命的原因，主要是由于消费水平的提高，中产阶级离开城市中心区到郊区居住，家庭轿车的普及为他们的生活和购物提供了便利；同时，城市中心区地价昂贵且市场萧条，使零售商难以发展，因此郊区大型购物中心应运而生。

购物中心不是一种零售业态，它是若干零售商店聚集在一起经营的零售场所。美国国际购物中心协会认为，购物中心具有统一产权、统一组织体系、能使顾客一次购足、拥有足够数量的停车场、有更新或创造商圈的贡献等特征。

购物中心革命所带来的零售创新表现在：

1. 综合购物功能。购物中心将百货商店、超级市场、各类专业店汇聚在一个建筑物内，集合几乎所有品牌、品类、品种的高、中、低档次商品，这种综合性的商品经营，使每一位顾客在其中均能买到所需商品，即实现真正意义上的“一次购足”——不仅包括食品和日常用品，也包括选择性、耐用性商品和高级消费品的“一次性购足”。

2. 创新生活服务功能。购物中心不仅是购物场所，也是生活化场所。它创新性地设置了很多餐饮、休闲、娱乐和运动设施，举办音乐、戏剧表演和艺术展览等文化活动，使人们享受全方位的生活乐趣。因此，购物中心也是顾客实现“一次性消费满足”的现代生活之城。

3. 统一管理功能。购物中心对汇聚其中的各类店铺实行统一的物业管理，采取统一形象宣传和联合促销活动。这不仅克服了单体商店实行独立物业管理分散精力、因财力有限不能进行大规模宣传和促销的局限性，而且大量节省了广告促销及其他费用，对消费者的吸引力也相当大。

购物中心在发展中也出现了多种形式，如社区型、市区型和郊区型等，但影响最大的还是超区域的郊区型 Shopping Mall。Shopping Mall 的出现，不仅创造了新的商业空间，促进了零售业的现代化，推动了城市外延的扩展，更为明显的是丰富了人们的生活，提升了人们的生活品质。

（五）第五次零售革命——无店铺销售流行

无店铺销售包括访问推销、邮政销售、电话销售、自动售货机销售、网上商店销售等，其中网上商店的出现，被认为是最具代表性的无店铺销售方式，也是第五次零售革命的主要标志。

网上商店诞生于 1994 年的美国，如维切葡萄酒公司的维杜勒葡萄园、领先旅游公司等率先采用网上销售方式。在这场零售革命爆发时，最著名的当属杰弗瑞·贝索斯于 1995 年开设的亚马逊网上公司。之后随着互联网的发展，网上商店也迅速在全球得到发展。

网上商店是信息革命带来的产物，是互联网应用于商业领域的直接结果。

网上商店把店铺销售和无店铺销售的优点结合在一起，使人们购物进入一个全新的境界。这次零售革命的主要创新之处在于：

1. 交易过程高效化。在网上商店，零售商无需店铺，无需库存；消费者也无需到店铺现场选购，只需根据网页上的商品目录和图片，轻轻按动鼠标实现购买。这种高效化的销售方式，既可以降低零售商的分销成本，也可以节省消费者购买商品的时间成本。

2. 零售商与顾客的互动性。在网络环境下，零售商可以以极低的成本，在营销全过程中发布供应信息并搜集消费者的需求信息；消费者则有机会对从产品设计到定价及服务等一系列问题发表意见。这种互动的沟通方式提高了消费者的参与性，更重要的是它能使企业的营销决策有的放矢，从根本上提高了消费者的满意度。

3. 销售活动无空间限制。网上商店依赖于互联网，电脑屏幕就等于商店卖场，顾客与商店零距离，只要能够上网，就可以在全世界任何国家的网上商店漫游和购物。对于零售商来讲，只要把商品目录和图片挂到网上商店，就有可能在瞬间进入全球所有网上消费者的视野，从而创造了低成本推销的最好形式。尤其是网络虚拟中心（Cyber Mall）的形成，能够把多家网上商店集合在一起，使顾客在网上实现“一次性购足”的愿望。

4. 营业无时间限制。网上商店从根本上打破了传统商店有固定营业时间的销售方式，顾客想购物的时间就是网上商店的营业时间。顾客可以在一天24小时内，随时上网购物，营业时间由顾客掌控，而不是由商店掌控，体现了顾客的主动地位。

网上商店的发展对流通业的影响是深远的，虽然目前受商品质量标准、商业信用、支付安全以及电脑和网络普及程度等方面因素的影响，它还没有成为零售的主要形式，但可以预期的是，网上商店为零售商开辟了新的销售通路，扩大了市场空间，为消费者提供了时间成本低、购物更加便利的消费方式，因此具有巨大的发展潜力和光明的发展前景。

综观上述五次大的零售革命，其爆发的时间与地点均与社会生产的发展程度及信息技术的发展状况息息相关。在五次大的零售革命中，除百货商店革命出现在工业革命最早发源地——欧洲以外，其他四次均首发于美国，这与美国强大的经济及信息技术实力分不开。

三、零售业态类型与变迁理论

（一）零售业态的内涵与类型

“业态”一词源于日本，20世纪80年代引入中国。国家质量监督检验检疫总局、国家标准化管理委员会联合颁布的国家标准《零售业态分类》(GB/T 18106－2004)把零售业态定义为：“零售企业为满足不同的消费需求进行相应的要素组合而形成的不同经营形态。”

零售业态的表现形式是各种各样的业态店。业态店不同于业种店。业种店是按照商品供给类型组建的零售店铺，如布店、粮店、杂货店等。业态店主要是按照消费需求类型而组建的店铺，如超级市场、仓储商店、便利商店等。业态店是业种店的升级，体现了以消费者为中心的现代营销理念。

上述《零售业态分类》规定的零售业态分类原则是：零售业态按零售店铺的结构特点，根据其经营方式、商品结构、服务功能，以及选址、商圈规模、店堂设施、目标顾客和有无固定营业场所进行分类。零售业态从总体上可以分为有店铺零售业态和无店铺零售业态两类。

有店铺零售业态是指有固定的进行商品陈列和销售所需要的场所和空间，并且消费者的购买行为主要在这一场所内完成的零售业态。有店铺零售业态分为十二类：食杂店、便利店、折扣店、超市、大型超市、仓储会员店、百货店、专业店、专卖店、家居建材商店、购物中心、厂家直销中心。

无店铺零售业态是指不通过店铺销售，由厂家或商家直接将商品递送给消费者的零售业态。无店铺零售业态分为五类：电视购物、邮购、网上商店、自动售货亭、电话购物。

（二）零售业态变迁理论

零售业态变迁与创新，从根本原因看，源于社会经济发展和科学技术进步，源于市场的发育；从直接原因看，与零售业自身的发展以及历次零售革命息息相关。西方理论界对零售业态变迁的规律做出了多种解释，其中最有代表性的有零售轮转学说、辩证进程学说、手风琴学说、自然选择学说和生命周期学说等理论，这些理论从不同的侧面阐述了零售业变迁的动因。

1. 零售轮转学说（Wheel of Retailing）

零售轮转学说是由哈佛大学马尔克姆·麦克内尔于1958年提出来的。该学说认为，任何一种零售组织形式都有着一个周期性的，像车轮似的发展规律。新的零售业态进入市场时，都采用“低成本、低价格、低利润”的经营策略，零售商在这个阶段多数销售低毛利、高流转的商品。当这种零售业态通过渗透策略占领了市场，成为人们关注的竞争目标时，大量的模仿者逐步跟进，迫使初始创新者无法通过低价渗透来差别定位，而是要向消费者展示更为舒适的购物场所和环境，提供广泛的服务项目，多样化的产品类别，特别是趋向于时尚化的产品。同时为了竞争的需要，加大营销投入，增强宣传力度，这些措施都会导致营销成本的增高，使最初的创新零售组织经过成熟阶段衍变为高定位、高毛利的经营者。由于零售商面临高定价、保守、经营负担过重、投资回收率降低等问题，从而为后来者以低成本渗透留出空隙，如此零售车轮又转动起来了。这种学说很好地解释了零售业从百货商店向专卖店、连锁店，进而向仓储店、折扣店的过渡。

2. 辩证进程学说（Dialectic Process）

辩证进程学说是美国零售专家吉斯特于1971年首先提出，后得到托马斯·马罗尼克和布鲁斯·沃克确认的学说。该理论把黑格尔的辩证法应用于零售组织发展，借用黑格尔的“正反合原理”，把现有的零售企业看作是“正”，那么，“反”就代表它的对立面，“合”指两者的结合体。零售组织正是与竞争者的挑战中，不断完善自身，不断“否定自己”，扬弃其不合理的“内核”，上升到“否定之否定”的境界。比如，折扣店和百货商店，是一组竞争伙伴，前者侧重价格便宜、高流转、低毛利、自我服务、低租金地段设点和简单的设施，而后者偏重高定价、低流转、高毛利、全套服务、繁华商业区设点和豪华设施。而折扣百货商店的出现，兼收并蓄了折扣店和百货商店的优点，也就是它们两者的变异，或者说是它们的结晶体。具体而言，折扣百货商店就是要提供适当价位的商品，追求适中的流转和毛利，满足有限的服务、城郊设点和配备一定的服务设施。

3. 手风琴学说（Retail Accordion）

手风琴学说是由斯坦利·霍兰德于1966年提出的，也称作“综合—专业—综合理论”。他从手风琴的一张一合中受到启发，认为零售组织的衍变也是如此，即从综合商店发展到专业店，再由专业店发展至综合商店，这种交替方式不断重复，周而复始，只不过每次的重复是在更高水平上的重复，是含有内在管理水平差异的演变，而不是简单的反复、机械地轮回。由此，零售业在专业化和多样化之间来回徘徊，不断反复，每次都衍变出一种新的业态。

4. 自然选择学说（Natural Selection）

自然选择学说是由德瑞思曼于1968年提出的，该理论把达尔文的进化论引入零售组织理论里来，认为可以把各种零售组织看作是不同的经济“物种”，它们都面临着不断变化的消费者需求、竞争者策略、政治经济格局、文化变迁、技术革命、自然环境等，零售企业也有物竞天择、适者生存的问题。比如购物中心的出现，就是适应了城市中心百货商店出现的停车难、交通不便等问题，人们需要一种更大的、能够购物方便、同时满足娱乐等多种需求的场所，于是大型购物中心应运而生。当环境因素，特别是宏观环境这些不可控制的因素发生变化时，零售企业如果不能适应其变化进行变革，就将失去生命力。

5. 生命周期理论（Life Cycle of Retailing）

生命周期理论是由戴维森和巴斯于1976年提出的。该理论认为，零售业态和产品一样也存在生命周期，零售业态的生命周期也经过导入期、成长期、成熟期、衰退期四个阶段。在导入期，新型业态开始出现，表现出较大的优势，其投资收益率、销售增长率和市场占有率都迅速增长；在成长期，新型业态的模仿者大量出现，先进入者开始复制新店，并进行地区扩张；在成熟期，该零售业态已失去往日的生机，并受到处于导入期的新型业态的挑战，从而导致市场占有率稳定或下降，投资收益率下降。多数零售业态的成熟期都比较长，能够取得中等水平的收益率。到了衰退期，这种零售业态的销售增长率和市场占有率下降，经营困难。各种零售业态都存在生命周期，但不同业态的生命周期长短是有差别的。

以上理论从不同角度解释了零售业态变迁的规律性，虽然存在局限性，缺乏整体考量和环境考量，仍可作为了解和研究零售业态变迁的重要参考。零售业态的变迁是不以人的意志为转移的，研究某一国家或地区的零售业态变迁，应综合考量消费者的构成、支付能力、购买愿望、消费心理、消费习惯、零售业经营理念、管理水平、竞争能力、资源状况，以及整个国家或地区的经济发展水平、信息技术、物流配送、城市建设、社会文化观念、法律法规发展状况等多方面的因素；研究世界性的零售业态变迁，除了要综合考虑上述因素外，还要考虑各国的市场开放程度以及不同消费文化的交流等因素，只有这样，才能得出较为科学的结论。

中国零售业在十几年时间里，创造或引进了当今世界上所有新型零售业态。一方面说明，中国市场经济蓬勃发展，居民消费水平迅速提高，零售市场繁荣，已经具备了各种新型业态的发展条件；另一方面也说明，中国面临着全球化、工业化、城市化与网络化的各种挑战，市场开放度大大提高，在较短时间内迅速接受了现代零售业的经营理念，实现了跨越式发展。

第三节 零售业的发展趋势

一、国际零售业的发展趋势

随着世界经济一体化的深入，国际零售业出现了很多新的变化，在零售格局、竞争态势、增长模式、空间布局、开发模式及经营手段等方面呈现出以下发展趋势。

（一）零售格局——大企业主导

近年来，国际性大型零售企业迅速成长。在最新的《财富》杂志公布的2005年世界500强企业中，排名前100位中有11家零售连锁企业赫然在榜。其中包括连续三年名列榜首的美国沃尔玛（排名第1位）、法国家乐福（排名第22位）和德国麦德龙（排名第42位）等。

1. 世界零售业已经形成大企业主导的格局，国际性超大零售商在世界流通产业中发挥着越来越重要的作用，主导了零售业的主要格局。

2005年，沃尔玛的全球销售额达到3124亿美元，占美国消费品市场份额的20%。早在2003年5月出版的《财富》杂志，就形象地勾绘了这一零售巨人的庞大："去年秋天，沃尔玛的日销售额为14.2亿美元，超过了36个国家的GDP之和；它是21个州中最大的雇主，身穿该公司工作服的人数超过了美国军队的人数；它今年的增长规模相当于新建一个——你可以任选其一——道氏化学（Dow Chemical）、百事可乐、微软或洛克希德·马丁（Lockheed Martin）公司；如果用它每年因失窃而损失的大约20亿美元成立一家公司，可以在《财富》1000强中名列第694位。”在欧洲，销售额居前10位的零售企业的合计销售额，占欧洲零售百强销售总额的41%，前30家企业占近70%。法国家乐福是全球第二大零售商、欧洲最大的零售企业，总销售额达700亿欧元，其中565亿欧元是在欧洲完成的，占八成以上。家乐福在欧洲的销售额中有近1/3（343.4亿欧元）是在法国国内实现的。家乐福在法国本土的销售额占其全球总销售额的49.4%；在包括欧洲其他国家和亚洲、美洲的销售额占总额的50.6%。荷兰阿霍德是继美国沃尔玛和法国家乐福之后的全球第三大零售商，在欧洲的销售额为218亿欧元，虽然仅排在第10位，但其在全球的总销售额却达666亿欧元。德国麦德龙是全球第四大零售商，在欧洲的销售额为483亿欧元，其中近200亿欧元是在除德国之外的欧洲其他国家实现的，占总销售额的41%；在德国国内的销售额为284亿欧元，占总额的59%。

2. 国际性大型零售商不仅在本国的零售业中居于主导地位，而且在全球的零售格局中也发挥着重要作用。

在全球零售格局中，大型零售商的主导作用主要表现在两个方面：

①主导价格形成，决定产业链的价值分布。许多大型零售商凭借自身的庞大终端优势，从生产商直接采购，以大批量采购为前提，不断压低进货价格，降低成本，进而实现低价销售。

②主导产业布局，决定各国经济格局。国际大型零售商采购基地的转移、市场目标的变化，均会对相关国家或地区的经济发展、就业和市场繁荣产生影响。

（二）竞争态势——全球化

零售业是极具竞争性的行业，当今的零售竞争已经远远跨越一个国家或地区的界线、转向区域化和全球化。

近些年来的世界零售业一直以美国为主导，在全球化竞争中，美国大型零售商一直扮演着重要的角色。根据美国零售联盟（NRF）的数据，2003年，全球零售市场总规模约7.5万亿美元，其中，美国零售业（不含餐饮）实现零售额3.34万亿美元，约占全球市场规模的44.3%。全球200强零售企业中，美国零售企业有78家，按企业数量占比重39%，按实现销售额占比重47.3%。

国际零售业竞争的特点，主要表现在以下两个方面：

1. 零售巨头加速合并与重组

在全球化竞争中，国际化的零售企业为了增强竞争实力，纷纷合并重组，并购浪潮此起彼伏。近期，国际零售企业并购行为呈快速上升势头，这种大规模的并购将对全球零售业格局产生深远影响。最典型并购案有凯马特合并西尔斯，新公司命名为“西尔斯控股公司”（Sears Holdings Corp），虽沿用了“西尔斯”的名字，但实际上是规模较小的凯玛特吞并了西尔斯；联合百货与五月百货成功合并，两强携手，一个“巨无霸”百货公司诞生，其949家连锁店分布于美国49个州，年收入额接近300亿美元，成为真正意义上的“全国性百货公司”。除此以外，德国零售业巨头Edeka公司从法国ITM公司那并购了连锁超市Spar；智利Cencosud公司以7850万美元收购了本地的连锁企业Supermercados Montecarlo。与这种并购相适应的是，有些零售商在竞争中纷纷败阵。美国超级市场巨擘温—迪克斯（Winn - Dixie）申请破产重组；受德国民间消费衰退的影响，德国最大的连锁百货公司卡尔施达德公司销售业绩持续下滑，巨额亏损已使卡尔施达德公司面临关门的险境。

2. 国际零售商积极拓展海外市场

近年来，国际零售商为扩大市场，跨国经营的步伐明显加快。跨国经营国家数，由1986年的平均2.8个上升到2003年的10.1个；拥有外国业务国家数，也从平均4.7个增加到14个。随着全球主要国家国内生产总值的快速增长，零售市场的规模也在逐步扩大。在这种情况下，国际零售企业越来越关注新兴零售市场的发展机遇。

尽管零售业巨头在国外的发展并非一帆风顺，但到目前为止，似乎还没有一家企业有放缓海外开店步伐的打算。英国《经济学家》的文章分析指出，当零售商在国内达到某种规模和地位时，向海外扩展的诱惑力将变得很大，而且更重要的是，如果国内的规模过大，他们还将因此受到国内监管部门和工会的谴责。沃尔玛称霸美国市场，但进军全球的路途一直坎坷。如今沃尔玛仍在步步为营，以求实现5年内征服高难度全球零售市场。全球零售业三大巨头中，家乐福国际化程度最高，它不仅最早走出国门，而且现在已经在30多个国家拥有超过10000家分店。但家乐福有进有退，一直保持着稳步推进的态势。特易购公司在全球13个国家和地区经营着2300多家店铺，目前它正以全球扩张的雄心，与已经在中国安营扎寨的法国家乐福和美国沃尔玛展开直面竞争。德国廉价超市连锁店阿迪（ALDI）在本土成功阻击沃尔玛之后，也开始迈出国门。尽管面临很多问题，但其海外竞争战略已经开始实施。

（三）增长模式——业态创新与经营方式创新

纵观大型零售企业的成功历程，无不是立足于准确把握消费趋势和市场空隙，立足于创新业态，创新经营方式，打造独特的赢利模式。如沃尔玛起家于折扣店而打败了传统超市，伊藤洋华堂的“百货+超市”模式一度所向披靡，7-ELEVEN便利店以独有商品获得高毛利的赢利模式成为便利店之王，麦德龙、万客隆的现购自运式销售、宜家的廉价主题式卖场纷纷取得了成功等。

世界零售业经过几次零售革命，基本形成了以百货和超市这两种业态为骨干的多层次、多形式、多功能的适合不同消费群体需求的零售经营业态体系。百货店和超市两种业态近年来飞速增长。从1997年到2002年，30家国际最大的食品零售商经营的大型综合超市扩张速度增长了50%，百货店增长了47%，现购自运模式增长了49%。

全球零售行业百强企业中，大多经营以百货店和超市为主的、两到三种业态，有的企业在四五种业态中同时开展业务。随着经济发展和居民收入水平的提高，消费需求多样化趋势日益明显，因此其必然要求零售商在业态和经营方式上继续进行多样化探索与创新。正像《商店》杂志的发行人和全美零售业联盟的副总裁Rick Gallagher所说，零售业竞争已进入一个新境界，商场必须不断评估商业模式和消费者趋势以吸引和留住消费者。变革和创新成为了零售业发展的永恒主题。

这里所讲的业态创新，不仅是指在原有业态基础上创造一种全新的业态，其主要是指零售商在经营原业态的同时，积极探索经营新业态，或者探索把不同的业态结合起来、创造混合业态的形式。这种业态创新通常也伴随着经营方式的创新。

例如，沃尔玛利用其本店规模优势，近年来扩展家居零售。根据商业杂志《今日家具》（*Furniture Today*）发布的行业排名，2002年起，沃尔玛成为美国家居销售量第一的零售商，成为过去十年中第一个占据第一位置的非家具专业零售商。面对沃尔玛的竞争，全球最大的建材家居零售商Home Depot和美国家庭装修零售商Lowe's设法通过提供诸如建筑用辅料和五金器具等商品丰富他们的产品线，同样获得了较好的经营业绩。又如，好事多在会员制仓储零售方面进行创新，抓住高端商品低价销售的细分市场，以低价经营奢侈品，吸引富裕消费者，在与沃尔玛山姆会员店的竞争中取得优势。好事多的会员平均每年在好事多购物11.4次，每次平均花费94美元。而山姆会员店的会员每年购物只有8.5次，每次平均花费78美元。再如，英国零售巨头马莎（M&S）在英格兰东北部的城市Ateshead首创一家出售家居类产品的新型生活概念店，主要经营家庭日用品，内部展示面积达到2.13万平方米，店内货物分类排列在9个各具特色的区域，每个区域表现不同“空间”的概念，包括起居、休闲、欢庆、烹调、组织、游戏和户外空间等，与传统的产品分类方式有很大不同。由于新颖吸引人，很快开设了第二家。M&S 家居部主任 Radice 表示："这家概念店的开业，标志着公司向致力于成为家居用品领域领先者的目标迈出了第一步。我们的设计理念在于表现现实生活方式，并深刻理解家庭气氛和中庸之道的生活哲学。它展现出兼顾家庭成员个性与集体性需求的全新体验。"

（四）空间布局——与现代都市发展特点相适应

从国际上看，零售业的布局总是与人口的分布、收入状况以及交通等因素相适应的。在城市中，零售店铺的空间布局，与现代都市的发展特点相适应，以局部集中、整体分散为主要模式。

1. 伴随城市人口外迁，零售业布局呈中心集聚，外围离散状态

20 世纪 60 年代后，西方发达国家人均 GDP 相继突破 1000 美元。在一些城市，出现了中产阶级，他们为远离城市公害带来的困扰，纷纷放弃城市中心公寓式的住宅，寻找自然环境优美的乡间田园别墅式的居住环境。例如，在近 300 万人口的芝加哥，人口的分布呈以种族为特征的从城市中心区向四周放射状分布的局面，并形成从市中心区向城市四周边缘带以条块状分布的住宅放射区。与人口的分散相适应，城市零售业开始出现化整为零的趋势，形成中央商业区和城市四周副中心商业区共存的局面。其中副中心商业区并非规律性分布，而是因种族购买力不同形成不同规模的商业组团。以美国纽约、法国巴黎为代表的大城市，因中等收入以上的人口大量离开闹市，造成城市中心商业区出现衰退，城市中心的零售业转向外围发展。目前，不光在西方发达国家，即使在新兴的发展中国家，由于经济发展，城市扩张，城市功能布局和人口居住分布发生变化，零售业布局也呈现明显的中心集聚，外围离散状态。

2. 零售服务向居住地集中

随着中心商业的离散化，零售服务功能逐渐集中到了居民聚集地——社区当中，并通过社区型的购物中心体现出来。社区零售业成为发达国家零售业发展的主力军。以美国购物中心为例，2000 年全美社区购物中心零售额为 4494 亿美元，高于其近邻型购物中心 3206 亿美元和区域型购物中心的 1429 亿美元。

经营各种业态的零售商纷纷开进社区，联合在一起不断扩展经营范围，增加商业功能，经营的商品也由传统的生鲜食品和日用品扩展到衣服、鞋帽、家居用品、家电、建筑材料、药品、珠宝饰品、礼品等；同时还向社区居民提供丰富的服务项目、休闲娱乐项目和各种类型的餐饮服务。加之银行、邮政、电

信、图书馆、警察局、医疗中心等公共事业，干洗、修鞋、裁剪、洗车，以及滑冰场、电影院、酒吧、咖啡屋、健身房、摄影、旅游代理等各类网点深入社区，使居民不出社区就能得到基本生活服务的“一站式”满足，社区商业中心不仅成为购物的场所，也成为人们休闲娱乐、交流的场所。

（五）开发模式——立法与规划引导下的资源集约型开发

零售业是竞争性行业，零售资本进出自由。但由于土地、交通等资源的约束，零售店铺的开发与设立不是完全自由的。从国际上看，多数国家和地区都有相关规划与立法，以确保零售店铺开发与设置的合理性。零售业网点开发的主要趋势是：

在发达国家及地区，零售业的发展受到政府管理部门的高度重视。在市场选择及政府规制的双重影响下，为保持零售业健康持续地发展，政府部门往往采取各种手段来引导商业网点的建设。其管理手段有三类：一是以日本为代表的以立法及项目审批为主要管理手段；二是以美国、英国为代表的对发展规划进行约束的管理手段；三是以法国为代表的规划和法律审批并用的管理手段。

日本政府为保护中小零售业的生存，先后于1937年和1956年颁布了《百货店法》，后又于1973年制定了《大规模零售业事业活动调整法》，目的在于限制开设大型店铺的数量和面积。到1982年，日本通产省颁布了《事前说明制》，要求开设500平米以上零售店的企业需事前向选址地附近的同业竞争对手进行公示，若无法取得当地同业认同，则不予办理报备手续。2000年6月1日起，日本实施《大规模零售店立地法》，依据此法，在日本开设1000平方米的大型零售店，只要遵守法令中停车场、废弃物保管等相关规定，原则上即可自由设立，但是管理权限改由地方自治单位承担。日本的大店立地法的特点在于：第一，促进大型零售商与地区调和，不至于因为大量涌进的消费者和货物产生交通混乱及环境污染等问题；第二，大型零售商必须遵循日本政府规定的设立条件，并召开公开说明会，让当地的居民有机会以公正及透明的方式阐述自己的意见；第三，解除了对大型零售商经营活动的管制，而改为对交通阻塞、交通安全、停车、噪声、废弃物、废气排放等环境品质的规范，且使大型零售商的申请流程更加简捷、单一化及省时；第四，地方政府拥有根据地区的发展需求决定设立的主导权。各地方政府惟恐新设立的商业设施带来混乱，因此大多倾向在母法之外自行订立更加严格的条例或纲要，对零售商加以规范。

美、英等国家虽然没有直接以零售业为对象的法规，但是往往通过地区发展规划的方式，在实质上对大型零售商店进入零售领域进行了调整和限制。美国对大店铺开设的限制在于两个方面：一是通过地区的土地开发计划限制店铺的开设；二是通过反不正当竞争条款限制大店铺的发展。具体做法是在商业设施规划中就将网点配置明确分为城市中心、地区中心、社区中心等层次，分别调控，以保证合理建设、规模适度和有效竞争。在英国，政府对新建购物中心开发案采取严格的限制政策，几乎所有的开发计划无论是否有争议，在通过或否决开发案前，都需要经过政府审议与冗长昂贵的听证程序，从而增大了新建购物中心的难度。

在20世纪60年代末期，法国各省就建立了规范商业管理的机构——城市商业规划委员会，规定不能随便建超级市场。政府在最初的罗伊法案中，引入了政府规划控制的观念，开始对企业进入零售行业进行限制。1993年重新修订的罗伊法案，又限制了对城外新址的开发，同时在批准新工程的标准中加入了创造新的就业机会和复兴城市的要求。1996年，该法案变得更为严格，把需要经特别审核批准的新工程面积标准从1500平方米降到了300平方米。同时还规定了新建工程对交通及公共交通的影响、装卸货车辆接待能力等审核标准。

多数国家凭借政府立法与规划的约束，促进了商业资源的有效利用。商业开发商在进行大型零售业项目开发前，应进行详尽的调研，根据购买力规模、消费特点、零售网点设置状况和交通等条件制定开发规划，进行整体开发，统筹安排项目组合。并且，其应多立足于利用现有设施改造，而不是新建。如许多著名的大型购物中心都是在废弃的工厂厂房基础上改建而成的。

（六）经营手段——科技助推零售发展

高科技在零售业的导入和广泛应用，对提升零售业生产率起着决定性作用，大大改变着零售业的面貌。

高科技在零售业的运用主要体现在现代信息技术的应用上。从大的方面讲，零售业靠现代信息技术建立了组织化程度很高的连锁经营形式；通过利用网络技术，建立了网上商店；利用信息技术手段，提高了物流以及各种管理的科技含量和效率。

近几年来，很多零售商积极开发新的零售经营技术，很值得关注。例如：麦德龙开始探索“智能商店”的设计。以“智能试衣室”为例，当顾客携带附有电子标签的服装进入“试衣室”，读取器自动读入服装特征和顾客体征参数，显示屏随即显示各类参数，动态穿衣效果以及与该消费者的适配程度等，为购物提供决策依据，当顾客决定选购后，随即自动结算。德国最大食品零售商艾德卡，近期在吕尔茨海姆新开张的连锁超市中，采用了“指纹付款”的方式，即顾客交款时只要把手指在指纹扫描仪上按一下就可以了。这一改进可大大压缩顾客付款时的等候时间，提高付款效率和超市的服务质量。改用指纹结账后，顾客惟一要做的就是提前到超市做一下指纹录入，并签署一项银行自动扣款协议即可。芬兰首都赫尔辛基一家超市近期开始试用新式电子价格标签。超市工作人员根据季节和行情的变化，在主控电脑上调整蔬菜和水果等商品的价格，并通过遥控系统自动改变电子价格标签上的价码，从而告别了过去反复更换纸板价格标签的传统做法。沃尔玛以及美国其他许多超市正在配置一种可以防止购物车丢失的刹车系统，一旦购物车被推到商店界外，它就会自动刹车并发出响声。据说零售商们凭借该系统每年可以节省数百万美元。

二、中国零售业的发展趋势

（一）发展现状判断

近些年来，中国零售业蓬勃兴旺：市场规模扩大，业种业态创新，经营方式变革，其以崭新的姿态和前所未有的速度快速发展着。2005 年全国社会消费品零售总额达到 67177 亿，比上年增长 12.9%，比 2000 年增长了 96.7%；2005 年连锁百强实现的销售额达到 7076 亿，超过全社会消费品零售总额的 10%。自 2004 年底中国政府取消了商业领域对外商投资商业企业的数量、地域和股权比例的限制，实行全面开放以后，外资进入中国市场的步伐加快，至 2005 年底，外商在华投资商业企业总数增至 1637 家。世界排名前列的零售商，包括沃尔玛、家乐福、麦德隆、7－11 等，多数已进入中国大陆开店经营。外商的进入不仅带来了新的经营理念、管理技术和经验，也加剧了中国零售市场的竞争，促进了零售业的进步与升级，尤其是推动了零售业态的创新，在短短十几年时间内，完成了发达国家用 100 多年时间才完成的业态变迁。在中国市场不断发育、城市化率不断提高、外商投资不断加速以及宏观法律体系和规划体系不断健全等多种因素的共同作用下，中国零售市场环境优化，秩序好转，整个行业的规范化和现代化程度大为提高，表现出强大的活力。中国零售业发展进入了黄金时期。

但客观地分析，中国的零售业还没有进入成熟阶段，快速发展中仍存在诸多问题，如零售市场竞争初级化，区域零售业发展不均衡，零售业态不规范，零售企业组织化程度低，零售经营理念和手段比较落后，零售业的法规建设不完善等。产生这些问题的根本原因在于，我国市场经济处于上升阶段，人均 GDP 1000 美元，基尼系数超过 0.4，消费力差距悬殊；消费方式、消费文化处于变革阶段，消费结构和消费倾向具有很大易变性，因此整个市场需求环境不稳定。加之，零售业完全对外开放的时间不长，没有充分经受国际零售市场竞争的洗礼，因而表现出整体竞争力不强。不过，我们坚信，随着中国经济社会的快速发展和居民消费水平的提高，伴随着零售市场完全开放后市场环境的改善和国际化程度的提高，中国零售业会不断走向成熟。

（二）发展趋势分析

中国零售业在与外资零售商的竞争和自身的创新发展中，呈现如下趋势：

1. 零售网点布局均衡化与便捷化

中国零售业发展初期，零售业资源主要集中于大城市，中小城市零售业相对落后；在大型城市中又多集中于城市中心区，如北京的金三角商业区，即王府井、西单和前门—大栅栏地区，上海的南京路、淮海路，而城近郊区和社区零售网点不足。随着城市化和城乡一体化进程的加快，零售业区域资源竞争加剧，这种网点布局失衡的现象逐步改变。大城市格局的改变，居民外迁到城市边缘新型社区或城近郊区居住，牵引零售业的投资也向这些新的区域流动；新农村建设的推进，也大大促进了农村零售业的发展。目前，国际知名零售商和国内大型零售企业，在积极开拓新型社区市场、巩固大城市竞争地位的同时，纷纷把目光投向了二三级城市乃至潜力巨大的农村市场。从发展趋势看，在城市网点规划和市场规律的双重引导下，零售业的网点布局将越来越合理，越来越贴近消费需求，朝着均衡化和便捷化的方向发展。

2. 零售业态创新多样化与细分化

如前所述，在零售业态变迁理论上，有从综合化到专业化再到综合化的循环理论，即“手风琴学说”。实际上，在中国零售市场，这一理论还没有得到验证，或者说并不完全适用，这是由中国零售市场的特殊性决定的。中国零售市场广阔，市场需求层次多，差异性很大，各种业态在其中都有适应性，都有生存空间，业态之间没有替代性，业态生命周期表现不明显。这也是中国零售业在逐渐开放中，只用了十几年时间就完成了发达国家用100多年时间才完成的业态变迁所致。从发展现状看，中国的超市业态和百货业态最为活跃。从发展趋势看，中国零售业态创新将越来越多样化和细分化。所谓多样化，与国际零售业发展趋势相一致，既表明零售商逐渐由经营单一业态到一种业态为主、多种业态并举，也表明零售商在开发市场中，适应需求，在业态之间进行结合的创新，如百货与超市结合、便利店与快餐对接、市场商场化经营等，因而丰富了零售业态形式。尽管这些新的经营形式，还没有纳入到规范的零售业态分类中，但实际上已起到了丰富市场，满足消费需求的作用，是零售业态多样化的有益探索。与多样化相适应，零售业态的细分化趋势也是明显的。在同一市场中，每种业态均在细分市场，寻找自身合理的生态位。

3. 零售经营连锁化与规模化

中国传统零售业，点小面杂，没有规模效应，形不成竞争力。近几年来，中国零售业在竞争中加快集中的步伐，集中度和组织化程度不断提高。一方面表现在零售经营连锁化速度加快。2005 年全国前 30 家连锁企业销售额比 2004 年增长 30. 9%。2006 年上半年销售额继续呈现良好的发展势头，达到 2751 亿元（其中，直营店的销售额为 2363. 4 亿元，占销售总额的 86. 1%），比 2005 年同期增长了 25%；店铺总数为 15563 个，比 2005 年同期增长 17. 1%。百联集团有限公司（商业连锁部分）以 383. 7 亿元销售额、6451 家店铺的业绩稳居第一，销售额与店铺数分别比 2005 年同期增长了 5. 2% 和 9. 4%。国美电器有限公司、苏宁电器集团、大商集团股份有限公司分别以 303 亿元、289 亿元、173 亿元的业绩排名第二至第四位。连锁经营推动了零售企业的规模化，尤其在家电经营中表现得十分明显。与此相适应，在大中城市零售网点资源逐渐减少，独立开发难度加大。在竞争加剧的情况下，零售业内部并购行为频发。据安永会计师事务所提供的数据显示，2005 年中国零售业的并购交易金额达到人民币 111 亿元，为数众多的国内和海外零售商投身于零售业并购交易。并购的直接结果是零售资源向名牌企业集聚，提高了零售业的集中度。可以预见的是，目前由于中国零售领域中只有 20% 的部分处于有组织的状态，流通成本高，规模效应低，与发达国家零售市场相比差距很大。这种现状进一步催生并购交易的增长和连锁企业的发展，因此，零售企业未来整合的机会很多，经营连锁化与规模化的趋势十分明显。商务部发布的《国内贸易发展“十一五”规划》提出，“十一五”期间我国要形成 15 家至 20 家具有全国影响力和一定国际竞争力的大型国内贸易企业及一批区域性龙头企业。其中，必将有相当一部分大型零售商脱颖而出。

4. 零售经营管理信息化与网络化

中国零售经营管理的信息化与网络化同全球是一致的。

近几年来，我国零售业信息化的基础性工作不断得到加强，80% 以上的大中型零售企业不同程度采用了计算机管理。以光纤通信、局域网、广域网、Internet 为载体的现代通信技术、网络技术、数据管理技术得到极大发展，商业 ERP、商业智能（BI）、供应链管理（SCM）与客户关系管理（CRM）等高端产品不断被推向零售企业应用，极大地扩展了企业的信息化管理范围，使大批量、多品类的统一采购和分散销售得以实现，并代替了传统零售业的大量手工制单、只管金额不管商品和顾客的落后交易方式。IT 带来了新的管理变革和流程优化（BPR），极大地改变了中国零售业的面貌和内涵，使发展大规模连锁化的零售组织成为现实。同时，电子商务得到快速发展，2005 年我国电子商务交易总额达到 6200 亿元。2005 年居民网上购物网上支付金额达到 15.7 亿元。

不过，与世界先进国家零售业比较，中国零售经营管理的信息化与网络化程度还不高，即使利用信息技术和网络技术比较好的零售企业，与世界著名零售企业相比还有不小的差距。如沃尔玛为什么能够实现“多销不薄利”的赢利模式，其背后是强大信息系统的支持。沃尔玛的竞争利器是价格，而低价策略靠的是网络，网络带来了采购优势，从系统角度降低了运营成本。在零售领域，沃尔玛最早采用计算机管理库存，最早使用条形码、利用 EDI 与供货商进行更好地协调、发射自己的通信卫星和使用无线扫描枪。现在又大力推行 RFID 技术。这些信息技术和网络技术，铸造了沃尔玛的核心竞争力。未来中国零售企业在利用现代科技手段方面还有巨大潜力，企业运营的成本压力和外部竞争的压力，定会推动整个零售经营管理信息化和网络化的进程。与此相适应，中国超过 1.1 亿网民的巨大潜在市场，也会吸引零售企业利用网络技术开发这一市场。

5. 零售业竞争理性化与全球化

零售业作为完全竞争性行业，进入门坎较低，伴随着经济的繁荣和居民购买力的提高，其行业内部的激烈竞争不可避免。尤其是中国零售市场完全对外开放以后，外资零售商加快在中国抢滩布点，进一步加剧了这种竞争。2005 年中国新批准设立外商投资商业企业达到 1027 家，占全部批准设立外商投资商业企业的 76%；2006 年头 5 个月，又新批准设立外商投资商业企业 296 家，至此，在华设立的外商投资商业企业达到 1600 多家。尽管这个数字在中国如汪洋大海一般的零售市场中所占比例极小，销售比重也不高。但是，外商投资零售企业多为世界零售著名企业，具有很强的资本、人才、技术、管理优势以及较好的赢利模式，冲击力巨大。中国相对封闭的零售市场，因开放后外商的进入，已经开始了“全球化”的进程。

零售业竞争的初级阶段，表现出很强的非理性化色彩。竞争的目的主要在于对当前市场的争夺，竞争手段更多采用价格策略，打折降价几乎成为竞争惟一途径。竞争的直接结果，往往是两败俱伤，行业利润率下降；同时，造成市场混乱，部分零售商损害消费者利益的事件发生。

随着零售业组织化程度的提高和外资零售商在中国零售市场的发展，零售业的竞争也在不断升级，竞争的理性化程度也在不断提高。首先，竞争理念逐渐由通过直接对抗谋求单赢，转向通过积极开发新的市场，实现错位经营，共同繁荣市场，谋求双赢。其次，竞争重点也由单纯的价格竞争发展到人才竞争、技术竞争、管理竞争，通过提高企业整体素质、扩大经营规模取得竞争优势。不少零售商在应对国内市场“全球化”竞争的同时，也在积极准备或开始探索走出国门，进军国外零售市场的方法。零售业未来竞争的理性化和全球化趋势日渐明显。

6. 零售宏观管理规范化与法制化

借鉴发达国家的经验，中国政府对零售业的宏观管理也逐步纳入了规范化与法制化的轨道。近几年来，我国有关商业的法律法规陆续出台，各大中型城市也陆续制定了商业网点规划，有关零售网点的设置有了一定的法规与规划约束。同时，我国也陆续出台了一些规范和标准，建立起监测体系，加大了食品安全的监管力度，加强了商品质量的监督和检查，使整个零售市场的秩序明显好转。

未来中国政府会进一步加大商业法规、规划和标准的建设力度，消除各种市场壁垒，规范秩序。通过发展和壮大中介组织，增强规范市场运行的内生力量；通过建立规范的市场准入和退出机制，实现市场进退的良性循环；并且建立国家知识产权保护体系，为零售业的发展提供更加公平合理的市场环境和法制环境。

附表

表 1－1　八次零售革命

名　　称	萌　　芽	革命高潮	主要特征
百货商店	1852 年	1860～1940 年	扩大品种
一价商店	1878 年	1880～1930 年	同一价格
连锁商店	1859 年	1920～1930 年	组织创新
超级市场	1930 年	1935～1965 年	自选购物
购物中心	1930 年	1950～1965 年	商店聚集
自动售货机	第二次世界大战后	1950～1985 年	自动售货
步行商业街	1967 年	1967 年至今	漫步购物
多媒体购物	1980 年	1980 年至今	电视、网上购物

资料来源：李飞.《零售革命》，经济管理出版社，2003。

表1－2　　2005年中国连锁十强排名

序号	企业名称	销售额（万元）	增幅（%）	门店数（个）
1	百联集团有限公司	7207393	7	6345
2	北京国美电器有限公司	4984000	109	426
3	苏宁电器集团	3971841	80	363
4	华润万家有限公司	3129946	26	2133
5	大商集团股份有限公司	3011739	30	130
6	北京华联集团投资控股有限公司	2080000	30	74
7	物美控股集团有限公司	1907184	44	659
8	农工商超市（集团）有限公司	1754900	28	1572
9	家乐福（中国）管理咨询服务有限公司	1743580	25	78
10	上海大润发有限公司	1570000	35	60

资料来源：根据中国连锁经营协会发布的2005年连锁百强报告整理。

表1－3　　2005年主要外资连锁零售企业基本情况

序号	企业名称	来自国别及地区	销售规模（万元）	门店数（个）
1	家乐福	法国	1743580	70
2	大润发	中国台湾	1570000	60
3	百胜集团	美国	1330000	1700
4	好又多	中国台湾	1320000	105
5	华润万家	中国香港	1201946	509
6	百盛	马来西亚	1100000	36
7	易初莲花	泰国	1006000	61
8	沃尔玛	美国	993370	58
9	乐购	英国	792000	39
10	锦江麦德龙	德国	754633	27
11	百安居	英国	516000	48
12	欧尚超市	法国	500000	13
13	麦当劳	美国	445000	750
14	百佳	中国香港	379456	37
15	伊藤洋华堂	日本	310000	7
16	佳士客	日本	190900	10
17	德克士	中国台湾	136192	545
18	万客隆	荷兰	100000	5
合计			14389077	4078

资料来源：转引自中国行业研究网。

本章思考题

1. 什么是零售？零售活动有哪些特点？

2. 零售业的使命和责任是什么？

3. 什么是零售革命？历史上发生过几次大的零售革命？各自的创新点是什么？

4. 简述几种业态变迁理论的主要内容。

5. 简述国际零售业的发展趋势。

6. 联系实际，阐述和分析我国零售业的发展趋势。

参考文献

1. ［英］罗玛丽·瓦利，莫尔曼德·拉夫等著．胡金有译．零售管理教程．北京：经济管理出版社，2005

2. 李飞著．零售革命．北京：经济管理出版社，2003

3. 陈已寰主编．零售学．广州：暨南大学出版社，2004

4. 王成荣，赖阳等著．流通现代化新论．北京：中国经济出版社，2006

5. 宋则，郭冬乐，荆林波主编．中国流通理论前沿 IV. 北京：社科文献出版社，2006

6. 夏春玉主编．流通概论．北京：中央广播电视大学出版社，2002

7. 秦霖，范静．加入 WTO 后中国零售业的发展趋势．商业研究．2004 年第 16 期，164 ~166 页

8. ［美］罗伯特·F·卢斯．零售商业企业经营管理．中国商业出版社，1986

第二章 零售组织

本章提要

零售组织机构主要指从事零售业务的基本形态和结构。随着我国现代市场经济的日益发展、人民生活水平的提高，消费方式逐渐发生了变化，零售领域技术创新和业态创新不断实现，新的零售组织机构也不断涌现。现代零售组织机构类型多样、规模不一、差异明显，是现代零售的重要组成部分。

学习目的

了解零售的基本职能；掌握零售的基本业态模式；掌握零售的组织形式；重点掌握连锁经营的组织形式和特点。

第一节 零售职能

一、零售基本职能

零售作为商品贸易和服务的终端，面对的是最终顾客的需求。因此零售的基本职能主要体现于零售为消费者提供了有价值的商品和服务，通过零售商的零售活动增加了他们出售给消费者的商品和服务的价值。

西方零售学主要将零售基本职能概括为以下四方面：

第一，提供多种多样的产品；

第二，拆售；

第三，保持库存；

第四，提供服务。

以下分别加以介绍。

（一）提供多种多样的产品

提供多种多样的产品是零售的基本职能。商品形态千差万别，如果每个制造商都拥有自己的商店，只出售自己的产品，那么消费者为了购买一点简单的日常用品就得到处奔波。而零售正满足了消费者的购买欲和选择权。通常一家超市都要经营上万种商品，品牌、颜色、大小、款式、价格等，可选余地较大，也可较为充分地满足各类顾客的需求。百货店则为消费者提供了大量时尚服饰、化妆品等商品的选择余地。即使是某一类型的专业专卖店，通常也会在同类产品或同一品牌下给消费者以色彩、形式、大小等的宽泛选择。

（二）拆售

零售一词的最原始含义是将一大片切开或将一大包拆分（来源于法语retaillier）。零售的拆售职能体现了零售的原义。为减少运输成本，制造商和批发商通常将成箱的产品运送给零售商。零售商再按照消费者个人或家庭的消费量，将小批或小包装商品出售给他们。

（三）保持库存

零售商为了维持良好的运营态势，必须保持适度库存。即持有存货以便消费者在需要时可以随时购买。这样，消费者就不用在家里购买大量不急之物储存起来，在需要的时候，他们可以随时到零售商店购买。零售商持有的存货减少了消费者购买和存储产品的成本，给消费者带来了便利。

（四）提供服务

零售商不仅向消费者出售有形商品，同时也伴随着提供相应的服务。如通过改进销售方式、方法，尽量降低消费者的购物成本；如通过提供关联服务——包装、送货、停车、托儿、咨询、展览、消费讲座等，使消费者感受便捷、获得服务附加值；通过营造良好的购物环境，设置休息娱乐设施，使消费者享受美感与休闲；通过改进服务态度，创造服务特色，使消费者得到良好的购物体验。各类人性化服务拉近了零售商与消费者的距离，零售商也通过提供多种服务，实现了品牌增值。

二、零售的主要社会经济职能

零售是社会分工的产物，是社会经济发展的产物，零售本身既有社会职能，也有经济职能，某种意义上，零售的社会职能和经济职能是和谐统一的。零售企业也只有不断努力，将社会职能和经济职能高度统一起来，才能实现经济效益和社会效益的统一。

零售的社会经济职能主要体现在繁荣市场、促进消费、促进社会生产、交流信息等方面：

（一）繁荣市场

目前，我国零售业态多样、经营品种不一、经营形态各异，零售店装饰装修丰富多彩，众多零售商店或聚集于商业中心，或汇聚于商业街，或深入社区，大大满足了人们的生活服务需求，给人们带来不同的购物享受，也给市场带来繁荣和兴旺。据有关统计，2005 年我国社会消费品零售总额已突破 6.7 万亿人民币，较 2004 年增长 12%。分布于城乡大大小小的各级各类零售商店对繁荣城乡市场、繁荣城乡面貌做出了突出贡献。

（二）满足需求

零售是人们日常生产、服务和信息交换的桥梁，影响着人们生活的方方面面。现代零售业是一个高度复合的行业，汇集了购物、娱乐、餐饮等多种生活服务元素。现代零售商店多推崇以人为本的理念，尊重顾客的选择，尽量充分地满足消费者的消费需求。不仅为广大消费者提供了购物的满足，同时也为消费者提供了多方面的便利，为消费者带来了现代娱乐、服务、视听等多方面的享受。因此，满足消费者的物质和精神需求是零售业的重要职能。

（三）引领消费

2005，我国人均 GDP 已突破 1700 美元，北京、上海等中心城市人均 GDP 更是超出了 5000 美元，居民生活正向小康迈进，城市中产阶级正在悄然崛起。在消费领域，富裕起来的人们更多地追逐消费热点，崇尚个性化消费，偏好品牌，讲究生活品质。作为与消费前沿、与时尚联系密切的行业之一，现代零售业以现代时尚的形象、精美雅致的装饰、精心设计的产品、异彩纷呈的活动给人们带来极大的消费刺激和满足，成为追求时尚、高尚生活的现代消费群体所钟爱的场所。在一定程度上，现代零售业是现代消费文化的代表，它不断引爆消费热点，引领消费潮流。

（四）促进生产

零售处于生产与消费的中间位置，是流通产业链中直接与消费者见面的环节。商品只有通过零售活动出售给最终消费者，成为直接消费的对象，才能把商品形态转变为货币形态，使社会再生产得以顺利进行。由于零售商离消费者最近，因此也最能在第一时间了解消费信息，了解消费者的需求、爱好等情况，并将这些信息反馈给供应商，有效组织生产，不断满足市场和消费的需求，促进流通效率，促进社会再生产。

（五）扩大就业

零售业作为劳动密集型行业，是现代就业的主力军。零售业在扩大就业、维护社会稳定方面具有重要作用。在发达国家，零售业的就业数量已超过生产企业和批发企业，美国有 2200 万人受雇于零售业，约占美国总劳动力的 18%。以北京市为例，据统计，北京市 2003 年从事流通服务业的就业人口占北京市地方就业职工的 38%，其中有超过 18.6 万人是直接从事零售服务的，超过流通服务业从业人口的 22%。今后随着我国城市第三产业的发展，零售业在扩大就业方面的职能将进一步得到加强。

（六）交流信息

信息交流是人们的本能需求，随着社会发展和居住条件的变化、生活节奏的加快，人际交往的机会和时间越来越少，社会需要一个良好的信息交流的场所。而零售商店是大众频繁光顾的特殊公共场所，也为人际交往提供了舞台。人们在此购物、饮食、休息，获得难得的交往空间。零售商也通过发布信息、提供增值服务，为大众提供信息资源，搭建起一个很好的现代信息交流平台。

（七）保障质量

许多商品的质量个人消费者很难以自身知识和判断加以识别，如电器产品的内在质量、食品添加剂的多少等。因此，对于很多商品而言，零售环节是防止假冒伪劣产品的最后一道“闸门”。零售商也有责任严防不合格产品进入消费领域，帮助消费者把好质量关。当前，许多零售商提出了“先行赔付”制度、不合格产品“无理由”退换制度等，体现了企业的诚信精神和对社会高度负责的态度，也为消费者挽回了损失，在维护消费者利益和保障消费者消费安全方面起到了很好的作用。

三、几种代表性零售店铺的主要职能

在满足零售的主要社会、经济职能和基本职能的基础上，相对于不同的零售业态，因业态本身定位和服务对象不同，又有不同的职能。这里介绍几种代表性零售商店的主要职能。

（一）现代百货商店的主要职能

百货商店的主要职能体现在三方面：

1. 提供品种繁多且有一定深度的产品和服务，满足顾客多层次选择的需要。通常百货店根据购买目的、促销方式、顾客服务和控制力度的不同将众多的商品和服务分为若干独立的商品部，分门别类，并根据顾客的年龄、生活方式及购买偏好等将商品分置于不同区域。商品的丰富度、商品品牌的丰富度和知名度以及专业、到位的服务可适应并最大限度地满足不同类型的消费者多层次选择需求。

2. 集购物、餐饮、休闲娱乐等功能于一体，提供全方位的消费体验。现代百货店多为多层建筑，在提供多类别、多层次、多品牌商品的同时，许多百货店都设立了独立餐饮区或娱乐休闲区，向顾客集中提供中西正餐或快餐服务，提供多种现代娱乐设施，辅以各类促销和展示活动，人性化的环境设计等，使顾客能在百货店中实现全方位的消费体验。

3. 传达时尚消费理念，引领现代消费。现代精品百货店和现代时尚百货店是精品、时尚消费的前沿，众多不断更新的品牌、时尚的设计元素、前卫、经典的装修风格均可对时尚消费群体产生强大的吸引力，有的百货店还通过时装展示、名车展示等活动昭示时尚理念，成为引领现代消费的代言者。

（二）专业店和专卖店的主要职能

专业店和专卖店的主要职能体现在两方面：

1. 集中满足顾客对某一类产品的特殊需要。专业店和专卖店是市场细分的产物，专业素质和专业特色是它的最大卖点。但专业化并不意味着品种的单一，由于专业店和专卖店在同一类别甚至同一品牌商品中提供品种繁多的产品，且提供专业化服务，因此能集中满足顾客对某一类产品的特殊需要，在我国具有广泛的发展空间。

2. 提供有充分价格优势的产品。专业店和专卖店多为连锁经营，统一采购、集中批量进货，占据了规模优势，而规模经济也使它们具有相应的价格优势，向顾客提供性价比较高的商品或服务，深受顾客欢迎。当前，城市家庭往往将大型专业专卖店作为家庭集中采购家居建材产品、家电产品和购买汽车等大件商品的首选之地。不同概念、不同风格的各类服装、饰品等小型专卖店也深受顾客喜爱。

以家电专业经营为例，2006 年 5、6 月间，由于原材料价格上涨，国内空调生产企业纷纷酝酿涨价，平均涨幅在 20% 左右。国美、大中等家电专业零售商予以强有力的抵制，它们利用大量的库存和对零售终端的话语权强行平抑空调价格，也使消费者获得了实惠。

（三）超级市场的主要职能

超级市场是与人们日常生活密切相关的零售业态形式。当前，去超市购买日常用品已成为众多城市家庭一种离不开的生活方式。

其主要职能包括：

1. 提供大量可供选择的食品和家庭日常消费品，与百姓家居生活关系密切。超级市场以销售城市居民家庭日常消耗频率最高的食品和日常消费品为主，规模较大、品种齐全、可选范围广。大型超级市场往往强调“一站式”满足消费理念，与人们日常生活关系密切。

2. 便利性和便捷性。相对于百货、专业专卖等其他零售业态，超级市场具有较为明显的便利性和便捷性。社区型超级市场往往邻近居民住宅，大、中型超级市场通常提供大量免费的停车位，满足人们方便购物的需求。

3. 有竞争力的价格。超级市场多为连锁企业，具有大规模经营的优势。通常超级市场的利润率都非常低，平均毛利只占商品价格的20%左右，但由于商品的周转速度快，且超级市场往往实行自助服务，在人力资源上成本相对较低，因此仍能保证赢利，不过利润只占销售额的1%~2%。相对低廉的价格和有质量保证的大量可选商品，使超级市场具有强劲的竞争优势。

（四）便利店的主要职能

便利店的主要职能包括：

1. 为消费者提供紧贴其需求的优质产品。尽管便利店囿于规模优势，提供商品的品牌有限，但在方便顾客生活方面的商品系列较宽，包括牛奶、快餐、啤酒、糖果、香烟、报纸、杂志等商品，紧贴消费者的日常需求。大型便利店集团往往自行研发适销对路的产品，如7-ELEVEN集团总部每年要向加盟店推荐4300多个新产品，均为企业在深入调研消费需求状况和不同地域消费特点的基础上，与生产商、批发商密切协作、开发出来的。

2. 保证消费者应急和临时购买。便利店通常深入居民区或位于交通便捷处，且营业时间长（多为24小时营业），能满足消费者应急购买和临时性购买的需求。

3. 提供多种便利服务。便利店与其他零售业态的最大区别在于提供更为便利的服务，服务是便利店最大的利润源。由于便利店多服务于社区，了解社区居民的消费水平、消费习惯、消费需求，与居民建立良好的邻里关系，能助其有针对性地开发服务项目，延伸服务功能。而便利店提供的代交各种费用、代购物品，玩具、音像制品租赁等服务也拉近了与居民的距离，使便利店成为最具亲和力的一种零售组织形态。

第二节　零售业态形式

一、我国零售业态发展情况

根据西方环境理论（Enviornmental Theory）研究，零售业态的发展变化是由经济、人口、社会、文化、法律及技术等环境条件的变化综合决定的。西方零售业态的发展普遍经历了较长的渐进过程，各种新兴业态通常遵循一般市场规律依次进入市场。百货店—超级市场—采取连锁经营的业态—无人售货方式等，每一种新兴业态的出现，都有一个时间间隔期，每种业态形式都是随着时间的推移依次发展起来的。

我国的零售业态发展有自身的特殊性。由于长期受自然经济和计划经济的影响，我国的商业零售业在相当长的时期内处于不活跃的状态，业态形式单一。直到改革开放以后，零售业才有了较快发展，特别是20世纪90年代后，随着持续对外开放，我国现代零售业有了较为迅速的发展，零售业态也得到高速发展，主要表现为：

1. 各种业态在短期内迅速出现。20世纪90年代前，百货店一直是我国的主要业态形式。90年代以来，几乎在同一时期，超级市场、便利店、购物中心等业态迅速出现并迅速普及。2000年发布的国家标准《零售业态分类》（GB/T 18106—2000）标准确定了9种零售业态，短短四年后，2004年国家商务部又研制并经国家质量监督检验检疫总局和国家标准化管理委员会批准，联合颁布了新的国家标准——《零售业态分类》标准（GB/T 18106—2004），将我国的零售业态扩大为17种。这同时印证了我国零售业的繁荣。

2. 零售业态呈多元化、复合化发展趋势。我国地域辽阔，人口众多，经济发展不平衡，居民消费习惯差异大，这一基本国情决定了我国零售业态多元化。在北京、上海等都会城市，零售业的硬件发展条件、零售业态种类的丰富度与国外先进国家和地区已没有太大差距。尤其是近年来，随着现代科技手段在零售业的广泛使用，经营、管理观念和方式的不断升级、提高，进一步促进了零售业态的创新发展。一些大型零售企业不断重组、扩张，百货业加快了对专业专卖店的整合，超市也向多形式发展（如大卖场、大型超市、专业超市、社区超市、便民超市等），当前如上海联华、北京物美等企业均已成为业态复合的零售企业集团，亦使零售业态更为丰富多彩。

二、零售业态形式

（一）业态类型及其比较

根据2004年发布的零售业态分类国家标准，零售业态从总体上可以分为有店铺零售业态和无店铺零售业态两大类。

有店铺零售业态是有固定的、进行商品陈列和销售所需的场所和空间，并且消费者的购买行为主要在这一空间场所内完成的零售业态。

有店铺零售业态使顾客通过在有形店铺购买商品，获得直接的、具有情感意义的服务和享受，如信息交流、商品的感官体验、尝试、更换等。现代店铺人性化的设计、布局、不同品牌组合的现场诱惑，以及各种形式的促销活动对现代消费者仍有不可阻挡的魅力。如美国NBA Store专卖店就经常通过请NBA球员与顾客互动，培养忠诚顾客。中国第一位到美国NBA打球的球员王治郅，就是首先在纽约第五大道的NBA Store与球迷见面的。

无店铺零售业态是不通过店铺销售，而由厂家或商家直接将商品递送给消费者的零售业态。无店铺零售形式的出现，得益于现代信息技术、特别是网络技术的发展。其发展极大延伸了零售事业的发展空间，给传统的销售方式带来革命性冲击，也使无店铺零售成为可能并迅速发展。同时，现代社会居民消费水平、消费结构的变化，使消费行为、消费方式、消费心理等也产生了极大的变化，促进了无店铺零售业态的发展。

当前，在欧美发达国家，无店铺零售业态在激烈的商业竞争中已显示出强大的生命力。2005年第一季度美国电子商务零售额达到了198亿美元，同比增长了23.8%。据预测，2010年全美来自电子商务的收入将达到3160亿美元。领导全球电视、网络购物新潮流的美国QVC，全年营业额达25亿美元，影响9100万个家庭，直接客户达690万个，全年运送邮件7000万个，通话次数达1.09亿次。

现代信息和网络技术同样深刻地改变了我国的零售市场。截至2006年6月，我国网民数已突破1.23亿人，成为继美国之后世界拥有网民数最多的国家。同时我国拥有手机用户4亿户。据《中国电子商务报告（2004—2005年）》显示，2005年中国电子商务交易额达7400亿元，比2004年增长50%，网上购物用户数量达2200万户，比上年增加600万户。在今后一个时期内，我国有店铺零售仍为零售业的主要业态形式，但无店铺零售将以它开店成本低、市场范围和传播面广、与顾客有良好的互动性等优势，保持强劲的增长势头。

表2－1从服务、订货、成本等方面对有店铺零售业态和无店铺零售业态作了比较：

表2－1　　有店铺零售及无店铺零售比较

特点＼形式	店铺零售	无店铺零售
给顾客带来的娱乐互动好处	高	低
订货与收货地点	少	多
订货与收货时间	及时	要有等待时间
可供选择的商品数量	一般	多
察看商品得到的帮助	一般或较少	多
商品信息量	一般或较少	多
顾客花费时间	多	少
商店零售成本	高	低
零售商送货成本	低	高

（二）有店铺零售业态形式

1. 百货店（Department Store）

百货店指在一个建筑物内，经营若干大类商品，实行统一管理，分区销售，满足顾客对时尚商品多样化选择需求的零售业态。

百货店是历史悠久的零售业态之一。19世纪后期工业革命的发展促进了科技进步和工业生产的迅猛发展，大量品种日益繁多的商品被源源不断地生产出来。生产方式和生产规模的改变带来了销售方式的变化，使规模化经营成为可能。1852年，法国巴黎诞生了世界第一家百货商店，标志着零售业从过去分散、单一经营的商店发展为集中的、综合经营的百货商店。百货商店一端面向消费者，满足消费需求；一端联结着生产企业，承担起流通职能，成为一种高度社会化的组织形式。

在发展进程中，百货店曾在广告、价格、退换货担保、促销等方面有众多创新，尽管百货店的发展不断受到专业店、专卖店、超市的冲击和竞争，但现代百货商店仍为零售业态的核心部分，并且有向综合化、品牌化、专业化、区域性扩张发展的趋势。与传统百货店相比，现代百货店更多体现出体验式、时尚消费满足等方面的功能。

2. 专业店（Speciality Store）和专卖店（Exclusive Shop）

专业店是以专门经营某一大类商品为主的零售业态。专业店根据销售商品品类的不同可分为办公用品专业店（Office Supply）、玩具专业店（Toy Stores）、家电专业店（Home Appliance）、药品专业店（Drug Store）、服饰店（Apparel Shop）等类型。专卖店是以专门经营或被授权经营某一主要品牌商品为主的零售业态。专业店和专卖店的主要区别在于专业店经营多品牌的同类商品，而专卖店经营某一主要品牌的不同商品。

专业店和专卖店俗称“品类杀手”，由于集中提供某一类商品或服务，通常具有专业性高、灵活性强、选择范围广、性价比高等优势，是消费者选购专业产品的重要选择。

以北京地区为例，经过一个时期的发展，国美电器、大中电器和苏宁电器三大家电专业零售商已成为北京家电零售领域的强势品牌。2003 年这三家大型家电零售企业的销售额已超过北京全市家电总销售额的 50%，国美电器从 20 世纪 80 年代不起眼的小店铺开始发展，目前已成为国内专业专卖领域规模最大的企业，在全国连锁百强企业中排名第二。

3. 超市（Super Market）

超市即超级市场，是开架售货，集中收款，满足社区消费者日常生活需要的零售业态。根据商品结构的不同，可以分为食品超市和综合超市。

超市是买方市场形成后的产物。传统超市诞生于美国，1930 年 Micheal Kullen 在纽约建立了世界上第一家超级市场。由于国外超级市场多位于地价和租金相对低廉的郊区，采用开架直选的方式，把消费者的购买行为变为纯自我服务的意识和行动，大大降低了销售成本和商品价格。其采用薄利多销的策略，扩大了购销规模、提高了商品周转率，更好地实现了规模经营，既方便了顾客，也有利于自身的规模化发展，因此得到迅速发展，成为与社会化大生产相适应的零售形式。

超市与其他业态相比，其特点是：

①商品构成以食品、衣服、日用杂货等常用必需品为主；

②实行自我服务和一次性集中结算的售货方式；

③薄利多销，商品周转速度快；

④商品新鲜、洁净，明码标价，并在包装上注明了商品的质量和重量；

⑤实行商品经营管理制度，按部门陈列商品；

⑥设有停车场。

4. 大型超市（Hyper Market）

大型超市通常指实际营业面积在6000平方米以上，品种齐全，能满足顾客一次性购齐愿望的零售业态，是超市中以规模取胜的类型。根据商品结构不同，大型超市可以分为以经营食品为主的大型超市和以经营日用品为主的大型超市。

大型超市是超级市场向规模化和综合化发展的代表，世界著名的连锁企业巨头沃尔玛、家乐福等旗下均有大量大型超市。在世界零售业前50强中，超市和大型连锁超市已占据主导地位。

5. 仓储会员店（Warehouse Club）

仓储会员店是以会员制为基础，实行储销一体、批零兼营，以提供有限服务和低价格商品为主要特征的零售业态。

仓储会员店始于欧洲，世界上最早的仓储式商店是1964年在德国开业的麦德龙，也有人说是1968年在荷兰建立的万客隆。中国第一家仓储式商店是1993年8月8日开业的广州天河广客隆。

仓储会员店通常位于租金较为便宜的地段，营业面积在1万平方米左右，店内销售人员较少，店铺设计简单，通道较宽，商店几乎不提供附加服务，顾客自行取货并搬到付款台。仓储会员店的服务对象只是本店会员，包括批发会员和个人会员，会员每年都要交纳一定的会费，也有个人会员不交会费，但需在所购物品基础上多支付一定比例的费用。由于运营成本较低，仓储会员店的价格通常也较为低廉，店内商品的销售毛利也较低，平均只有10%～15%。

仓储会员店的商品主要有三大类：

①一般商品，如五金用品、服装、器具等；

②食品，如烟酒、糖果等；

③日常用品，如药品、胶卷等。

6. 便利店（Convenience Store）

便利店是以满足顾客便利性需求为主要目的的零售业态。

便利店起源于1927年，创始于美国得克萨斯州达拉斯的南大陆公司，是一种市场契合度高、经营灵活的城市零售业态。由南大陆公司在1946年创建的7－ELEVEN便利店，经过不断发展创新，早已成为世界最著名的便利连锁品牌。90年代初期，美国的便利店数量已超过884000家，网点密度约2900人/店。

便利店通常邻近居民区布局，或设在街头巷尾、车站码头以及高速公路加油站附近，规模较小，营业面积通常在100～300平方米左右，营业时间较长，约有70%实行每天24小时服务，能使顾客购物得心应手，特别是可以适应许多消费者的“夜”生活。

便利店的经营品种多样，还兼卖杂志、期刊，兼营录像带的租赁业务、相片冲洗业务等。有的还设有加油服务、公共电话服务。

7. 折扣店（Discount Store）

折扣店是店铺装修简单，提供有限服务，商品价格低廉的一种小型超市业态。其经营一定数量的自有品牌商品，通常拥有不到2000个品种。

折扣店常采用低价策略、定期地销售名牌商品而吸引大量顾客。由于具有清晰的市场定位、低价格、良好的促销手段等，折扣店已成为业态零售业态中一种很有竞争力的业态。

8. 家居建材商店（Home Center）

家居建材商店是以专门销售建材、装饰、家居用品为主的零售业态。

家居建材商店也可称为家居中心，是一种类别专业商店，为家庭及建筑承包商提供建筑材料、装饰装修材料和家居信息，使消费者能够维护和改善家居环境。

家居建材商店通常以类似仓储存储的方式摆放货物，并配以专业销售人员对商品的使用情况进行讲解和示范，帮助顾客选购。目前，百安居、乐华梅兰等欧洲著名家居建材企业已在我国广开分店，美国最大的家居建材企业家得宝公司也有意进入我国。

9. 购物中心（Shopping Center/Shopping Mall）

购物中心原意为“购物林荫道”，是多种零售店铺、服务设施，集中在由企业有计划地开发、管理、运营的一种建筑物内或一个区域内，向消费者提供综合性服务的商业集合体。

根据国外通常惯例，购物中心的发展应满足5个条件：

①年人均收入达到2000美元；

②拥有成熟品牌，能够发展专卖店集群；

③消费观念形成，不再单一满足购物需求，侧重于心理需求的满足；

④城市发展空心化出现，零售业向郊区发展；

⑤汽车拥有率达到50%，有停车场配套设施。

购物中心的优势主要在于：

①多位于城市郊区，地价相对低廉，拥有大面积停车场，适宜大规模商业运作，符合城市人口郊区化居住趋向和汽车文化特征；

②统一规划、管理、组织和协调，运营规范；

③融零售、服务、休闲娱乐、餐饮等诸多商业元素于一体，全方位满足顾客需求，选择性强，提供一站式消费服务。

广义的购物中心又可具体划分为三类：

①社区购物中心（Community Shopping Center）。其是指在城市的区域商业中心或城郊大型居住区建立的、面积在5万平方米以内的购物中心。通常拥有数十家店铺，有能容纳300~500辆车的停车场，服务周边商圈5~10万人，商圈半径为3~5公里。

②市区购物中心（Regional Shopping Center）。其是指在城市的商业中心建立的，面积在10万平方米以内的购物中心。通常拥有100~200家店铺，有能容纳2000~5000辆车的停车场，服务50~100万人，商圈半径为10~20公里。

③城郊购物中心（Super-regional Shopping Center）。其是指在城市的郊区建立的，面积在10万平方米以内的购物中心。相对于市区购物中心，城郊购物中心布局更为宽松，更符合汽车文化特征。

10. 食杂店（Traditional Grocery Store）

食杂店是以香烟、酒、饮料、休闲食品为主，独立、传统的无明显品牌形象的零售业态。

食杂店通常位于社区或市场繁荣度相对较低的地区，规模较小，售货人员很少，有的由业主自行经营，提供多种食品，价格相对低廉，以现金交易。

11. 厂家直销中心（Factory Out Lets Center）

厂家直销中心是由生产商直接设立或委托独立经营者设立，专门经营本企业品牌商品，并且多个企业品牌的营业场所集中在一个区域的零售业态。

厂家直销中心也称为工厂门市部，是制造商自有的零售店，通常位于郊区，店面设计简单，主要出售企业过期、停产、滞销的产品。由于价格较为低廉，受到许多对价格敏感的顾客的欢迎。

（三）无店铺零售业态形式

1. 电视购物（Television Shopping）

电视购物是以电视作为向消费者进行商品推介展示的渠道，并取得订单的零售业态。

电视购物实质上是顾客通过收看电视节目中的商品展示来选择商品，然后通过电话订购商品的活动。通常电视购物形式有三种：一种是家庭购物频道。主要是通过闭路电视或有线电视播放完整的购物节目，专门用来宣传、介绍产品；一种是以专门的电视信息栏目推介产品。此类栏目的主要内容是娱乐与商品展示，并提供电话号码请顾客订货；另一种是直接回应广告，包括电视和广播广告，详细描述产品信息，为消费者订货提供机会。

2. 邮购（Mail Order）

邮购是以邮寄商品目录为主向消费者进行商品推介展示的渠道，并通过邮寄等方式将商品送达消费者的零售业态。

通过邮购方式进行销售的零售企业主要有两类：一类是百货与专卖商品的目录零售商；一类为直接邮购零售商。通常开展邮购业务的企业会定期向顾客邮寄邮购商品目录，顾客可以直接去购买，也可打电话订购。

3. 网上商店（Shopon Net Work）

网上商店是通过互联网络进行买卖活动的零售业态。

网上商店也可称为电子零售，属于B to C模式的电子商务交易形式。零售商和顾客之间主要通过电子网络进行交易。零售商在网上开设虚拟商店，发布商品信息，或根据消费者的问题回答相关信息，顾客则在网上自由选择、竞价、付款。

美国网上商店发展的成功案例之一是亚马逊书店。从1995年3月创立到2000年，仅几年时间亚马逊书店就已经拥有1800万名顾客，年销售额达到31亿美元，成为全球零售电子商务代表。

4. 自动售货亭（Vending Machine）

自动售货亭是通过售货机进行商品售卖活动的零售业态。它是消费者一种自助的便利购物设备，通常设于城市人流密集处，24小时无间断营业。当顾客在机器上投入现金或使用信用卡时，商品就会自动送到顾客手中。

自动售货亭的运营和管理由商品制造商或零售商负责，自动售货机的生产厂家将机器以转让、出租或转卖的形式交付运营商。当前，较先进的自动售货设备中的电子系统可以监控存货、现金及其他操作状况。然后，以无线装置将有关数据传回主机，在缺货或操作有误时向操作人员发出警告。

5. 电话购物（Tele - Shopping）

电话购物是主要通过电话完成销售或购买活动的一种零售业态。其形式通常与其他零售业态复合使用。

第三节　零售组织形式

零售组织形式是对零售企业内部权力与责任界限加以明确划分的组织结构形态。合理的零售组织形式有助于零售企业有效推进企业发展战略，加强企业管理，增进组织效率。

一、不同管理模式的零售组织形式

由于零售企业的规模、类型不同，不同零售企业有不同的组织形式。当前常见的形式主要有简单型、职能型、分部型等。

（一）简单型零售组织

简单型零售组织常见于小型零售企业。这类企业经营者通常也是管理者，决策权集中，企业员工少，人事层次少，组织架构呈扁平化，一般只有2~3层垂直层次，没有专业化的部门和职能分工。

该组织形式的优势在于：管理层次简化，责任明确，费用低廉，反应灵活。

该组织形式的劣势在于：管理相对简单粗放，信息收集欠完善，不适应企业规模化发展。

图2-1为简单型零售组织示意图：

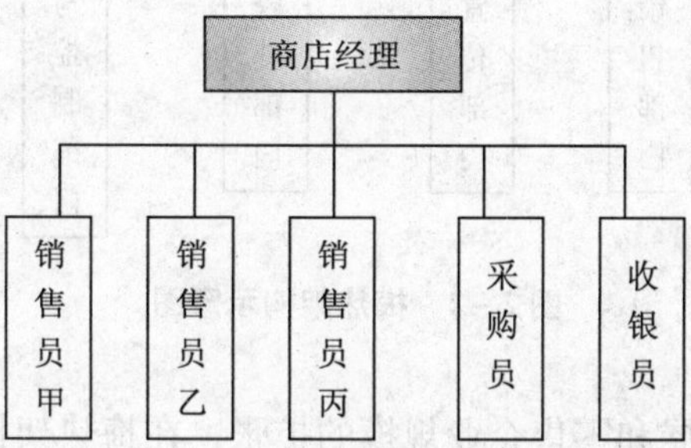

图2-1　简单型零售组织示意图

（二）职能型零售组织

职能型零售组织是根据职能归属不同而确定企业责、权关系的组织结构形态。

该组织形式的优势在于：组织体系稳定，权责明确，信息渠道顺畅。

该组织形式的劣势在于：人事管理难度相对较大，各分部在与企业整体的利益分割上，容易只顾及自身利益，而忽视集体利益。

1. 职能型零售组织的基本形式——梅热架构

职能型零售组织中，最基本的是梅热架构。1927年，保罗·梅热（Paul Mazur）提出了一项重要的组织结构理论，当代众多大型零售企业的职能形式都是以梅热架构为原型发展起来的。

梅热架构将整个零售运作分为商品销售、公关宣传、商店管理及财会与控制四个领域（参见图2－2），依靠直线（垂直授权和责任）和职能结构（建议与支持）组织起来。其中商品销售部门的职能主要包括商品采购、销售、库存计划与控制、促销设计等；公关宣传部门的职能主要包括公共关系、广告设计与运作、橱窗设计和店内陈列、促销实施等；商店管理部门的职能主要包括商品保管、商店营运活动、员工培训、商店保洁、保安、设施、设备管理等方面；财会与控制部门的职能主要包括信用和信用审查、开支的预算和控制、库存计划和控制、财务记录和保存等。

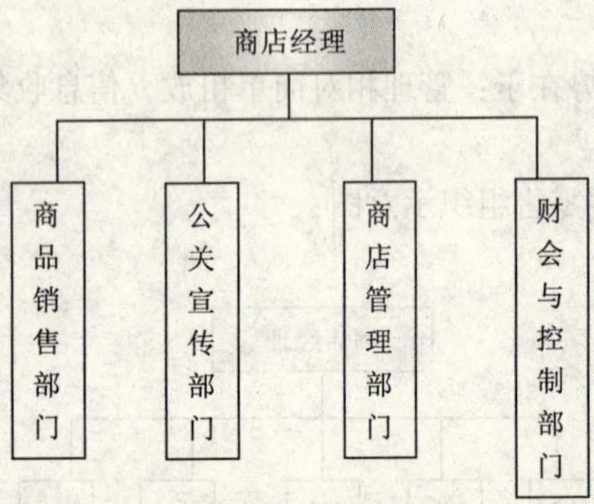

图2－2　梅热架构示意图

随着零售业的发展和零售企业规模的扩张，在梅热架构的基础上，衍生出三种基本的组织形式：母子型分店组织、独立型商店组织、平等型商店组织，以下分别加以介绍。

2. 母子型分店组织

母子型分店组织是由母公司（总店）和分店组成的母子型组织体系（参见图2－3）。该组织结构分权程度较高，母公司（总店）专注于战略管理，而分店负责具体的经营活动，具有较大的经营自主权，在财务上具有独立性。

3. 独立型商店组织

独立型商店组织适用于独立商店，是一种高度集权的以职能为中心的组织结构（参见图2－4）。商店总经理直接领导各职能部门，各部门不仅负责自己的业务领域，同时部门间又相互联系、相互协作。

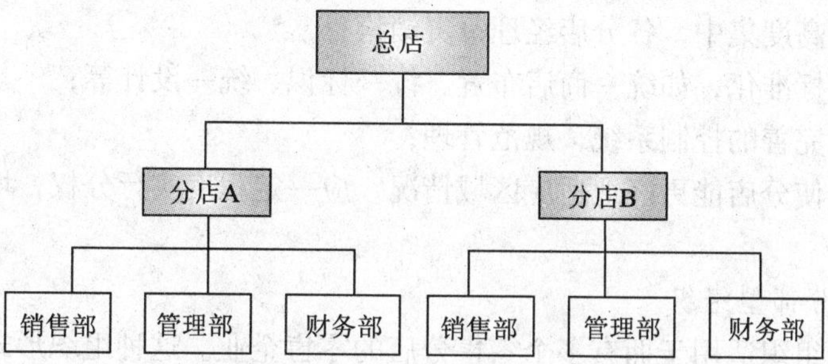

图2－3　母子型分店组织示意图

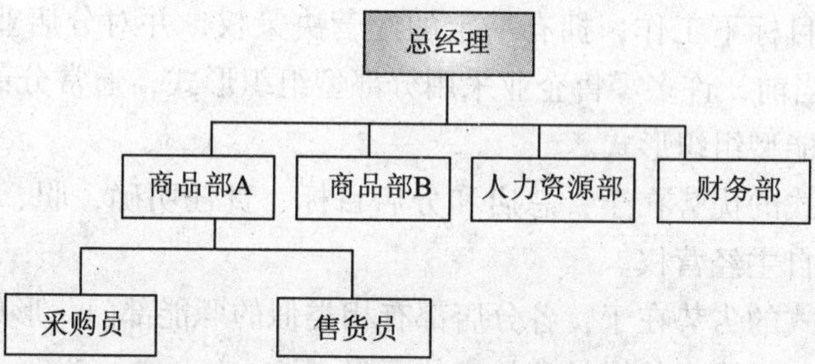

图2－4　独立型商店组织示意图

4. 平等型商店组织

平等型商店组织也称为平等型架构，采取集中统一采购方式，各分店是地位平等的事业部（参见图2－5）。连锁店通常采用平等型组织结构。尽管平等型商店组织内具体职能设置不尽相同，但具有相同的特征：

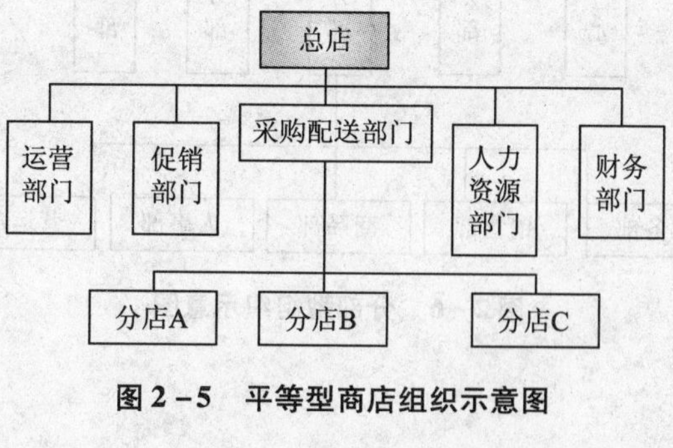

图2－5　平等型商店组织示意图

①划分多个职能部门，如促销、商品管理、配送、商店运营、人力资源等；

②权责高度集中，各分店经理负责销售；

③运营标准化，如统一商店布置、统一标识、统一设计等；

④具有完善的控制系统，规范管理；

⑤为了使分店能更好地适应区域情况，应一定程度实行分权，增加分店经理的责任。

（三）分部型组织

分部型组织适用于拥有多个零售分店的零售企业。这种组织形式是建立在各分店自我管理基础上的，分店间是相互独立的运营单位，总店对各分店予以一定的监督、协调和控制，并提供财务和法律等方面的服务；各分店在总部制定的总体战略目标下工作，拥有一定的经营决策权，并对分店业务负责（参见图2－6）。当前，许多零售企业采用分部型组织形式，通常分部型组织形式内部又包含职能型组织形式。

该组织形式的优势在于：总店和分店目标、责任明确，职、权、利清晰，分店有较大的自主经营权。

该组织形式的劣势在于：各分店都有相类似的职能部门，形成资源的重复配置，易造成组织成本的增长和效率的下降。

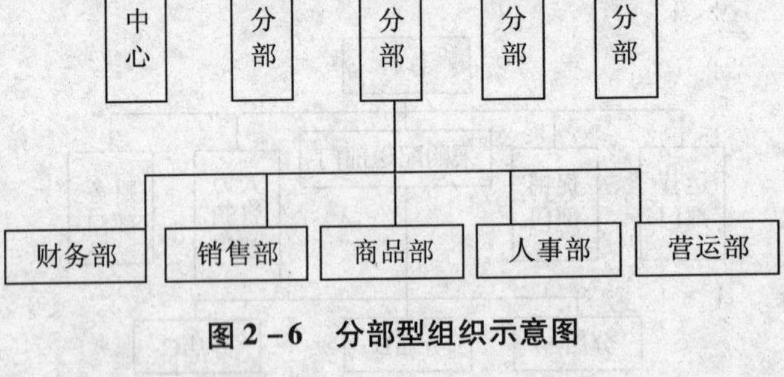

图2－6　分部型组织示意图

二、不同经营模式的零售企业组织形式

根据所有权归属不同、经营模式不同，零售企业主要可分为如下几种组织形式：独立零售组织、连锁经营组织、自愿加盟连锁组织、特许经营组织、零售商联合组织、消费者合作社和租赁商品部等。

（一）独立零售组织

独立零售组织指所有权和经营权属于某一家庭和个人所有的零售组织，分店数不超过10家，通常只有单一店面，规模较小，在一个地方经营。

独立零售组织是我国城乡零售领域的普遍形态，即使在连锁经济发达的美国，也有大约200万家独立零售店，销售额约占美国零售店销售额的40%。

该组织的优势在于：经营自主性强、灵活性强，能够针对当地的消费水平和顾客需求适销对路的产品。同时由于独立零售组织通常由所有人自主经营，人员较少，组织结构相对简单，能激发起员工工作热情，保证较高的工作效率。

该组织的劣势主要在于：不具备规模经济优势，议价能力弱，容易受供货商限制。同时由于独立零售组织资金实力有限，缺乏后续资金支持，难以在价格、广告等方面与占据规模优势的连锁企业竞争，处于相对劣势地位，抗市场风险能力弱。

（二）连锁经营组织

连锁经营组织指门店在10个以上，实行规范化管理，统一订货，集中合理化配送，统一结算，实行采购与销售职能分离的零售组织。连锁经营组织最早出现在1859年的美国，工业化大生产及流通手段的更新使得经营者不断探索扩大规模、取得更大利润的方法。连锁经营解决了小店铺实现扩大规模的问题。由于规模扩大，连锁经营者可以充当自己的批发商直接从生产商进货，跳过中间的分销体系，从而使得商品的售价低廉。这种模式迅速被模仿，掀起了连锁经营的小高潮，到1900年，全美连锁公司已达58家，欧洲也开始出现一大批的连锁店。“二战”后信息技术的应用更是成为了连锁经营的助推器，几乎所有零售业态都引入连锁经营的方式，出现了连锁百货商店、连锁杂货店、连锁购物中心等。

通常连锁经营组织由总部、门店和配送中心（或委托配送机构）构成，连锁企业组织结构有两种基本类型：一是总部和门店的双层次结构；二是总部、地区分部和门店的三层次结构。如图2－7所示：

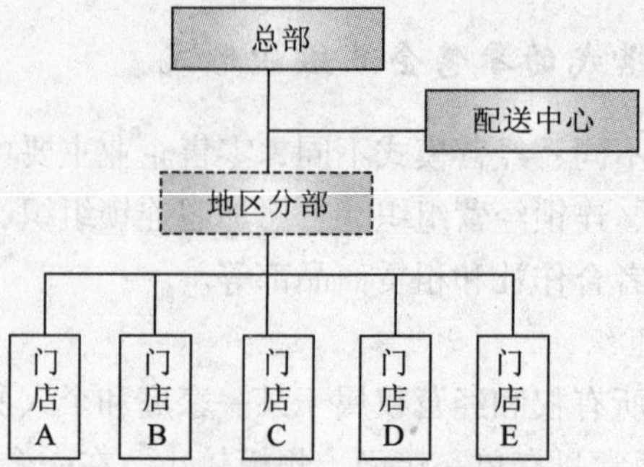

图2-7　连锁经营组织基本结构图

在我国，连锁经营作为一种新的零售组织形式，近十余年来得到迅猛发展。2005年，全国连锁企业零售总额达7810亿元人民币，占社会消费品零售总额的11.6%，其中全国连锁百强企业销售额达7076亿元，显示出较高的集中度。百强企业的门店数也达到了38260个，平均每个企业门店数超过380家。以北京为例，自1992年"希福"连锁店引入连锁经营，北京连锁业实现了跨越式发展，2002年北京连锁经营销售额增长了31.2%，"十五"期间，北京市连锁商业实现零售额占社会消费品零售额的比重由12%提高到32.8%，并且大批连锁超市、便利店向城市社区、远郊区县和农村地区延伸，进一步优化了城市商业布局。

该组织形式的优势是明显的，主要表现在：

①规模较大，可提供较宽的产品种类和较深的产品系列，能够形成规模经济优势；

②购买量大，在与供货商交流中能占据主动地位，有很强的议价能力。大型连锁企业还能得到特殊商品的独家经销权，或出售自有品牌商品；

③有明确的企业发展战略和规划，集中优秀管理人才，资金实力雄厚，能充分利用科技信息优势等。

该组织形式的劣势在于：由于门店众多，在地理上较为分散，管理控制难度较大，资金需求量大；从连锁门店角度，由于必须遵循统一战略，其灵活性、独立性受到限制。

连锁经营组织经过多年的发展，出现了3个分支，即直营连锁、特许连锁、自愿加盟连锁组织（自由连锁组织）。

1. 直营连锁组织

直营连锁指总公司直接经营的连锁店，即由公司总部直接经营、投资、管理各个零售点的经营形态。总部采取纵深式的管理方式，直接下令掌管所有的零售点，零售点也必须完全接受总部指挥。直接连锁的主要任务在“渠道经营”，意思指透过经营渠道的拓展从消费者手中获取利润。这是大型垄断商业资本通过吞并、兼并或独资、控股等途径，发展壮大自身实力和规模的一种形式，最早的连锁经营都为直营连锁。

它的主要特点是所有权和经营权集中统一于总部。即所有成员企业必须是单一所有者，归一个公司、一个联合组织或单一个人所有；由总部集中领导、统一管理，如人事、采购、计划、广告、会计和经营方针都集中统一；实行统一核算制度；各直营连锁店经理是雇员而不是所有者；各直营连锁店实行标准化经营管理。

直营连锁的人员组织形式是由总公司直接管理。直营连锁的组织体系，一般分为三个层次：上层是公司总部负责整体事业的组织系统；中层是负责若干个分店的区域性管理组织，负责专项业务；下层是分店。

这样的组织形式具有统一资本、集中管理、分散销售的特点，同时给直营连锁的发展带来了两个方面的影响。

其优势表现在：

①可以统一调动资金，统一经营战略，统一开发和运用整体性事业；

②作为同一大型商业资本所有者拥有雄厚的实力，有利于同金融界、生产供应商打交道；

③在人才培养使用、新技术产品开发推广、信息和管理现代化方面，易于发挥整体优势；

④众多的分店可深入消费腹地扩大销售。

其劣势表现在：

①成员店自主权小，积极性、创造性和主动性受到限制；

②需要拥有一定规模的自有资本，发展速度受到限制；

③大规模的直营连锁店管理系统庞杂，容易产生官僚化经营，使企业的交易成本大大提高。

2. 特许连锁组织

特许连锁组织是特许者和被特许者之间一种协议性联合经营的组织。加盟连锁店的门店通过同总部签订合同，交纳一定的特许权使用费用，取得使用总部商标、商号、经营技术及销售总部开发商品的特许权，经营权集中于总部。加盟连锁店的门店均为独立法人。

该组织形式的主要优势在于：通过特许经营模式将特许方的品牌、实力、连锁经营策略与被特许方的经验优势有机结合起来。特许方可借此迅速以低成本扩展业务，壮大实力；被特许方在保持自身主动性、灵活性的同时也能获得强大的品牌、技术等支持，对特许双方来说，是一种双赢的组织模式。

该组织形式的劣势主要是特许双方可能因所有权和控制权发生争议，个别特许分店的不良经营行为将影响企业整体形象，降低顾客对该企业的满意度和忠诚度。

3. 自愿加盟连锁组织

自愿加盟连锁组织又称自由连锁组织，指由某个独立零售商发起，若干分散的独立零售商参加的零售组织，是一种自发性的连锁组织。自愿加盟连锁组织成员可以使用统一品牌，也可以销售一系列自有品牌产品，组织内各成员拥有自身零售店的所有权，可保留各自的经营方式，但必须交纳一定费用，用于统一培训、促销等。

自由连锁的组织方式主要有两种：一种是由中小零售店铺自发联合组成的相互合作的利益共同体；另一种是由批发企业出面，将一批中小零售企业组织起来的经营联合体。

该组织形式的优势在于：通过多个独立零售商的联合，可形成规模效应，在与供货商进行价格谈判时可把握主动权，具有较强的抗市场风险能力；组织系统内的各零售商可通过统一培训、信息交流和互相学习、借鉴，达到改善经营管理，降低成本，增强竞争力的效果；同时自愿加盟连锁形式也便于单个企业及时适应消费动向，采取灵活的营销策略。

该组织形式的劣势在于：组织结构相对松散，组织内各零售商容易因各种主客观因素发生分歧，严重时会影响自愿加盟连锁组织的集体利益。

(三) 零售商联合组织

零售商联合组织指随着零售企业的不断发展、壮大，为控制更多的资源，企业间采取相互合并、兼并、联合与合资等资本运作形式所形成的零售组织。

零售商联合组织中，很多企业被纳入一个控股企业的零售品牌下，也有些企业保留了自身的品牌，但控股公司作为独立实体进行交易。如：沃尔玛公司控股的零售商联合组织是由沃尔玛、ASDA、Sam's、Club、Wertakauf 等零售企业组成的，家乐福公司控股的零售商联合组织包括家乐福、Champion、Shopi、Proxi、Dia 等零售企业。我国商业领域规模最大的企业——上海百联集团有限公司是由华联集团、上海一百集团、友谊集团、物资集团总公司四家大型商业企业联合而成的。

该组织形式的优势主要是：通过强强联合或强弱联合，实现优势互补，增强了企业的综合竞争实力，降低了销售成本，提高了资本回报率，也为联合组织内的各企业带来了单个企业无法实现的销售利润，获得更强有力的资金支持；同时组织内成员也能够突出各自的专长，专注于各自事业领域，发挥经营管理优势。

该组织形式的劣势在于：由于利益要求不同，零售商联合组织内各成员可能因利润分配、组织管理、信息共享等问题产生分歧，各组织成员也可能因这样、那样的问题产生矛盾和抵触，而组织内严格的规章和烦琐的程序也可能影响和限制管理成员个体才能的发挥。

（四）消费者合作社

消费者合作社也称为合作零售企业，是指组织所有权归消费者自己所有的零售组织。根据消费者之间的协议，每位顾客都可以投资消费者合作社，取得股权，选择管理人员管理公司业务，通过分红或降价来享受企业利润或结余。

该组织形式的优势和劣势同样明显。优势在于：由于采购商品量大，在与供应商谈判时能采取主动，获得实惠，同时消费者对组织的忠诚度很高；劣势在于：组织结构分散，管理难度大，同时由于消费者往往不具备采购、管理、销售方面的专业能力和时间，因此会给经营带来不利影响。

（五）租赁商品部

租赁商品部是指众多所有权相互独立的零售企业（通常为专业店或折扣店）在同一零售商店内租用小商铺经营各自业务的零售组织。租赁者按零售商店的要求独立开支各自的经营业务，并按销售收入的一定比例向零售商店交纳租金，零售商店则承担设施维修、广告和结算服务的费用。

租赁商品部可搭载零售商场的设施、环境、广告等优势，树立良好的形象，但也必须遵循商店的各种管理规定和要求，在经营上不确定性高。由于不同租赁者的素质、经营方式不同，易引发各种矛盾和问题，从而降低零售商店的美誉度。因此零售商店在选择租赁形式时，应持慎重态度。

附表

表 2－2　美国最大的连锁专业店（1998 年）

公司		销售额（百万美元）	分店数（个）
服装类	力美特	9346	3492
	盖普	9054	2428
	Intimate Brands	3885	1890
	American RetailGroup	1400	1200
	Spiegel/EddieBauer	1331	1200
鞋　类	Venator	4550	6002
	Payless	2620	4570
	Footstar	1829	3110
电子类	Tandy/Radio Shack	3591	7030
汽车配件类	Autozone	3242	2700
	Pep Boys	2399	638
家具类	Helig—Meyers	2726	1249
	Pierl Imports	1138	807
音乐类	Musicland	1846	1346
	Tower Records	1500	218
食品类	General Nutrition	1417	4091
珠宝类	Zales	1313	1140
	蒂凡尼	1169	120
	Sterling Jewelers	1057	788
眼镜类	Cole National	1068	2874
	Lenscrafters	1046	853
配饰类	Clsire's Stores	662	2027
	SunglassHut	602	2003

表 2－3 为美国网上零售商杂志 Internet Retailer 发布的 2006 年美国最佳网上零售网站前 50 强。

表 2-3　　　　2006 年美国最佳网上零售网站前 50 强

类别	网站	类别	网站
服饰类	Anthropologie. com	鲜花、礼品、珠宝类	1-800-Flowers. com
	Eddie Bauer. com		American Greetings. com
	Junonia. com		Blue Nile. com
	Lands End. com		Gift Baskets. com
	Macys. com		Goldspeed. com
	Talbots. com		Illuminations. com
	Timberland. com		Personal Creations. com
	Tommy. com		Vermon Teddy Bear. com
计算机、电子、CD/DVD 类	Best Buy. com	食品、药品、美容类	Allen Brothers. com
	CD Baby. com		CVS. com
	Circuit City. com		Peapod. com
	Crutchfield. com		Sephora. com
	Headsets. com		Simon Delivers. com
	HP Shopping. com		The Fruit Company. com
	i Tunes. com		Walgreens. com
	Netflix. com	大型综合商场、超市类	Amazon. com
	Newegg. com		eBay. com
	Sony Style. com		JCPenney. com
	Think Geek. com		Office Depot. com
家庭用品类	Furniture. com		Staples. com
	Waterford. com/Wedgwood. com	专项产品（非服装类）	Backcountry. com
			Bass Pro Shops. com
	Wisteria. com		Biblio. com
			eToys. com
			Lillian Vernon. com
			Mec. ca
			Musicnotes. com
			Powells. com

资料来源：Internet Retailer，2005，11.

附图

北京王府井百货集团的组织结构，是一种分部型组织形式（见图 2-8）。

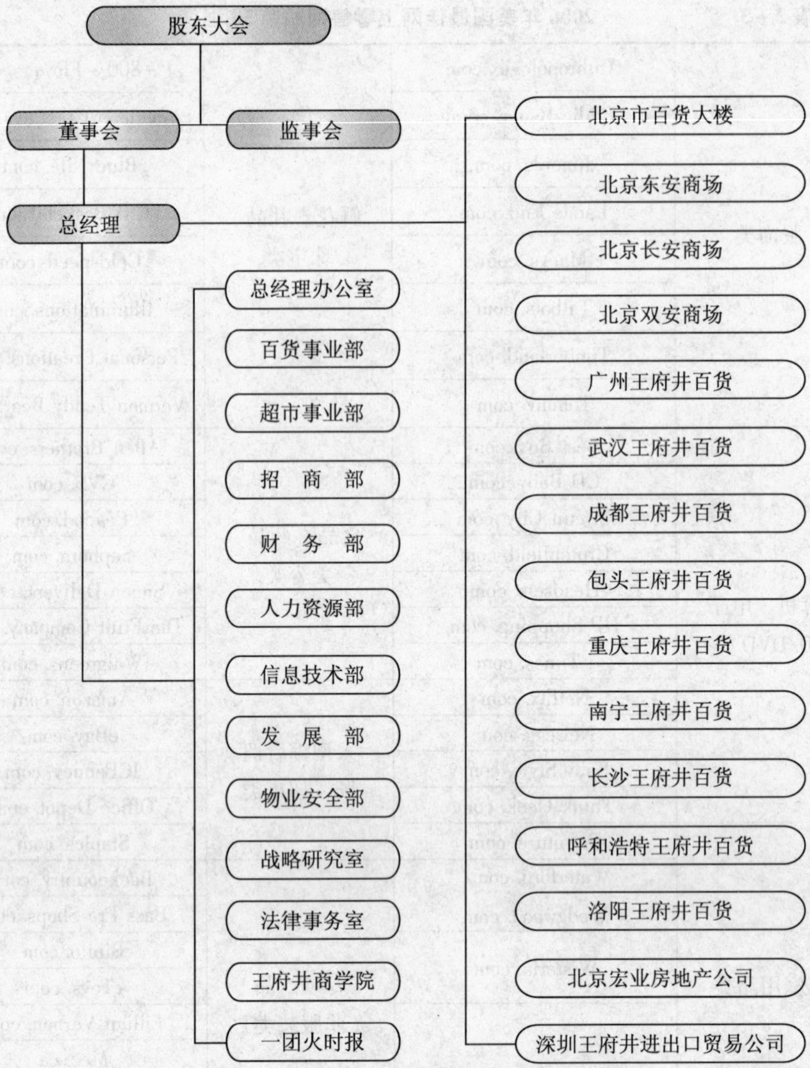

图 2－8　北京王府井百货集团组织结构示意图

案例与分析

案例 1

新兴的零售业态——网上出售设计时装

美国的 Bluefly. com 公司是电子折扣零售商，出售一些来自精品店的换季和过剩品牌服装，用折扣方式销售很受欢迎。

公司利用网络，可接触到比有店铺零售商更多的顾客。Bluefly. com 公司充分发掘和运用了电子零售商为顾客提供个性化服务的能力，公司的“我的目录”服务可以允许顾客输入他们的尺寸和喜好，当他们登录公司网站时，看到的衣服都是经过预选的，这样，他们就不用看其他不喜欢的服装和尺寸不全的服装了。公司的注册用户在到货时还能收到 E-mail 提示。

Bluefly. com 公司并非只是供应商的清仓店，它也有自己的存货，以此确保所有订单都能获得满足。通过向供应商、零售商等购买换季商品，Bluefly. com 公司也和供货商建立了良好的联系。

案例思考题

1. Bluefly. com 公司将折扣零售和电子商务结合在一起，其发展前景如何？
2. 同传统的店铺零售形式相比，无店铺零售有什么样的优劣势？

案例 2

世界著名自由连锁组织 IGA 和 SPAR 在中国的发展

从 2004 年 12 月 11 日起，我国取消了对外资企业在零售领域的地域、股权和经营范围的限制，外资零售企业加速了在中国扩张的步伐。作为世界自由连锁最著名的组织 IGA 和 SPAR 也开始了在中国的征程。

IGA（Independent Grocers Alliance）是在 1926 年由 100 家左右的独立杂货商在纽约创建的，总部位于芝加哥。其在美国的 48 个州和全球 40 多个国家开展了业务，店铺总数达到了4400多家，2003年的销售额达210亿美元，是美国最大的自由连锁组织。

SPAR商店最早于1932年在荷兰开业，是世界上最大和最成功的超级市场自由连锁体系。在全世界34个国家拥有将近16000个店铺，年营业额逾340亿美元。

2004年9月27日，宁波三江超市加盟IGA；2004年11月9日，山东家家悦签约加盟SPAR；2005年，湖南步步高超市、武汉中百超市、大庆庆客隆超市先后加盟IGA；同年11月，河南思达连锁商业有限公司、湖北雅斯连锁商业有限公司正式成为SPAR自愿连锁超市体系中国区域的新成员。

我国中小零售企业加入IGA和SPAR的现实优势在于：

一、拥有国际自愿连锁的品牌。IGA和SPAR作为国际上最大最成功的两个自愿连锁组织在国际市场都分别拥有70多年的发展历史，其自愿连锁组织的品牌价值是巨大的。或许对于这些中小零售企业来说能拥有国际品牌正是他们所希望的。

二、享受更多更先进的零售管理经验。国际著名自愿连锁机构拥有优秀的超市经营管理技术和信息。对于中国中小零售企业来说，先进的管理经验是最缺乏的。

三、带来更多国外特色商品。IGA和SPAR两个组织已经发展了海外40多个国家，其两大组织的自有品牌多达数千种，其商品的多样性和丰富性是任何一个国际连锁巨头所难以媲美的。加盟自愿连锁组织，能开拓国内零售商的采购来源，与国际零售企业享有同级别的采购优势。此外IGA和SPAR可以分别将来自于各个区域的“明星商品”介绍给中国市场，让门店具有更多的可选择性和竞争性。

四、更宽广的出口平台。国内很多区域零售商都是在批发商的基础上发展起来的，因此加入国际连锁组织的同时，也将会打通国内商品进入国际市场的机会，增加另外的利润点。

五、更强大的采购平台。从自愿连锁的产生和建立来看，其成立的最初目的就是为了增强采购的谈判能力，在与一些大型制造商进行采购商品的协商谈判时，以便获取到更大的经济利益。

虽然自愿连锁对中小零售企业来说好处多多，但由于中国市场的复杂性和不规范性，不排除国外零售企业在中国，尤其在二、三线城市的发展会面临水土不服的问题。同时，自愿连锁的组织体系十分松散，缺乏硬性约束，而成员企业往往有不同的利益诉求，合作中的利益冲突通常也会成为自愿连锁发展的障碍。所以有观点认为IGA和SPAR在中国开展的自愿连锁业务，只是为中小零售商增加了交流、合作的机会，提供了可供参考的国外流行技术，它并不能必然增加中小零售企业的核心竞争力，也不能彻底解决零售业全面开放后中小企业遭遇的生存危机。

案例思考题

1. 结合IGA和SPAR的案例，分析自愿连锁的优劣势。
2. 作为新兴的零售组织形态，自愿连锁在中国的发展前景如何？

本章思考题

1. 简述零售的基本职能。
2. 根据国家2004年零售业态分类标准，我国的零售业态可分为哪些形式？并分别加以解释。
3. 试述无店铺零售在我国的发展前景。
4. 分别阐述连锁经营组织中的直营连锁、特许连锁、自愿加盟连锁组织发展的优势和劣势。

参考文献

1. ［美］迈克尔·利维，巴顿·韦茨著．零售管理．北京：人民邮电出版社，2004
2. 沙振权主编．零售学．广州：广东高等教育出版社，2006
3. 李飞．零售革命．北京：经济管理出版社，2003
4. GB/T 18106—2004，零售业态分类，2004
5. 王蓁．IGAVSSPAR中国自愿连锁的“洋务运动”，全球品牌网，Http：//www. golbrand. com

第三章 零售环境

本章提要

经营环境对零售业发展的影响很大。宏观社会经济环境、科学技术环境和政策环境对零售业发展的影响是方向性和整体性的；居民收入水平、社会人口数量和结构、生活方式和社会阶层的状况等，是制约零售业的发展水平的重要因素；竞争环境，尤其是外资进入，对零售业经营质量的提升和全球化的发展有着直接促进作用。

学习目的

了解影响零售业发展的各项因素；掌握零售政策对行业发展的影响；重点掌握居民生活水平、人口因素和生活方式对零售经营的影响；重点思考外资零售业在中国市场的竞争战略特征和零售竞争全球化的影响。

第一节 宏观环境

影响零售业发展的宏观环境因素，包括社会经济环境、科学技术环境、宏观政策制度等。宏观环境因素对零售业的影响是整体性和方向性的，零售业态和零售组织的演变就是由于宏观环境因素起了重要的推动作用。

一、社会经济环境

零售业的社会经济环境是由经济增长、产业结构、技术进步、国民收入及其分配等因素构成的。

经济增长对零售业最直接的影响就是就业率和人均收入的提高对零售业的推动。我国经济增长率以国内生产总值计算，从1990年到2005年平均增速高达9.7%，社会商品零售总额从1990年的8300亿元增长到2005年的67177亿元，除去价格因素，年均增长高达9%。居民就业率保障了零售业顾客基本的消费能力，也同时保障了零售业的基本生存环境。以便利店的发展为例，从国际便利店发展历史看来，其生存的基础条件是：年人均国民收入3000美元。在一个国家或地区人均国民收入2000美元时，人们对食品需求的重点由品质转移至便利；3000美元时，便利商店开始出现；6000~7000美元时，便利商店进入快速发展期。

同时，从促进经济发展的角度来看，零售业的发展是经济增长的内在要求。从需求角度来看，一个国家的经济增长来源于两个方面，一是对外贸易，二是国内消费，而国内消费是推动经济增长的主流力量。我国一直奉行扩大内需的经济政策，与之相配套的政策，如提高工薪阶层和中低收入者的收入，提高最低生活保障线的标准，特别是采取一系列措施增加农民的收入，改善农村的消费环境，开阔农村市场等，都会为零售业的发展提供机遇。

从世界范围来看，大多数国家，特别是发达国家，基本上都处于低速经济增长阶段，美国近年来的经济增长率不超过4%，英国的经济增长率为2%左右。其直接结果可能导致就业及收入的低增长，甚至是负增长，从而加大了零售业经营的难度。一方面，由于就业机会减少，收入水平降低，从而降低了消费者的购买能力，进而不利于零售业的经营；另一方面，由于社会面临着巨大的就业压力，从而促使政府更希望通过扶持零售业的发展来吸纳更多的劳动力就业，进而有利于零售业的发展；同时，收入水平的低增长或负增长虽然从总体上不利于零售业的经营，然而，却可能更有利于那些低价、大众化零售业态的经营。

产业结构对零售业的影响是通过产业结构的变化导致产品和产业组织结构的变化而产生的。首先，产业发展和产业结构的变化遵循的规律是从第一产业为主导向第二产业为主导转变，进而再向第三产业为主导进行演化。这一演化过程直接产生两方面的结果：其一是不同产业的产品结构发生变化，社会产品逐渐向技术含量高、附加价值高的产品演化，从而既使零售业的业种结构发生变化，也使零售业的业态结构发生变化；其二是产业组织结构发生变化，行业集中度提高，大型垄断组织对生产和流通的支配地位日益明显。一方面，大型生产企业向流通领域扩张，构建自己的流通渠道，形成新的零售格局；另一方面，大型流通企业向生产领域延伸，控制生产、加工，形成自己的货源和成本优势。

二、科学技术环境

科学技术进步在生产和流通领域都产生了巨大的影响，从而使零售业发生了翻天覆地地变化。在生产领域，先进技术通过改变产业及产品结构来影响零售业。在流通领域，技术进步推动了分销、结算和终端管理。先进的冷藏、仓储技术保证了产品的质量，现代信息技术的应用使零售业在商流、物流和资金流几方面既提升了效率，又降低了成本。最新的 RFID（无线射频技术）被认为是最终将取代条形码的新型技术。同时，运用这一新技术，零售管理完全可以省去经常性货架或仓库存货盘点。消费者到超市购物，推着满车的选购品到结账口时，不用再排队即可付款通行。这将会给零售业的经营效率带来惊人的提升。

与此同时，科学技术进步对就业会产生正负两方面的影响，从而影响到零售业的发展。一方面，从技术冲击的短期效应来看，传统产业由于技术进步提高了劳动生产率和资本有机构成，同量产品和资本所需劳动力投入会逐渐下降，从而产生技术进步的就业挤出效应，就业率下降，零售市场需求下降。另一方面，新兴行业的技术创新促进产业迅速成长并产生巨大的扩散效应，从而产生大量的新兴就业机会，零售市场需求提升。

三、宏观政策制度

宏观政策制度是由政府的经济政策、法律法规等因素构成的。不论任何国家，政府都要通过政策和法律手段对社会经济进行干预和规范。从世界范围来看，各国政府对社会经济的干预不仅范围越来越广，而且程度也愈来愈深。

各国对零售业的干预大致有两个层次：一是通过一般经济政策对零售业的干预。例如，有关反垄断或反不正当竞争的法律就属于这一层次的干预。二是通过专门的经济政策对零售业的干预。有些国家（例如法国、日本）对零售业的干预还是相当“精细”的，诸如对大型零售店的开设、有奖销售、访问销售、信用销售、邮寄销售都有详细规定。但是，由于各国的经济结构不同，特别是商业结构不同，以及对零售业的认识不同，因此，对零售业的特别干预往往有较大的差别。

值得注意的是，零售业的网点布局是宏观政策制度进行规制的重要方面。在发达国家及地区，零售业的发展受到政府管理部门的高度重视。在市场选择及政府规制的双重影响下，为保持流通业健康持续的发展，并充分发挥其先导作用，政府部门往往需要采取各种手段来引导商业网点的建设。

第二节 需求环境

需求环境对零售业的影响通过两个方面来实现。其一是需求规模的变化影响零售业规模的变化；其二是需求结构的变化导致零售业市场机会的出现和消失。需求环境包括了居民收入、人口数量与结构、生活方式及社会分层等方面。

一、居民收入水平

居民收入是影响需求进而影响到零售市场的重要因素。尽管自20世纪70年代以来，许多国家长期处于低速经济增长阶段，但是，消费者的收入水平还是有所增长，并导致两个变化：一是消费倾向降低；二是消费结构变化。

消费倾向降低，即收入越高，消费占收入的比例越低，其直接结果是总需求不足。我国自改革开放以来农村和城镇的平均消费倾向始终呈现下降趋势。收入越高的消费者，其平均消费倾向越低。换句话说，穷人的平均消费倾向大于富人的平均消费倾向。随着居民收入差距的扩大，尽管穷人的消费倾向高，但他们的收入太低，所以这部分人的消费水平不高；而富人虽然收入高，但消费倾向低，导致他们的消费水平也比较低。总之，在收入差距悬殊的情况下，社会的消费倾向低，消费需求不足。所以，收入水平的增长只是推动零售业发展的可能性因素，但收入差距的扩大，会阻碍消费规模扩大，从而也不利于零售业经营。

消费结构的变化，即随着收入水平的提高，消费者用于食品及其他生活必需品的支出会相对降低，恩格尔系数会越来越低，从而使零售业结构发生变化。消费结构的变化，对零售商选择零售业种和业态具有重要意义。

由于消费结构的变化，居民需求出现三大特征：

1. 品质化。由于收入提升，居民有更多的可支配收入可以用于购买高品质的商品。其在衣着服饰方面，崇尚名牌，讲究款式、品质，档次逐年提高，面料讲究柔软、精细大方，穿着讲究简洁明快，以表现与众不同的文化层次和气质。据调查显示，我国高收入家庭平均每户住房建筑面积为111.3平方米，以三居室为主，占41.9%。平均每户装修支出金额为5.2万元。

2. 潮流化。追求潮流是收入提升后的消费需求特征之一。以高收入家庭为例，他们在购买家用电器时主要青睐一些科技含量高、时代感强的高档家电产品，如无氟环保电冰箱、数码纯平彩电、高保真超重低音音响及家庭影院、制冷量大和噪声低的变频式空调、具有夜视功能的微型摄像机、代表当今科技新水平的数码照相机等。同时，移动电话的拥有量增速加快，每百户中，中高档乐器、电炊具等拥有量也增长迅速。

3. 感官化。收入提升后，人们对于商品的选择已经远远超出了传统的价值判断标准。过去，人们在选择商品时是以其实用价值作为判断标准，而现在越来越多的消费者会以商品的美学价值作为购买决策的重要依据。也就是说，当今消费者的需求除了有基本的使用价值作为标准外，还追求感官上获得的价值，在视觉、听觉、味觉、嗅觉和触觉五方面追求美感和愉悦的情感体验。消费需求趋向于感官化。

二、人口数量与结构

人口数量与结构是影响零售业发展的重要因素之一。任何的商圈分析、顾客满意度、商品调整等零售经营行为都离不开对目标顾客的识别。顾客群体和个体可以通过人口统计数量和变量加以识别，包括性别、年龄、人口增长率、平均寿命、读写能力、语种、家庭规模、婚姻和家庭状况、迁移率、居住地、职业、教育程度以及民族背景。

以北京市为例，2005年末北京市常住人口（在京居住半年以上人口）1538万人，比2000年末增加174.4万人。全市人口出生率为6.3‰，死亡率为5.2‰，自然增长率为1.1‰。城市居民人均可支配收入达到17653元，是2000年城市居民人均可支配收入10349.7元的1.7倍，五年间年均实际递增10.4%。城市居民恩格尔系数为31.8%，比2000年降低4.5个百分点。由于人口和居民收入的增长，北京市社会消费品零售总额也大幅增长，从2000年的1658.7亿元增长了72.2%达到2005年的2902.8亿元。居民消费结构也产生了变化，如下表所示。

2000 年、2005 年不同商品种类的销售额

类　别	2000 年		2005 年	
	零售额（亿元）	比例（%）	零售额（亿元）	比例（%）
食品类	471. 4	28. 4	748. 7	25. 8
衣着类	198. 8	12. 0	281. 5	9. 7
日用品类	932. 0	56. 2	1638. 7	56. 5
燃料类	56. 5	3. 4	233. 9	8. 1
总　计	1658. 7	100. 0	2902. 8	100. 0

资料来源：《北京市统计年鉴（2006 年）》。

从现实来看，人口迁移已经成为影响零售经营战略的重要因素之一。人口迁移的典型城市特征就是人口郊区化的趋势，而这往往成为零售业发展的一个契机。日本在 20 世纪 60 ~70 年代是人口郊区化对日本零售业影响最为显著的时期。从 1964—1968 年间，东京中心区人口下降了 6. 1%，郊区和卫星城则分别增加了 4. 2% 和 24. 5%。与此相应，中心区零售网点数量增加了 3. 1%，而郊区和卫星城的增长率则高达 12. 3% 和 26. 3%。这带动了东京整体的零售业销售增长 74. 6%。

就北京而言，人口郊区化的格局正在形成，并以组团式的形态发展。按照北京城市总体规划，2020 年北京城镇人口控制在 1600 万人左右，有 850 万人分布在中心城镇，有 600 万人分布在新城城镇，其余 150 万人分布于镇区城镇。在中心城中，旧城人口将进一步疏解，仅容纳 120 万人。旧城以外的中心地区容纳 430 万人，边缘集团集聚 260 万人左右。这样的人口布局就形成了组团式的聚集形态，要求各组团内的商业功能必须相对齐全和丰富。为此，在人口迁移的影响下，北京市零售业的布局应该从依功能带零散布局转变为依人口分布组团布局，见下图。

大多数零售商只在当地或某一特定区域内经营，所以他们必须汇编关于那些生活在自己的经营区域中且可能光顾其商店的消费者的个人资料。但零售经营所面临的人口学意义上的环境变化是一个缓慢而深远的影响因素，对未来人口变化趋势的准确估计并采取正确战略部署的零售商才有可能在未来的竞争中立于不败之地。

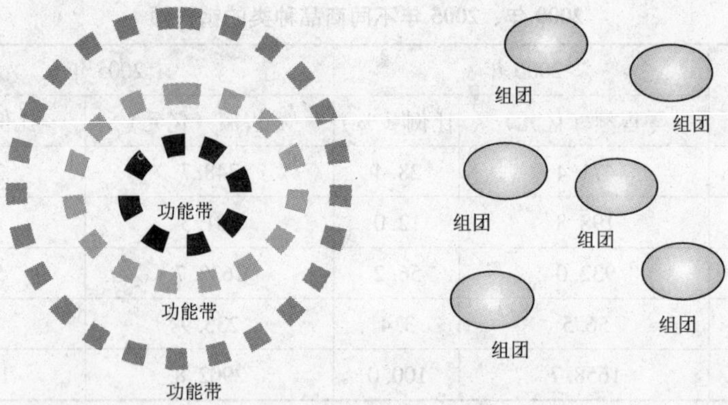

两种布局模式示意图

就中国而言，人口的常规增长和与经济发展相应的生活水平提高已经为大多数零售商提供了增长动力，他们也完全适应这一司空见惯的变化。但问题在于，中国社会的老龄化问题开始凸显。

人口老龄化是指一个地区（或国家）老年人口增长的趋势，其指标是老年人口比例，指一个地区60岁及60岁以上或65岁及65岁以上人口的数量在该地区人口总数中所占的百分比。中国65岁及65岁以上老年人口的规模巨大，2000年即已经超过8700万，老龄人口绝对数量居世界第一位。老年人口一直呈递增的趋势，据全国老龄工作委员会办公室的报告，2030年到2050年将是中国人口老龄化最严峻的时期，需要抚养的老年人口将占人口总数的40%～50%。

人口老龄化导致劳动力的供给减少。劳动力的供给由总人口中处于劳动年龄人口的多少来决定的。劳动年龄人口的数量及其在总人口中的比重，对一个国家或地区的经济发展至关重要。由于老龄化而产生的劳动年龄人口的相对缩减就意味着可就业人口的减少。零售行业的人力资源规模也相应缩小。

抚养比的上升将导致人力资源成本加大。抚养比指人口中非劳动年龄人数与劳动年龄人口数之比，一般以百分数表示。在我国，一般以15～64岁为劳动年龄人口，14岁及14岁以下和65岁及65岁以上为被抚养人口。研究表明，我国从2015年到2050年，总抚养比将从40.33%猛增至65.4%，不但会超过印度、印尼、巴西、阿根廷等发展中国家的水平，而且将超过世界的平均水平和英、美等发达国家的水平。到时，社会负担沉重，劳动力成本大大提高，零售经营的人力资源成本增加。

当然，人口老龄化也同时为零售业极大发展提供了新的机遇，针对老年人的细分市场将具有更加诱人的商业机会。

三、生活方式及社会阶层

零售企业在经营中的成功与其卓越的细分市场战略密不可分，所以当消费者的生活方式，或者是他们的社会分层发生变化时，零售业不同的细分市场也会随之而发生变化，一方面某些市场会萎缩，甚至消失，而另一方面一些新兴的商业机会又会显现出来。

消费者的生活方式以社会因素和心理因素为基础，受他们的人口统计特征影响。同人口统计特征一样，零售商首先应对各种消费者的生活方式概况有一个基本了解，然后才能确定自己目标顾客的生活方式。

整体来看，随着生活水平的不断提高和国际化进程的加快，北京市居民的生活方式产生了前所未有的巨变。在过去，消费者一直注重的是实用、实惠，但现在都市生活方式日益现代化、丰富化，人们的生活观念也转变为注重便捷、舒适、安全、时尚和休闲。

从特定生活方式特征来看，作为涉及人们吃、穿、住、行、乐方面的稳定而系统的行为系列，生活方式在消费者的消费行为中扮演着重要角色。从根本上来说，消费是每个消费者为了满足自己生活方式中的社会角色而进行的角色装备的采购行为。依消费者社会角色丰富性程度的差异及处在不同社会层次所导致的生活方式的不同，消费者也表现出在采购频率及采购丰富性方面的差异。

所以，从生活方式的角度来看，零售商在营销战略中可以有两个战略供其选择。其一是深度战略，其二是广度战略。

深度战略就是针对单一的生活方式，为顾客提供实现这一生活方式的所有商品，从特定的牙刷、个人用品，到特定的服装、饰品等，再到家用电器，满足其“一站式”购买的需求。一些个性零售店正是以此发展起来的。例如生活方式中心等。从更广义的角度讲，大卖场和大型超市也可归属于这一类，因为他们为那些改变了传统消费习惯（冰箱里放的是隔夜的剩菜，而不是成堆的啤酒）的人们提供了休闲式的购物场所，这一类顾客可在周末开车而至，然后推着购物车，散步于货架之间，随意将三秒钟以前才决定购买的商品放入购物车，并在购物车堆满之后才离去。

广度战略就是针对少数商品种类，向顾客提供代表所有生活方式的商品。这一类零售商大多以专业店为代表，他们专注于某一类商品，力求使这一类商品无论是在品牌、型号、产地等方面都应有尽有。

当生活方式与人口特征相结合，并最终以一种有着明显区别的形态出现时，社会阶层就产生了。一个社会阶层有着大致相当的性别、年龄、家庭结构、收入、消费规模和生活方式。他们会对某些商品、某些品牌情有独钟，他们的消费形态又会趋于一致。如在第二次世界大战之后，美国经济迅速上升，形成中产阶级阶层，对当时的零售市场产生了巨大影响。英国发表的一个研究报告就定义了一个新的社会阶层：遗憾的孤独者（RL）。他们是35～45岁的男性，在20世纪90年代成长的黄金时期，他们整天泡在酒吧里，如今是单身一人并正变得越来越有钱，他们已经成为英格兰和威尔士土地、能源和房屋、家具的最大消费群体。中国经过二十多年的改革开放，经济勃兴，居民收入大幅度增加。从收入角度看，因基尼系数扩大，也出现了不同的社会阶层以及与之相适应的不同消费倾向，因而推动了零售业态、经营方式与服务等方面的创新。

第三节　竞争环境

一、零售业面临的竞争

根据波特的竞争力理论，任何产业的竞争力实际来自于五个方面：新企业加入竞争行业的威胁力、同类商品的取代压力、买家的讨价还价力量、供应商讨价还价的力量、现有竞争对手的角逐对抗力量。

以此作为分析竞争的框架，我国零售业也面临五种竞争力量：

1. 由日益深化的零售全球化所导致的外资零售企业进入中国市场的竞争。

2. 其他行业的资本进入零售领域所带来的竞争。

3. 随着消费市场的升级和“买方市场”地位的巩固，消费者在零售领域的“话语权”力量形成的竞争。

4. 随着科学技术的发展和产品的升级换代，供应商与零售商控制的对抗力量所导致的竞争。

5. 行业内已有企业间的竞争，包括同一业态间的竞争和不同业态间的竞争。

波特所提出的竞争力理论是一种在广泛意义上不同于市场力量间角逐的理论。而从行业内部的角度看，零售商还面对着一个同业竞争日趋激烈的市场环境，不仅有不同业态之间的竞争，如专业商店与百货商店、超级市场与方便商店等的竞争，而且还有专业商店与专业商店、百货商店与百货商店、超级市场与超级市场等同一业态的竞争。此外，零售商也面对着生产商与批发商以及消费者自建的零售组织竞争，即一方面，生产商与批发商通过“厂家直销”或自建销售渠道向零售商挑战；另一方面，消费者也倾向于自建“消费合作社”与零售商抗衡。当然，从消费者的角度来看，零售业的竞争是有利于提高消费者福利，获取更高的消费者剩余的。但是，从零售商的角度来看，日益激烈的零售市场竞争则大大增加了零售商的经营难度，过度竞争会在更长远的时期损害到消费者的利益，供需双方两败俱伤。

同时，中国零售业还面临一个更为严峻的挑战——零售全球化所带来的竞争压力。无论是从波特的竞争理论来看，还是从行业内部市场力量的角逐来分析，外资进入中国市场和零售全球化是当前中国零售业最重要的竞争力量。

二、外资零售企业在中国的竞争策略

零售业全球化是未来零售业发展的重要趋势，其表现为国际零售企业在国内市场同本土企业的竞争。随着中国政府加入 WTO 承诺的兑现，零售业已经完全暴露在国际零售竞争之中，国内市场国际化的态势已经形成。

中国商业联合会的最新统计分析显示，自 2004 年 12 月 11 日我国零售业对外全面开放以来，外资零售企业进入的速度明显加快，尤其是我国经济的持续、快速增长，激发出消费品市场的巨大发展潜力，促动着外资零售企业进入规模的高涨。仅 2005 年，商务部共批准设立 1027 家外商投资商业企业，是 2004 年以前商务部批准的 314 家总数的 3. 27 倍，开设店铺 1660 个，营业面积 468. 34 万平方米。2005 年批准设立零售（含批零兼营）企业 187 个，是 2004 年批准的零售企业的 6 倍多。

外资零售企业在中国市场的竞争战略有以下四大特征：

1. 扩张方式以收购为重点。2005 年，外资零售企业对内资零售企业以及我国境内的外资零售企业的并购活动明显增多。2005 年商务部共批准外资企业并购项目 24 个，同时一些外资零售企业，从境外对我国境内零售企业进行收购。2005 年 4 月，英国建材连锁商百安居收购了欧倍德在华所有资产。同年 9 月，华润以 2. 8 亿元收购了宁波慈溪市最大的零售企业慈客隆超市的全部股权。

2. 管理模式谋求独资发展。对于资金实力雄厚的外资企业而言，同内资合作只是出于规避中国政府外资进入政策的限制，在零售业全面开放之后，独资发展已经成为外资企业的重点战略。2005 年 5 月，麦德龙以 5000 万美元收回上海锦江集团名下的30%股份，其持股比例从60%增加到90%，上海锦江集团仅持有10%股份，成为中国自零售业对外资全面放开后的、外资零售巨头增持中国合资企业股份的第一例。四个月后，泰国正大企业国际有限公司以近1亿港元，收购了北京和天津易初莲花35%的股份，完成独资化历程。

3. 加速向二、三级城市扩张。对外资零售企业开店地域的放开以及在一线城市扩张方式向收购的转变，促动着一些外资零售企业向二、三线城市扩张的速度加快。如沃尔玛，2005 年分别在晋江、玉溪、芜湖、潍坊、岳阳开设了新店，易初莲花在嘉兴、绍兴、温州、泰州、南通开设了新店；家乐福在2006 年浙江地区的开店计划中，将几家店都设在浙江省的二、三线城市。

4. 注重本土化改造。外资零售商为打开中国市场，从一开始进入中国就走上了“本土化”的历程，并取得了非常显著的成效。在商品销售方面，家乐福、沃尔玛进入中国初期，本土化商品仅占一半左右，很多国外商品难以适应中国本土消费者的需求，所以后来不断增加本土商品的比重，现在家乐福与沃尔玛的店铺中，中国本土商品的比重已经超过了80%，甚至在中国不同地区的分店里出售的商品都更具本地特色。在门店选址方面，外资零售商，特别是经营大卖场和大型超市的零售商，如家乐福、沃尔玛等都将店址选在比较繁华地段，一改其在本国的选址方针——成本低、交通畅通的城郊。在服务方式方面，西方发达国家大型综合超市与仓储式商场均采用完全自助的服务方式，即使在选购了农产品需要称量时也是由顾客自行完成，但在中国，各家零售商增加了店铺内的服务人员，以适应中国消费者的购物习惯。

三、零售竞争全球化的影响

（一）零售业全球化促进行业发展水平升级

1. 外资零售商进入之后提升了行业人力资源水平。外资零售集团进入中国市场，广泛实施人才本土化战略，不仅为其提供了主要的人力资源，同时也促进了中国零售业人才的成长。一是促进了中国零售企业管理人才的成长。外资零售企业通过实现管理的本土化，雇用了大批中国管理人员进入决策层，这些高管人员将直接吸收跨国公司先进的管理理念和经营方式，通过劳动力市场的流动，将成为我国现代零售企业的高级管理人才。二是促进了中国零售业技术、经营等专业人才的成长。三是提高了普通员工素质。通过上岗培训和跨国企业的工作实践，使我国零售业员工的整体素质得到提高。

2. 外资零售商也推动了行业经营水平的积极变化。外资零售商通过现行零售业态，引入了新的市场营销与商品推广方法。沃尔玛进入日本市场时引入了新颖的“Greeter”制度，Greeter 负责接待顾客、搬运商品，还主动成为顾客的购物参谋。外资零售商进入中国市场时，进入的业态主要集中于大型综合超市、仓储式商场、大型家居建材专业店、便利店等在全球最具成长性的新型业态，使中国零售业的行业结构迅速向国际水平看齐。

3. 外资零售商带来了供应链体系升级。外资零售商向其他国家扩张时往往伴随着新技术与新管理控制模式的引入。如荷兰阿霍德（Ahold）进入捷克时，在供应链中引入了新的质量控制与监督过程。扎拉（Zara）、亨尼斯及毛里茨（Hennes & Mauritz）在拓展海外市场的时候，将它们的短周期产品以及新的库存控制程序应用到已建立的渠道中，使供应链效率得到提高。外资零售商也为东道国供应商提供了商业支持，提高了当地供应商现代化水平，也为中小供应商们提供了新的市场机会。如西尔斯（Sears Roebuck）向墨西哥扩张时，最初计划进口所有商品用于墨西哥店铺的销售，但墨西哥政府的进口限制迫使其不得不发展地区性内部采购，于是西尔斯便开始对墨西哥当地生产商进行培训，甚至将一些生产商送往美国学习。

（二）零售业全球化提升零售企业经营能力

1. 外资零售商的进入所产生的“鲇鱼效应”有利于中国零售企业竞争力的提升。流通业还是国民经济的一个薄弱环节，对国民经济的贡献率仅为7.8%。而据商务部提供的数据，国内流通业销售收入利润率仅为1.06%，2003年，我国企业500强中的流通企业流动资金周转速度仅为2.3次，而发达国家流通企业资金周转速度达到20次以上。由此可以看出，流通效率低、效益差是国内流通企业面临的普遍问题。外资零售业的进入，除了直接参与中国现代流通业的发展外，还必将产生巨大的“鲇鱼效应”，促进国内零售市场的激烈竞争，充分发挥市场优胜劣汰的功能，加快有实力的国内零售企业成长进程，淘汰那些不具发展潜力的企业，促进中国零售企业整体水平提高。

2. 外资零售商带来了先进的信息管理。外资零售商在进入一个国家之时也将先进的信息管理方法与科技网络引入，影响了零售行业竞争中的竞争能力。如日本7-ELEVEN便利店收购美国7-ELEVEN的时候就转移了母国先进的信息管理方法。

在中国，外资零售业的成功起到了强大的示范作用。近年来，上海、广东等地以信息化带动传统商业的改造，推广了先进流通经营与管理技术，发展了现代流通，90%以上的大中型商场都建立了销售时点管理系统（POS），50%以上的大中型商场应用了条形码技术，一大批流通企业建立了管理信息系统（MIS），积极应用电子数据交换系统（EDI）、全球卫星定位系统（CPS）和互联网（Internet）等现代信息技术，推进了企业信息化建设和电子商务、管理水平的提高，出现了一批现代化水平较高的大型流通企业。

（三）零售业全球化推动消费文化国际化

1. 零售商的海外经营活动往往将新的产品带入了东道国零售市场，或者向其消费者传递了新型的销售办法，从而使消费者文化意识水平不断获得提高。外资零售商将消费者的选择范围扩展至全球。瑞典的宜家（IKEA）、美国的星巴克（Star Bucks）、英国的劳拉·阿什利（ Laura Ashley）将他们在家居用品、咖啡饮料、服装方面全新的设计理念带给了许多海外市场的消费者。

2. 外资零售商也将扩展消费者的产品意识与需求结构。如人们对面包需求的激增，与家乐福的现场制作关系极大；喜欢喝咖啡的年轻人越来越多，与美日咖啡、上岛咖啡、星巴克店铺的越开越多有关。这些体验（Experience）式的消费不仅改变了中国消费者的需求结构，而且使外资的品牌效应得到了迅速扩张，由此扩大了外资消费市场的占有率。

3. 外资零售商扩展了消费者对零售业态与经营形式的视野。超级市场在土耳其的扩张，家乐福大型综合超市在中国的发展，考特（Court ）家具店在加勒比海国家的发展都使东道国消费者扩展了对新型零售业态与经营形式的视野。

案例与分析

家乐福从韩国“撤军”

2006年4月，家乐福出售了在韩国的全部32家店面，全线从韩国零售市场上“撤军”。家乐福在韩国市场的失败主要是受到韩国政策制度和居民消费心态两个方面的影响。

在政策制度上，韩国政府严格地保护工人及供货商的利益。由于家乐福为韩国工人提供的工资太低，同时家乐福也严格控制工人之间的组织，监控着员工的活动，这导致工人很大的不满，经常罢工，使家乐福处于停业整顿的状况。2004年7月韩国家乐福就被卷入一场罢工高潮中，根据韩国劳工部的统计，共有5600名韩国家乐福员工由于工资待遇问题而罢工，致使韩国家乐福临时关闭了其在韩的所有27家门店。韩国法律规定，大规模销售性企业在进行促销活动时，与商品不直接相关的费用不得要求供货商承担。由于违反这一规定，在从1999年至2001年的3年间，韩国政府已经三次向家乐福发出罚款通知，罚款数十万美元。

同时，韩国的专家认为，家乐福营销方式不能适应韩国是其最失败之处。家乐福应该了解韩国的文化和消费者的口味，但是他们用全球的营销方式在韩国经营公司，显然是行不通的。在消费文化方面，家乐福过于自信而在韩国遭受冷遇。家乐福以为依靠便宜的价格就能吸引更多的顾客，结果并没有从韩国人那里得到青睐。韩国超市平时的购买主力是家庭主妇，她们有大量时间进行商品质量的比较，对超市的风格也很在意，这使得购买环境较好的韩国超市很受欢迎。相对而言，家乐福的大卖场和薄利多销的方式对韩国并不适合。

案例思考题

1. 政策制度如何影响家乐福在韩国市场的经营？
2. 家乐福为什么不被韩国消费者所接受？

本章思考题

1. 影响零售业发展的因素主要有哪些?
2. 谈一谈消费者的生活方式对零售经营的影响?
3. 外资零售业在中国市场的竞争策略有哪些特征?
4. 联系实际，试论零售竞争全球化对中国零售业的影响。

参考文献

1. 冯昭奎，小山周三主编．中日流通业比较．北京：中国社会科学出版社，1996

2. 北京市2005年暨“十五”期间国民经济和社会发展统计公报．北京市统计局，2005

3. 北京市统计年鉴（2006）．北京市统计局，2006

4. 王成荣，赖阳等著．流通现代化新论．北京：中国经济出版社，2006

5. 沙振权主编．零售学．广州：广东高等教育出版社，2006

第四章 零售客群

本章提要

顾客是企业零售活动的核心，了解顾客的需求，细分顾客群体，确定目标市场是形成企业经营战略的基础，顾客购买行为是介于企业经营策略与经营结果之间的中间变量，只有深刻了解顾客的购买心理，全面把握顾客的购买过程，完善管理顾客信息并合理利用，充分得到顾客的满意，才是赢得企业经营制胜的关键。

学习目的

了解客群细分的概念及主要依据、影响顾客购买心理的因素、客群管理的概念和内容；掌握目标市场策略与模式、顾客购买心理类型及过程以及顾客满意度及其衡量和测评方法。

第一节　客群细分与目标市场

不了解顾客就无法预测他们的需要，也就无法确定目标市场。一个企业在进入市场之前，必须充分收集顾客的信息，依据对顾客的分析，得以识别具有类似需求的客群和目标市场的确定，用个性化的服务去满足个性化的客群需求。

一、客群细分

(一) 客群细分的概念和意义

客群细分是企业将所有现实顾客和潜在顾客进行分群归类的过程。其根据不同顾客需求的差异性，按照不同因素将顾客分为不同群体，每个群体的顾客具有类似需求和行为特征，同一群体对企业一定的营销刺激会作出类同的反应。

客群细分的主要意义在于：有助于企业了解顾客需求，明确目标市场；有助于企业优化资源配置，减少资源浪费；有助于企业开展个性化服务，提高经营效率；有助于企业合理制定营销战略，降低市场风险；有助于企业更好地适应市场，提高核心竞争力。

(二) 客群细分的主要依据

客群之所以能够细分，是由于顾客的需求存在着明显的差异性，顾客需求的差异性是由多种因素造成的，这些影响因素大致包括五个方面（如表4-1）：

1. 地理因素。包括城市、乡村、气候、地形地貌等。采用地理因素作为客群细分的依据，是因为处于不同地区的顾客其消费需要和消费行为特征有明显差别。

2. 人文因素。主要包括年龄、性别、职业、收入、教育、国籍、民族、宗教、家庭结构等。很显然，人文因素对顾客的消费需求的影响是直接的、明显的。

3. 心理因素。心理因素十分复杂，顾客所处的社会阶层、生活方式、受教育程度和职业等不同，形成个体生活方式和风格、个性、购买动机、价值取向以及对商品销售方式的敏感程度各异。

4. 行为因素。顾客购买行为的影响因素也很多。例如，顾客的消费情况、消费的连续性、购买的数量规模、对商品品牌的忠诚程度、进入购买状态的程度以及购买产品时所追求的利益等。

5. 特殊因素。生活中往往还存在一些特殊的顾客群，对他们不能用以上那些因素来进行细分，他们是特殊因素结成的特殊群体，也许这些因素会超越地理、人文、心理或者行为的约束。比如FANS、残疾人、动漫族等。

表 4 - 1　　客群细分的主要依据

<table>
<tr><th colspan="2">依　据</th><th>依据分类</th></tr>
<tr><td rowspan="5">地理因素</td><td>地区类型</td><td>大都市、中小城市、小城镇、乡村</td></tr>
<tr><td>地区密集度</td><td>城里、郊区</td></tr>
<tr><td>区域</td><td>不同区域</td></tr>
<tr><td>居住</td><td>别墅、高档公寓、普通楼房、平房等</td></tr>
<tr><td>气候</td><td>北方、南方等</td></tr>
<tr><td rowspan="12">人文因素</td><td>年龄</td><td>7 岁以下、8 ~ 18 岁、19 ~ 25 岁、26 ~ 35 岁、36 ~ 45 岁、46 ~ 60 岁、60 岁以上等</td></tr>
<tr><td>性别</td><td>男性、女性</td></tr>
<tr><td>教育</td><td>小学或小学以下、初中、高中、大学、硕士、博士或博士以上</td></tr>
<tr><td>职业</td><td>按行业类别划分、按职务划分、按职称划分等</td></tr>
<tr><td>年收入</td><td>1 万元以下、1 万元 ~ 3 万元、3 万元 ~ 5 万元、5 万元 ~ 10 万元、10 万元以上</td></tr>
<tr><td>家庭结构</td><td>单身、2 ~ 3 人、3 人以上等</td></tr>
<tr><td>生活阶段或状态</td><td>未婚青年、已婚无子女、已婚有子女、已婚年长者与子女同住、已婚年长者单独居住、离异有子女、离异无子女等</td></tr>
<tr><td>国籍</td><td>中国、美国、英国、法国、意大利、瑞士等</td></tr>
<tr><td>民族</td><td>汉族、回族、土家族、傣族等</td></tr>
<tr><td>宗教</td><td>佛教、基督教、天主教、伊斯兰教、其他宗教</td></tr>
<tr><td>自有房产或耐用品</td><td>房子、车子及电脑、各种大型家电等</td></tr>
<tr><td>住宅状态</td><td>自有、贷款购买、租赁等</td></tr>
<tr><td rowspan="2">心理因素</td><td>生活方式</td><td>传统型、简朴型、实用型、时尚型、品质型等</td></tr>
<tr><td>生活风格</td><td>即时满意、完美主义、健康主义、个人主义、乐观主义、经验主义、环境主义等</td></tr>
<tr><td rowspan="5">行为因素</td><td>利益追求</td><td>方便、质量、价廉物美、款式、服务等</td></tr>
<tr><td>消费情况</td><td>按年消费金额划分、按消费连续性划分</td></tr>
<tr><td>忠诚度</td><td>没有、一般、强烈、绝对</td></tr>
<tr><td>对产品的态度</td><td>热情、积极、不关心、否定、敌视</td></tr>
<tr><td>准备程度</td><td>不知道、听说过、了解、有兴趣、想得到、一直寻找</td></tr>
<tr><td>特殊人群</td><td>爱好</td><td>特殊喜好人群（比如动漫族）等</td></tr>
</table>

企业在进行客群细分时，要结合企业自身的特点选取细分依据，不同的业态、不同的层次所要选取的客群也不一样，这些因素可以单独使用，也可以结合起来应用。因为顾客的多重特性，通常当多种因素综合起来时，才能更加准

确地细分客群。

（三）客群细分的原则

客群细分是企业确定目标市场的基础与前提。要想成功、有效、实用地进行客群细分，必须遵循下列基本准则：

1. 可测性。即细分出来的客群大小和特性，能够通过一定调研得出一个量的概念。

2. 经济性。即细分出来的客群的规模要足够大，规模是合理的，与企业获利的空间是匹配的。

3. 差异性。厘清客群之间的明显差异，掌握在同一条件下不同客群的不同需求。

4. 可行性。即细分出来的客群应是企业经营活动能够到达并为之服务的。

5. 稳定性。即细分出来的客群必须是一个稳定的群体，因此在选择细分依据时要注意时效性和可靠性，有利于企业长期开展经营活动。

二、目标市场

目标市场是企业在进行客群细分的基础上，根据自身具体的经营能力所选择的客群，即企业经营活动的对象。

（一）目标市场的确定

对细分市场的考察就是对细分出来的若干客群结构、规模及成长性、可进入性的评估。当有了客群细分的基础资料之后，企业进行目标市场的确定仍需要完成四个步骤（见图4－1）。

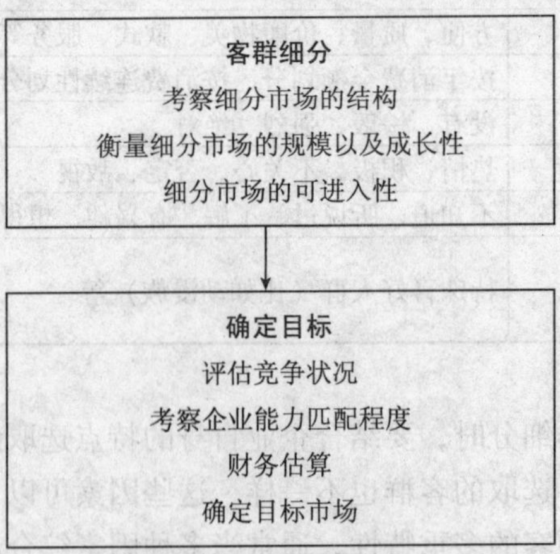

图4－1　目标市场确定

1. 评估竞争状况。越来越多的零售企业都在寻找同样的目标市场。很显然，如果每个零售企业都瞄准同一个目标市场，目标市场营销也就没有存在的意义了。所以，必须对各个细分市场面临的竞争进行分析，得出竞争由强渐弱的客群系列。竞争的强弱并不是企业选择目标市场的惟一标准，这同企业自身应对竞争的能力有关。

2. 考察匹配程度。考察企业自身的能力是否与待选定的目标客群相匹配。即使细分市场有较大吸引力，但不能推动企业实现发展目标，甚至分散企业的精力，使之无法完成其主要目标，这样的市场应考虑放弃。另一方面，还应考虑企业的资源条件是否适合在某一细分市场经营。只有选择那些企业有条件进入、能充分发挥其资源优势的市场作为目标市场，企业才会立于不败之地。

3. 财务测算。估算服务应细分市场所付出的成本和可获得的收益，选择最有赢利潜力的细分市场进行营销。

（二）目标市场类型

与竞争战略理论相联系，一般可供企业选择的目标市场有三类：无差异性目标市场、差异性目标市场和集中性目标市场。

1. 无差异性目标市场。选择无差异性目标市场的企业，只经营单一产品，忽略细分客群之间的区别，力求吸引尽可能多的顾客为整个市场服务。即企业不考虑细分客群的特性，而注重细分客群的共性，把市场看成一个无差别的整体，市场策略采用的完全覆盖模式。

2. 差异性目标市场。选择差异性目标市场的企业，针对不同的客群，推出不同的产品，并在渠道、促销和定价等方面都以不同的手段相适应，分别满足各类客群的需求。企业对于各细分客群不再采取完全一视同仁的态度，而是针对每一细分客群的需求，设计迎合不同需要的产品和制订差异性营销策略。其具体包括三种模式：选择性专业化模式、产品专业化模式和市场专业化模式。

3. 集中性目标市场。选择集中性目标市场的企业，采用目标集中化模式，即企业专门针对某一类客群经营单一的商品。当企业实力不足，或资源受到限制时，企业集中所有力量，以一个或几个性质相似的细分客群作为目标市场，采用相应营销组合手段服务于该市场。这种模式的特点是不以追求整体市场为目标，而是全力以赴，在较少的分市场上用较大的市场占有率来替代在较大市场上的较少市场占有率，其一般都用具有特性的产品或“拳头”产品去占有该市场。

第二节 顾客购买心理与购买过程

一、顾客购买心理

顾客的购买心理倾向是影响顾客购买决策，支配顾客具体购买行为的重要因素。研究顾客购买心理的目的，就是为企业的经营和管理提供准确有效的、以顾客为中心的决策依据。顾客购买决策主要受到三种心理因素的影响：心理动机、心理认知、心理情绪。

对于心理认知和心理情绪的关系，有的理论认为心理认知过程应在心理情绪过程之前；有的理论认为心理认知过程应在心理情绪过程之后；有的理论则认为，两种过程随情况不同而异，有时一种在先，有时另一种在先。本章按照第一种理论展开分析，即：心理动机→心理认知→心理情绪

（一）心理动机

心理动机是指引购买行为去满足某种需要的内部驱动力。购买行为是受心理动机驱使的，心理动机是受需要驱使的。凡满足人们某个方面需要的东西，就能引起人们的心理活动，促使人们注意它，认识它，进而产生购买行为拥有它。这一过程是：刺激→需要→动机→行为

因为受到年龄、性别、性格、爱好、情绪、地位、收入和环境等因素的影响，不同顾客对同一商品的心理动机是不相同的，同一顾客对不同商品的心理动机也是不相同的，大致可归纳为以下八种：

1. 求实动机。是以追求商品的使用价值为主要目的的动机，其核心是实用。这类顾客在选购商品时特别注重商品的质量、效用，讲求经久耐用，使用方便，而不大强调外型的新颖美观及商品的个性特点。例如一位老师买一台家用计算机，最重要的用途是文字处理和上网查资料，过多的附属功能没有必要，其所注重的是计算机的内存、图像显示和软件适用等，而对于外观款式就没有更高要求。

2. 求新动机。是以追求商品的新颖、奇特为主要目的的动机，其核心是时髦和奇特。这类顾客多为时尚青年，他们在选购商品时特别重视商品的款式和流行式样，追逐新潮和时尚，而对于商品是否经久耐用，价值是否合理则不大考虑。

3. 求美动机。是以追求商品的艺术美和装饰美为主要目的的动机，其核

心是漂亮。这类顾客多为城市年轻女性，她们在选购商品时，不以使用价值为宗旨，而是注重商品的品格和个性，强调商品的外观美丽、装饰漂亮、包装精美。

4. 求名动机。是以追求商品的品牌效应为主要目的的动机，其核心是名牌。一般情况下，具有这种心理动机的大都是城市收入较高的客群。这类顾客在选购商品时只是重视商品的品牌，认为名牌有一种安全感和信赖感，只要是品牌就意味着质量是最好的，而不大注意商品的价格。

5. 求廉动机。是以追求商品价格的低廉为主要目的的动机，其核心是便宜。这类顾客多为中老年人群和低收入阶层，他们在选购商品时，特别计较商品的价格，喜欢物美价廉或者打折处理的商品，而对商品的质量、外观、包装等却不大挑剔。例如，一位大妈在菜场买菜，如果有一元钱两斤的辣椒，她绝不会去买一元五角钱两斤的辣椒，在她认为，辣椒的质量是可以用差价找补回来的。零售商根据这一特点，往往采用打折促销的手段，收到了很好的效果。

6. 求胜动机。是以追求显示自己地位威望和富有为目的的动机，其核心是自我表现和炫耀。这类顾客在选购商品时特别重视商品的影响和象征意义，不大注重商品的使用价值和价格。换句话说，这类顾客就是“不求最好，但求最贵”，不从实际需要出发，只要能比别人强，能超越别人，就能得到最大的心理满足。

7. 求同动机。是以追求同其他人保持一致为主要目的的动机，其核心是从众。这类顾客大多为女性，她们很容易受到别人的影响，如许多人在抢购某种商品，她们极有可能加入抢购者的行列。她们平常总是留心观察周围其他人的穿着打扮，喜欢打听别人所购商品的信息，而产生模仿心理与暗示心理。同时，女性容易接受别人的劝说，别人说好的，她就很有可能下定决心购买，别人若说不好，她很容易就放弃。市场上经常见到的“一窝蜂”现象，产生的根源就在于购买者有一种错误的判断，认为那么多人在抢一定会是好东西或者有便宜可占，错过了自己就吃亏了。

8. 求情动机。是以追求满足自身偏好或情感需求为主要目的的动机，其核心是癖好和情感。这类顾客多为老年人或女性，他们在选购商品时，以自己的生活习惯和情感爱好为原则，倾向比较集中，具有经常性和持续性的特点，对自己感兴趣的商品舍得花钱，商品价格和质量一般也不大计较。例如，有的人宁愿少吃一餐饭也要多买一点化妆品就是这个原因。

对于不同类型心理动机的顾客，零售商可以制定不同侧重点的销售策略，以赢得顾客的心。

（二）心理认知

顾客在确定自身需求后，就处于一种类似于火山爆发的边缘。然而，火山何时爆发或爆发的能量有多少则受他的心理认知程度的影响。

1. 心理认知的概念

心理认知是顾客对商品个别属性的各种不同感觉加以联系和综合反映的过程，这是一个从感性到理性，从感觉到思维的过程。

心理认知的获得是通过对采集到的信息加以处理实现的，顾客在内在的需求与动机的作用下，对外部刺激产生一定的反应。这种反应从某种程度上取决于这个外部刺激物的特征以及依赖于刺激物的周围环境等。顾客的心理认知贯穿于顾客对商品和服务认识的不同阶段并最终表现为购买行为的实现（如图4－2所示）。

相关的行为要素	行为层次
动机：刺激、需求	确定需求 ↓
认知：搜集	搜集信息 ↓
整理：选择	评估选择 ↓
决策	购买决策 ↓ 购买实施

图4－2　消费者认知层次模型

2. 心理认知的特点

心理认知具有选择性的特点，这也就是为什么不同顾客对同一商品会做出不同反应的原因。

①选择性注意。人们对于感受到的刺激，大多会倾向于那些与当时需要有关的，反复出现的或非常特别的，只有这部分会引起注意、形成知觉，而多数会被有选择地忽略。

②选择性曲解。人们对注意到的事物，往往喜欢按自己的经验、偏好、当时的情绪、情境等因素做出解释。这种解释可能与企业的想法、意图一致，也可能相差很大。

③选择性记忆。人们容易忘掉大多数信息，却总是能记住与自己态度、信念一致的东西。商品的信息是否能留存于顾客记忆中，对其购买决策影响甚大。

正是这三种特点使顾客的心理认知过程表现出明显的主观性，每位顾客已有的知识、态度、动机、愿望和个性都不一样，面对同样的商品，经过认知过程的加工选择，会得出不同的商品印象，自然也会影响其做出不同的购买决策，针对这一特点，零售商可以通过加强广告宣传、服务人员与顾客的交流等手段改善这一过程，增强顾客对自己商品的认同感。

（三）心理情绪

从顾客角度看，人们通过心理认知过程，实现了对商品属性及其内容的要求，从而形成了人们对购买决策倾向性的意识。这种意识在不同环境影响下和不同需要支配下，会产生不同的内心变化和外部表现，从而表现出不同的情感色彩，通常被称之为心理情绪或心理情感。这是一种相对难以控制却影响人类行为的心理过程。

在不同环境下，人们对不同事物会表现出期待、渴望、怀疑、愤怒等不同的情感。按照作用的类型，心理情绪可分为以下三种类型：

1. 积极情绪。这类情绪表现为期待、渴望、喜爱、珍惜等情感，是能促进购买行为的情绪。

2. 消极情绪。这类情绪表现为怀疑、愤怒、焦虑、厌恶等情感，是能阻碍购买行为的情绪。

3. 双重情绪。这类情绪是以上两种情绪的综合表现，积极与消极情绪矛盾斗争，左右购买行为的发展。

这些情绪之间是可以相互转化的，影响它的主要因素是商品质量、购物环境和社会情感等，零售企业应在这些方面帮助顾客排除困难，让顾客的心理情绪朝有利于购买行为发生的方向发展，最终促进完成购买行为。

（四）影响购买心理的因素

从购买行为上看，顾客只是购买过程体系中的一部分，体系的分布性效用显现了购买过程的迂回性。满足购买心理需求的过程是人与人的情感互动过程，需要与他人的合作才能实现。顾客在整个购买或消费过程中具有强烈的情感需求，其满意与否不仅仅由产品功能决定，而且还取决于整个购买过程中的心理因素。无论是谁，不论采用何种购物方式，也不管购物金额大小，都希望自己能得到良好的服务，希望自己在购买过程中受到尊重，希望自己买的商品能获得满意。

大致看来，影响购买心理的因素可分为文化因素、社会因素和个人因素三个方面。

1. 文化因素

文化是人类行为最基本的决定因素。低等动物的行为主要受本能支配，人类行为大部分是学习所得而来。一个人在社会中成长，受到家庭、环境及社会潜移默化的影响，学到一套基本的价值观、风俗习惯和审美观，形成一定的偏好和行为模式。人会自觉不自觉从很多渠道，经过各种方式获得后天的经验。顾客在购买过程中，心理过程一定会受到自身文化的影响，不同的文化背景会促成顾客不同的需求和购买行为。比如，各个民族在宗教信仰、节日、崇尚爱好、图腾禁忌和生活习惯方面有其独特之处，并对消费行为产生深刻影响；不同宗教有不同的文化倾向和戒律，影响人们认识事物的方式、对客观生活的态度、行为准则和价值观，从而影响消费行为；不同的地区有不同的风俗习惯和爱好，使消费行为带有明显的地方色彩。

2. 社会因素

在社会生活中，人与人形成各种各样的关系，这些关系对人的消费行为产生了很大的影响。大多数顾客在形成购买策略的时候，必然会受到身份地位、家庭以及周围人群的影响，尤其受身份和地位的影响最大。身份是一个人在各种场合承担的社会角色，是社会对一个人的要求；每一种身份又附有一种社会地位，反映社会对一个人的评价和尊重程度。人们往往结合自身的身份、地位做出购买选择。许多产品、品牌，由此成为一种身份和地位的标志。顾客以何种产品、品牌来显示身份和地位，因社会阶层和地域的不同有所不同。

3. 个人因素

购买决策也深受顾客个人特征的影响。包括年龄与家庭生命周期、生活方式与个性、自我形象、职业、性别、经济条件。比如年龄与家庭生命周期和生活方式，决定一个人生活中表现出来的活动、兴趣和看法的整个模式，影响其对品牌的看法、喜好；又如个性，作为个人特有的心理特征，影响其对所处环境做出相对一致和持续的反应，通过自信、支配、自主、顺从、交际、保守和适应等性格特征表现出来。

依据以上因素，零售企业在制定销售策略的时候可以调整所提供的商品和服务或者更好地赋予品牌个性，以期与顾客心理相适应。

二、顾客购买过程

顾客购买过程是顾客为选择、购买、使用和处置商品或服务，以满足自身的需求所采取的一系列行为，包括购买商品之前决定这些行动的决策过程和购买后的评价和反馈过程。购买过程应是一个由刺激引起确定需求、搜集信息、进行评估选择、作出购买决策、进行购后评价的完整过程。而不仅仅只是特指购买商品这单一的行为。

人与人都是有差异的，每个顾客的购买过程也不可能完全一样。并不是每个顾客在确定需求后都一定会完成购买过程。有的顾客可能在确定需求后通过搜集信息、评估选择，发现实际商品与预期相差甚远，并不会产生购买决策，于是在评估选择的环节后就直接结束了。也不是每个顾客都会完成所有环节，有的顾客因为经验丰富或者性格独特又或者其他原因，在购物过程中会跨越某些环节而直接进入下一个环节，最终完成购买过程。但是究其大多数顾客的共同性和一般性，我们可以把成功的顾客购买过程归纳为以下五个环节：确定需求、搜集信息、评估选择、购买决策、购后评价（如图4－3所示）。

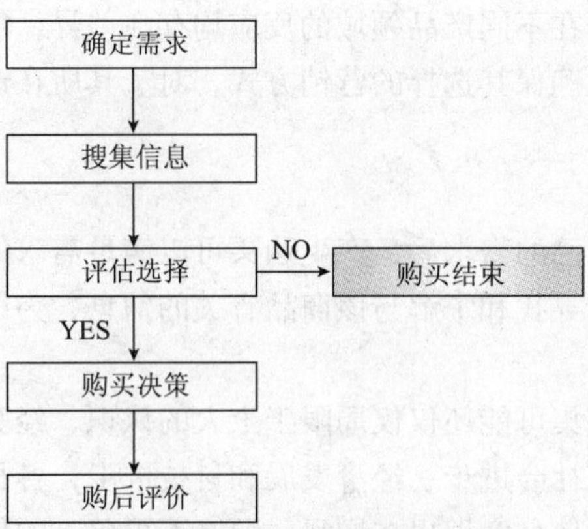

图4－3　顾客购买过程模式图

（一）确定需求

顾客的购买行为都是由需求引起的。需求又可以分为主观需求和客观需求。主观需求指顾客因内部刺激主动感受到的需求，导致主观需求的因素很多，包括生理、心理、个性、性格、气质、态度、观点、习惯、情绪、情感、感知、知觉等。客观需求指顾客因外部刺激在无意识状态下感受到的需求，导致客观需求的因素也很多，包括产品款式、质量、价格、服务、广告、社会发展、科技水平、家庭氛围、文化层次、收入、地位、朋友群体等。

顾客需求的产生涉及顾客理想状态（顾客喜欢的）和现实状态（顾客已拥

有的）之间的差距，理想状态和现实状态均受到顾客的生活方式和目前情境的影响。当理想状态和现实状态差距越大，需求相对重要，则需求满足的可能性也越大；而另一方面，即使理想状态和现实状态差距很大，但相对重要性并不大时，引起进一步购买行为的可能性也不一定大。

一般而言，确定需求是由理想状态与现实状态的差异大小及其重要性所决定的，但我们可以发现，需求也可以被创造出来。零售企业制定经营策略的时候，可以通过改变顾客对理想状态或对现实状态的认识，来影响两者之间差距的大小；也可以通过影响顾客对现有差距重要性的认识，来诱发顾客的需求，实现顾客对需求的确定。比如，可以通过提升产品本身优越性能，拉大产品与顾客已经使用的产品之间的差距，并利用合理定价来提升产品的相对重要性，形成一个满足大多数顾客购买能力的性价比高的产品，来吸引顾客购买。通过大量广告和宣传，还有老顾客之间的介绍推荐，或者广发试用装，使其他顾客被动地意识到现实中存在的差距，从而开拓出新的市场。但值得注意的是，不同个体以及同一个体在不同产品领域的反应均存在差异，零售企业必须充分了解顾客的现实状况，确保其选择的营销方式，对于其所在产品领域和选择的目标市场均是合适的。

（二）搜集信息

顾客在确定了自己的需求后，产生购买可以满足需求的商品的动机，就会开始进行信息搜集，寻找和了解与该商品有关的信息，为以后的评估选择和购买决策提供依据。

在过去，信息搜集可能还仅仅局限于个人的认识、经验，朋友的建议和商品的介绍等。但随着社会进步、经济发展和科技进步，各种信息渠道增多，信息来源丰富，人们的信息意识也在增强。顾客不再单一的依靠自己和朋友有限的知识和经验，片面的听取商家和产品的介绍，更多的是主动地搜集广泛的信息，希望能获取更多的回报，包括更低的价格、更满意的款式、更优良的质量、更多的功能和更好的服务，以降低购买过程中可能出现的风险。但是获取这些信息需要付出一定的代价，包括时间、体力、脑力和金钱等，虽然代价换来的收益往往大于成本，也有很多顾客认为搜集信息本身的过程就是一种丰富自身知识的收益，其乐无穷。但也还是有部分顾客，因为习惯性购物会选择放弃或局限于一定层面上的信息搜集。

顾客搜集信息的渠道通常包括：

1. 个人信息。自身及家人、亲戚、朋友、邻居、同事还有其他熟人、网友等提供的知识、意见、态度、行为和情感。

2. 专业信息。从书本、专业手册或者权威、专业机构获取的信息。

3. 市场信息。商家对于产品进行宣传和介绍发布的相关信息。

4. 经验信息。通过以前实践和现在试用积累的信息。

在大多数情况下，顾客比较信赖个人信息和经验信息，而把市场信息和专业信息看做是指导性信息。他们通常把商家宣传和专业推荐的商品作为备选项目，而更多的依靠自己和家人朋友们的知识和经验来判断商品的价值。

针对顾客搜集信息的有限性和对不同信息来源的信赖程度，零售企业可以采取不同的策略。努力改善市场信息，强化专业信息，来营造良好舒适的氛围，尽量把顾客的经验信息和个人信息控制在自己的商业范围内，以争取到更多的顾客。例如，可以通过保持产品品质，赠送免费样品，折扣等方式保持那些放弃信息搜集的老顾客，并开展介绍新顾客会员积分活动，通过老顾客发展新顾客；可以通过改善包装设计，改进产品性能，增加广告宣传等方式争取那些有限信息搜集的偶然顾客；可以通过舒适的购物环境，宽泛的选择范围，别出心裁的广告，特别的设计和广泛的信息输出等方式吸引广泛信息搜集的新顾客。

（三）评估选择

顾客在搜集与需求相关的信息后，依据自身情况列出备选方案，并做出评价标准，对可供选择的商品进行综合分析、比较、评价，做出相应的综合结论，为下一步进行购买决策提供充分的依据。

1. 列出备选方案。顾客根据搜集到的信息初步整理出几个都具有可以满足需求的性能的商品，以备选择出最符合要求的商品。

2. 制定评价标准。评价标准是顾客针对期望获得的利益，满足自身需求而寻求的商品特性和属性。它们是顾客根据特定需求，用来对不同品牌进行比较的表现水平或特征。顾客应用的评价标准的数量、类型和重要程度因顾客和商品类别的不同而不同。对于那些在日常生活中经常用到的商品或者简单的、价格低的商品，评价标准会相应简单很多，而对于那些贵重的、复杂的、并不经常购买的商品，评价标准就会复杂很多。

因此，零售企业在设计各类产品定位时，一定要了解各类顾客在选购商品时可能使用的评价标准；了解这些标准有利于塑造合适的品牌特征，并把这些特征传达给目标市场，同时也可以通过商品定位来影响顾客的选择标准。

3. 权衡评价等级。每位顾客在评价商品时，都会对列出的各项评价标准进行等级划分，依据需求的重要性和自身喜好来决定评价标准的等级，相对越重要的评价标准对商品的选择影响越大。对于同样的商品，不同的顾客因为喜好和需求不同，会对同样的评价标准划分出不同的等级，而在不同时期或条件下，同一顾客对同一商品的评价标准的等级也是会发生改变的。

4. 做出选择。顾客在对各项评价标准进行充分分析和权衡比较后，选出自己最需要和喜欢的商品。表4－2中是三个想要购买手机的顾客，对于手机的特性同样列出了六项评价标准，但是依据不同指标的不同重要性，他们选择了不同品牌的手机：W因为侧重外观，忽视价格，选择了时尚但是价格偏贵的三星手机；Y因为侧重价格，忽视外观，选择了便宜但款式过时的摩托罗拉手机；S因为侧重质量，忽视音乐，选择了抗摔但铃声单一的诺基亚手机。

表4－2　　顾客对商品评价标准的等级排序

评价标准	评价等级排序		
	W顾客	Y顾客	S顾客
外观	1	6	4
彩屏	3	4	5
质量	5	2	1
摄像头	4	3	3
音乐	2	5	6
价格	6	1	2

（四）购买决策

在经过了评估选择阶段之后，顾客会在其备选的各种品牌之间形成对某种品牌的偏好；也可能是其所形成某种购买意图导致其购买偏向于他们喜爱的品牌。但是，在购买意图与购买决策之间，还存在一些因素产生影响作用。这些因素或对购买意图有强化作用，使之顺利演变成为购买决策，或对购买意图起到阻碍作用，甚至使其放弃原来的购买意图，转为新的购买意图，形成新的购买决策。这些因素是：

1. 他人态度。几乎没有什么购买决策是由单个人员做出的，顾客的购买决策会受到周围其他人的影响。他人与顾客之间的亲疏关系会决定影响力的大小，关系越密切，影响力度也就越大。

2. 意外情况。顾客在购买过程中遇见未能预见的偶然事件发生时，也有可能受到影响而改变购买决策。例如，在超市里，突然停电，顾客本来的购买决策无法实现，就很有可能会换家超市去实现购买决策。

（五）购后评价

所谓“购后评价”，就是指顾客在其购买决策实施后，一般通过使用或消费其购买所得，检验其购买决策，重新衡量购买决策是否正确，确认其是否满意，作为今后购买的决策参考。预测、衡量购后评价有两种理论，即预期满意理论和认识差距理论。

1. “预期满意”理论。该理论认为，顾客购买产品以后的满意程度取决于购买前期望得到实现的程度。如果感受到的产品效用达到或超过购买前的期望，就会感到满意，超出越多，满意感越大；如果感受到的产品效用未达到购买前的期望，就会感到不满意，差距越大，不满意感越大。

2. “认识差距”理论。该理论认为，顾客在购买和使用产品之后对商品的主观评价和商品的客观实际之间总会存在一定的差距，可分为正差距和负差距。正差距指消费者对产品的评价高于产品实际和生产者原先的预期，产生超常的满意感。负差距指消费者对产品的评价低于产品实际和生产者原先的预期，产生不满意感。

顾客对购买的商品是否满意，直接影响到顾客以后的购买行为。满意感越强烈，顾客产生的重复购买的可能性就越大，由他本身扩大良好影响、推荐前来购买的顾客也会越多；反之，满意感越差，顾客产生的重复购买的可能性就越小，由他本身扩大不良影响、不来购买的顾客也会越多。因此零售企业在设计商品宣传时一定要切合产品实际，使顾客在看到广告时，能产生与商品实际吻合的预期和尽量贴近商品客观实际的主观评价。

第三节　客群管理

在顾客完成整个购买过程后，零售营销活动并没有结束，提高顾客满意度是关键。顾客是零售企业的核心资源，完善管理顾客信息，充分利用顾客资源，可以帮助企业制定有效的营销策略，从而提高顾客满意度，更好地发展和维系顾客。在现代信息技术飞速发展和先进管理观念不断更新的今天，客群管理成为零售管理的重点。本节侧重阐述顾客满意度管理。

一、客群管理的基本概况

（一）客群管理的定义及目的

客群管理，即零售企业对与顾客接触的活动以及信息开发利用进行的系统管理。其目的是通过了解顾客信息，预见顾客需求，并能适时提供服务，获得顾客的满意，与顾客建立长期稳定的密切关系，以期获得更多的顾客，创造更大的顾客价值，保持顾客永久的忠诚，从而为企业带来更丰厚的利润和持续的竞争优势。

（二）客群管理的程序与内容

1. 客群管理的程序

客群管理的程序可分为以下五个步骤：

①设置专门机构，建立顾客信息数据库；

②收集顾客资料，追踪顾客信息，了解顾客需求；

③分析顾客信息，划分顾客类型，确定重点顾客；

④搭建沟通平台，接触重点顾客，有针对性的开展活动；

⑤完善管理系统，及时处理顾客反馈意见。

2. 客群管理的内容

①顾客档案管理。主要包括顾客的姓名、单位、地址、电话及他们个人的性格、兴趣、爱好、婚姻家庭、学历、年龄、能力、创业时间等个人资料。

②顾客关系管理。主要包括购买需求、购买记录、服务记录、关系状况等动态信息。通过关系型数据库管理（Visual Foxpro Management，VFM）、顾客关系管理（Customer Relationship Management，CRM）和数据库管理系统（Database Management System，DMS）等为核心的顾客关系管理系统，可以与顾客建立长期稳定的关系、提高顾客忠诚、使企业获取长期利益。

根据帕累托法则，零售企业80%的销售额来自20%的顾客。这就决定了企业不应该将营销努力平均分摊在每一位顾客身上，而应该充分关注数量虽少，但购买潜力较大的顾客，将有限的营销资源重点应用在这些顾客身上，取得事半功倍的效果。

③顾客交易管理。主要包括顾客购买产品的交易时间、商品信息、合同、交易状况、信用记录、意见建议等关键信息。

（三）客群管理的原则

客群管理应遵循以下原则：

1. 动态管理。顾客资料要不断加以调整，及时补充新的资料，对顾客的变化进行跟踪，使顾客管理保持动态性。

2. 突出重点。通过资料分析找到重点顾客。

3. 灵活运用。建立顾客资料卡或顾客管理卡，以灵活的方式及时提供给相关人员进行更详细的分析，使资料变成活材料，提高顾客管理的效率。

4. 专人负责。顾客管理应制定具体的制度和办法，由专人负责和管理，严格顾客情报资料利用。

5. 严格保密。顾客资料应是保密的，只能在合理的范围内进行分析利用，所有经手顾客资料的人员都要严格遵守保密原则。

二、顾客满意度

（一）顾客满意度的含义

指顾客在实施购买行为之前就会对产品或者服务有所期望，在购买过程中会对产品或服务感知到是否与期望相符，是否达到满意。见图4－4。

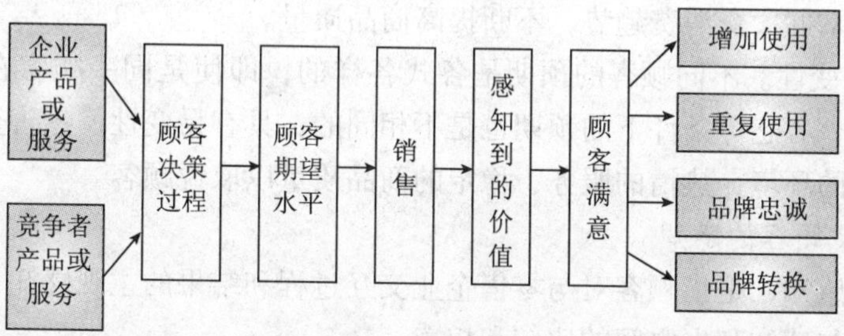

图4－4 顾客满意过程

因此我们可以得知，所谓顾客满意度就是顾客感觉状态下的一种水平，它来源于顾客对零售企业的某种产品或服务所设想的绩效或产出，与自己的期望所进行的对比。也就是说“满意”不仅仅是顾客对产品质量、价格、服务态度等方面直观的满意，更深一层的含义是企业所提供的产品或服务与顾客期望、要求等是否吻合。

（二）顾客的预期

美国营销学教授莱维特曾说过：“人们买的不是东西，而是他们的期望。”顾客在购买商品前，大都已经有了对商品或服务的期望，希望在交易过程中实现相应的顾客价值。

顾客的期望与自身的经验和知识有关。比如，顾客在小商品市场和商场购买商品对购物环境和价格的预期都是不一样的。小商品市场环境差，人多是理所当然的；而当商场里要是出现人多，噪音大，没有空调等现象，顾客就会降低满意度；同样，要是小商品市场里商品的价格和商场一样高，顾客也一样会不满意。

如何了解顾客的预期，在销售中更能贴近顾客的预期，这让今天的零售企业已经有了强烈的危机感。零售企业应全面地研究和了解顾客的需求和期望，主动预期顾客需求的变化，设身处地的为顾客着想，保证组织目标符合顾客的需求和期望，最大限度地满足顾客的需求。

要了解顾客的预期，就要了解顾客预期的三个特点：

1. 差异性。不同顾客由于所处地理位置、环境的不同，以及年龄、收入和受教育程度等方面的差异，因而对商品的预期也存在明显的差异。零售企业应因人制宜，因地制宜，经营适合不同顾客的商品。

2. 发展性。顾客的预期是动态的、不断发展变化的，是一个逐渐由低级到高级，由简单到复杂，由数量上的满足向追求质量发展的过程。所以零售企业应随时掌握大众消费趋势，不断提高商品质量。

3. 多变性。不同顾客的预期是各式各样的，即使是同一顾客在不同的时间、环境、心态等条件下的预期也是不相同的，具有易变性。零售企业应尽量保持良好的环境，热情的服务，稳定的商品质量以取悦顾客。

（三）顾客的感知

顾客感知，是指顾客对与零售企业交互过程和结果的主观感知，包括对其感知利得与感知利失之间的比较和权衡。

顾客感知的目标并不单纯是优质的商品和优良的服务，而是所提供的商品和服务是否符合顾客的预期。如果顾客感知商品和所获得的服务，能够与预期相符或者超出预期，在整个购物过程中得到了应有价值的体现，就会获得满意；反之，如果顾客感知商品和所获得的服务，不符合预期或者大大不如预期，在整个购物过程中并没有得到应有价值的体现，就会不满意。

其实顾客的感知与顾客的钱包大小无关，完全是顾客的主观感受。即使他有再多的钱，但是如果他感觉贵，那就是贵；同样，即使他没有多少钱，如果他觉得值，那再贵也值得购买。对顾客感知的错误理解，往往导致零售企业所提供的产品和服务背离顾客的真实需求。因此，看清顾客感知的本质特征才能为顾客创造更大的价值，也为企业创造更多的价值。

（四）顾客的满意

美国市场营销大师菲利普·科特勒指出，企业的整个经营活动要以顾客满意为指针，要从顾客角度，用顾客的观点而非企业自身利益的观点来分析考虑消费者的需求。科特勒的观点，形成了现代市场营销观点的经典名言。

那么，顾客满意是什么？它是对零售企业提供的产品和服务的综合评价，反映的是顾客的一种心理状态，来源于顾客对某种产品及服务消费所产生的感受与自己的期望所进行的对比。

顾客满意具有如下含义：

1. 这种满足状态主要来自于顾客消费了企业提供的产品和服务之后，它是一种心理体验；

2. 顾客满意是建立在道德、法律和社会责任基础之上的，有悖于道德、法律和社会责任的“满意”不是顾客满意的本意；

3. 顾客满意有鲜明的个性差异，甲满意，乙未必满意，企业应在追求顾客总体满意的基础上，不拘泥于统一的服务模式，因人而异，提供有差异的满意服务；

4. 顾客满意是相对的，很难达到绝对满意，因此，企业应不懈地努力，向绝对满意方向努力。

顾客满意包括三个层次，即物质满意、精神满意和社会满意。直接顾客的物质与精神满意，也是间接顾客的满意（即社会满意），社会满意才是顾客满意的最高境界。

（五）顾客满意度的衡量

心理学家一般把顾客满意程度划分成七级：很不满意、不满意、不太满意、一般、较满意、满意和很满意。

1. 很不满意。很不满意状态是指顾客在消费了某种商品或服务之后感到愤慨、恼羞成怒难以容忍，不仅企图找机会投诉，而且还会利用一切机会进行反宣传以发泄心中的不快。

2. 不满意。不满意状态是指顾客在购买或消费某种商品或服务后所产生的气愤、烦恼状态。在这种状态下，顾客尚可勉强忍受，希望通过一定方式进行弥补，在适当的时候，也会进行反宣传，提醒自己的亲朋不要去购买同样的商品或服务。

3. 不太满意。不太满意状态是指顾客在购买或消费某种商品或服务后所产生的抱怨、遗憾状态。在这种状态下，顾客虽心存不满，但不会有行动。

4. 一般。一般状态是指顾客在消费某种商品或服务过程中所形成的没有明显情绪的状态。也就是对此既说不上好，也说不上差，还算过得去。

5. 较满意。较满意状态是指顾客在消费某种商品或服务时所形成的好感、肯定和赞许状态。在这种状态下，顾客内心还算满意，但按更高要求还差之甚远，而与一些更差的情况相比，又令人安慰。

6. 满意。满意状态是指顾客在消费了某种商品或服务时产生的称心、赞扬和愉快状态。在这种状态下，顾客不仅对自己的选择予以肯定，还会乐于向亲朋推荐，自己的期望与现实基本相符，找不出大的遗憾所在。

7. 很满意。很满意状态是指顾客在消费某种商品或服务之后形成的激动、满足、感谢状态。在这种状态下，顾客的期望不仅完全达到，没有任何遗憾，而且可能还大大超出了自己的期望。这时顾客不仅为自己的选择而自豪，还会利用一切机会向亲朋宣传、介绍推荐，希望他人都来消费。

顾客满意度的界定是相对的，零售企业可以按照这七级的划分，给出每个级的得分值，定量地进行评价顾客满意度，并根据每项指标对顾客满意影响的重要程度确定不同的加权值，综合评价顾客的满意程度。对于满意程度为“一般”以下的顾客，可以找出造成不满意甚至很不满意的指标进行改善，以期能拉回这些顾客；对于满意程度为“一般”及“较满意”的顾客，可以找出需要改善的指标加以提升，以期能留下这些顾客；对于满意程度为“满意”及以上的顾客，可以找出优秀的指标，总结经验加以推广，以期能提高顾客忠诚度，发展忠实顾客。

三、顾客满意度的测评

（一）确定顾客满意度指标

顾客满意度指标主要包括顾客总体满意度，顾客对与产品相关因素，如设计、质量、功能、包装、价格、品位的满意度，对与服务相关的因素，如服务项目、服务技能、服务态度的满意度，以及消费缺憾、再次购买率及推荐率等。

（二）建立企业的顾客满意系统

建立企业的顾客满意系统是一个非常关键的环节。通过建立这一系统，可以动态掌握顾客满意度的情况，对顾客满意度进行跟踪分析；根据分析的结果，对各影响因素进行规范并加以改进；对改进后的因素进行跟踪测试，以了解其具体效果；进一步完善满意度测试模型，从而能更全面地改进，提高顾客满意度。

在实践中，顾客满意系统可具体划分为以下若干子系统进行管理：

1. 理念满意系统；
2. 行为满意系统；
3. 产品满意系统；
4. 服务满意系统；
5. 环境满意系统；
6. 视听满意系统。

四、提高顾客满意度的途径

现代零售企业要赢得长期顾客，就要多创造顾客满意。顾客满意是现代零售企业经营活动的基本准则，越来越多的零售企业把顾客作为经营的绩效指标。

要提高顾客满意度就是要充分体现顾客的价值，只有顾客价值得到充分的体现，才会获得顾客的满意，而这种价值体现越充分，满意度也会越高。顾客的预期和顾客的感知分别是顾客价值体现的两个重要方面，我们提高顾客满意度也应该从这两个方面入手。

（一）通过改善相关指标满足顾客的期望

要获得顾客的满意，首先就要了解顾客的期望，通过组织各种以顾客体验为核心的活动，通过让顾客参与到企业经营活动中的方式来了解各类顾客的期望。针对不同类型顾客的特点，把握“一切活动以顾客为中心”的原则，按照顾客的期望来改善各项与顾客期望相关的指标，以期现实超越期望，来提高顾客的满意度。

与顾客的期望相关的指标很多，我们把与顾客期望有关的企业指标大致分为以下几类：

1. 与产品有关的满意度指标。如产品质量、产品利益（功效）、产品特色、产品设计、可靠性、性价比等。

2. 与服务有关的指标。如保修期、送货、顾客抱怨处理、维修和问题解决等。

3. 与购买有关的绩效指标。如礼貌、沟通、获得信息、交易、时间等。

4. 行业特殊的指标。如比萨饼，30 分钟之内送货上门；保健品，服用方便、口感好；银行，迅速更换丢失的信用卡，在一定时间范围内丢失所造成的经济损失由银行承担；家具，从出厂一直到家里放到位的搬运服务；长途电话，通话的质量和价格；汽车，节能；电脑，软件维护和定期升级服务等。

（二）通过提高服务质量努力改善顾客的感知

顾客的感知决定顾客的满意程度。通过提高服务质量来改善顾客的感知过程，可以提高顾客满意度。

服务具有的无形性、与消费同时产生和同时消逝的特性，因而服务质量的高低不仅与服务提供者有关，还与顾客的心情、偏好等有关。因此，在提高服务质量过程中，应从以下五个方面入手：

1. 制定科学的标准。如商场面积标准、窗口的设计与排队等待的限度、环境的温湿度标准、货物的摆放标准等。据科学统计，对于商场面积，顾客的心理最大承受量为 17143 平方米，顾客的生理最大承受量为 22857 平方米，柜台的高度为 92 厘米～100 厘米。

2. 使无形服务有形化。通过对服务设施的改善、对服务人员的培训与规范等等措施来使无形服务有形化。如易初莲花，要求员工在顾客与其接近三米的时候就必须微笑，并且对微笑的程度进行了具体规定。

3. 使服务自助化、自动化。随着顾客 DIY 需求的强烈，通过自动、自助的方式来提高顾客对个性化方面的满意。如自己在商场组装电脑、在移动通信营业厅对话费进行查询、打印。

4. 服务过程的透明化。最近，麦当劳向社会开放其操作间，增强消费者消费的信心，满足消费者对服务过程的好奇，从而提高了消费者满意度。

5. 实施服务补救。当顾客在某方面出现服务不满意时，应迅速查找原因实施服务补救，快速的补救措施不仅可以提高顾客满意度，而且还可提升企业的形象。

提高顾客对服务的满意度和服务质量，需在服务人员、服务过程、有形展示等方面去改善，增强消费者的认知和体验。在为顾客服务时，应判断顾客在消费时的心情和消费偏好，同时要衡量自己与竞争对手之间价值差异，创造服务差异化，提供全方位的顾客解决方案和增值服务。服务多一点，满意多一点，关注细节，提供增值服务，不仅让顾客满意，更要让顾客在享受服务过程中愉悦，全方位地提高顾客满意度。这样不仅能避免顾客流失，提高销售额，而且还能通过口口相传吸引来更多的顾客。老顾客的保留与新顾客的加盟，将使零售业务蒸蒸日上。

案例与分析

案例 1

屈臣氏的消费者细分

屈臣氏是全球最大的保健及美容产品零售商和香水及化妆品零售商之一。2006 年 6 月 6 日，屈臣氏在中国广州花都新店开张。至此，屈臣氏在亚洲的门店总数达到了 1400 家，在中国大陆的门店总数突破了 200 家。

准确的消费者细分和目标市场选择是屈臣氏取得成功的关键因素之一。自 1989 年屈臣氏进入内地市场以来，直到 1997 年间，屈臣氏的发展并不尽如人意，经过多年的敏锐观察和分析市场动向，屈臣氏最终发现在日益同质化竞争的零售行业，如何锁定目标客户群才是至关重要的。

屈臣氏在调研中发现，亚洲女性会用更多的时间进行逛街购物，她们愿意投入大量时间去寻找更便宜或是更好的产品。这与西方国家的消费习惯明显不同。中国大陆的女性平均在每个店里逗留的时间是 20 分钟，而在欧洲只有 5 分钟左右。这种差异，让屈臣氏最终将中国大陆的主要目标市场锁定在18 ~ 40 岁的女性，特别是 18 ~ 35 岁，月收入在 2500 元人民币以上的时尚女性。屈臣氏认为这个年龄段的女性消费者是最富有挑战精神的。她们喜欢用最好的产品，寻求新奇体验，追求时尚，愿意在朋友面前展示自我。她们更愿意用金钱为自己带来大的变革，愿意进行各种新的尝试。而之所以更关注 40 岁以下的消费者，是因为年龄更长一些的女性大多早已经有了自己固定的品牌和生活方式。

针对这一目标市场的选择，屈臣氏的市场定位为“个人护理专家”，以低价作为吸引点，围绕“健康、美态、快乐”三大理念，通过为消费者提供别出心裁的产品、优雅的购物环境和专业的资讯等服务来传达积极美好的生活理念，旨在协助热爱生活、注重品质的人们塑造自己内在美与外在美的统一。

案例思考题

1. 结合案例，分析屈臣氏取得成功的关键因素是什么？

2. 屈臣氏是如何进行客群细分，并选择目标市场的？

案 例 2

麦当劳传奇汉堡 McRib 退市告别秀

聪明的麦当劳营销人员，利用了顾客“得不到的总是最好的”的心理，将产品的告别秀导演成了一场完美的顾客关系营销活动。

在菜单中存在了13年的烤汁猪排堡（McRib）就要从麦当劳的菜单上消失了。为此从2005年10月31日开始，麦当劳专门为McRib汉堡的退市举行了盛大的告别秀。而这场盛大的退市告别之旅将在美国加利福尼亚州、堪萨斯州、密苏里州、北卡罗莱娜州等的一些城市同步登场。届时，消费者可以在32个地区、2000多个麦当劳餐厅拥有最后品尝这款汉堡的机会。

一、我的菜单，我做主

麦当劳的发言人珍尼弗·史密斯说：“我们的哲学是让我们的顾客来决定什么应该留在菜单上。和顾客直接的互动与直接交流是非常有趣的事情。”

在开始这次退市告别秀的同时，麦当劳也开通了专门的McRib网站，喜欢McRib的顾客可以通过网站进行签名，支持继续在菜单中保留McRib。麦当劳过去曾好几次决定从菜单中撤除McRib汉堡，但是，最后都是在众多顾客的要求下McRib才得以在菜单中保留到现在。虽说这一次麦当劳McRib汉堡的退市告别仪式正在火热进行，而且麦当劳公司也表示在这个仪式结束之后，McRib将不会继续在菜单中存在，但是事实上，最后真正能决定McRib去留的还是消费者。截至11月3日中午，已经有2.6万名消费者通过网站进行签名，支持保留McRib。事实上，这场盛大的告别秀，不啻于一次完美的顾客营销活动。在整个过程中，顾客感受到了麦当劳完全的“顾客至上”作风，同时也得到了“我的菜单，我做主”的超级体验。毫无疑问这会加强麦当劳和顾客之间的良好关系。

二、得不到的总是最好的

正应了那句老话“得不到的总是最好的”。聪明的营销人员正是利用了消费者渴求的心理，故意制造出高的需求和低的供给。这样McRib汉堡就变得非常与众不同，而品尝 McRib 的机会也变得格外的珍贵。在美国的当代文化中，McRib 已经占据了一个独特的位置，成为一种汉堡传奇。每一次 McRib 被撤离菜单后，都能很快成功重返菜单。这时麦当劳餐厅都会像欢迎老朋友一样打出“McRib 又回来了”、“我们需要 McRib”等各式各样的标语，欢迎传奇汉堡 McRib 的归来，同时，也告诉消费者：您又可以在麦当劳餐厅享用美味的 McRib 汉堡了。

案例思考题

1. 麦当劳屡次举办 McRib 告别秀的用意是什么？它是如何将消费者的购买心理和购买实现过程统一起来的？

2. 麦当劳的经营理念对我们有什么启迪？

本章思考题

1. 客群细分的主要依据和原则是什么？
2. 目标市场的策略有哪些？
3. 顾客的心理动机分为哪几种？
4. 影响顾客购买心理的因素有哪些？
5. 顾客的购买过程包括哪些环节？
6. 客群管理的主要内容和原则是什么？
7. 顾客满意度测评包括哪些环节？
8. 如何衡量和提高顾客满意度？

参考文献

1. ［美］德尔 I. 霍金斯等著. 消费者行为学. 北京：机械工业出版社，2004

2. ［英］理查德，M. S. 威尔逊等著. 战略市场营销管理（第 2 版）. 北京：电子工业出版社，2003

3. ［美］巴里·伯曼等著. 零售管理——战略方法（第 9 版）. 北京：中国人民大学出版社，2004

4. ［英］彼得·J·麦戈德瑞克. 零售营销. 北京：机械工业出版社，2004

5. ［美］迈克尔，利维等著．零售管理．北京：人民邮电出版社，2004

6. 方梁．屈城市在内地市场的成功关键，中国营销传播网，http：//www.emkt.com.cn

7. 张森．传奇汉堡：McRib 退市告别秀，全球品牌网，http：//www.globrand.com

第五章 零售竞争

本章提要

零售竞争优势是零售商持续发展的基础，而零售竞争策略则是零售商适应市场竞争环境和消费者需求，通过战略性的计划和策略性的手段，取得竞争优势，占据市场有利地位的有效途径。在本章，我们将从分析零售竞争优势入手，研究零售竞争战略和策略问题。

学习目的

了解零售竞争优势的含义和来源；掌握价值链的概念和它对零售竞争优势的作用；重点掌握零售竞争战略与策略的制定及选择方法。

第一节 零售竞争优势

一、零售竞争优势的含义和发展

竞争优势的含义起源于波特的竞争优势理论，后在实践中不断完善，逐步成为了一种独立的体系。

按照竞争优势理论，可持续的竞争优势是企业长期保持超凡业绩的关键。尽管和竞争者相比，一个企业会有很多具体的优势和劣势，但波特认为，在本质上只存在两种基本类型的竞争优势：低成本与差异化。通过有效的差异化或者通过追求低成本，一个企业可以得到更广阔的目标市场，或者能够集中于有限的细分市场或需求。在这个基础上，波特提出了三项“通用战略”，即总成本领先、差异化和集中化。

尽管竞争优势的定义最初是针对制造业提出的，但是现在已经不断发展并应用于零售业。总成本领先地位通常与持续投资和可获得资本、严格的劳动监督、低成本的分销渠道以及严格的控制系统联系在一起。对于零售业而言，总成本领先地位的确立可能还包括强有力的采购、商品管理技术和店面管理系统。这种“生产力主导”的竞争优势模式，可以解读为严格的品种控制和价格领导地位。大多数零售商的主要成本是商品的销售成本，因此，采购规模和讨价还价能力也是实现成本领先战略的关键。通过差异化实现的竞争优势一般与较强的营销能力、创新能力以及在质量或创新方面的良好声誉相关。在零售业中，可以解读为产品品种范围、地点、店面设计、环境气氛、服务或促销等特定方面的优势。集中化战略可能包含因差异化定位形成的成本优势，但是要针对具体的目标市场细分。

正如表 5－1 所示，这些“通用战略”的每一项内容也都有它的风险。生产者可以通过专利来保护他们的某些创新，但是零售商实现差异化的途径和方法很少得到法律保护，而且这些方法对其他零售商来说是很容易掌握的，一旦证明有效，就很可能被抄袭。成本领先战略在零售领域也是个有问题的概念，因为零售商的成本结构的可变性要比工业企业小很多。

表 5－1　　通用战略及其风险

通用战略及其风险
总成本领先 • 如果出现通货膨胀，领先地位就可能丧失；竞争对手的变革或技术调整会降低你的成本优势 • 强调成本会使企业忽视对种类组合或营销组合的必要调整 • 价格领先战略是只能获胜的一场博弈；只要价格做不到最低，就无法吸引到价格主导型的购买者
差异化 • 对构成差异化的因素的需要可能不存在了 • 与采用低成本策略的竞争对手相比，价格差异太大，难以维持顾客忠诚度 • 表面化的或真实的模仿，经过一段时间都会弱化顾客对差异化的认知
集中化 • 把战略目标的要求和市场的要求混为一谈 • 竞争对手会侵入战略目标市场中有利可图的次级市场 • 选择的集中点会成为限制发展的桎梏，进而制约规模经济的实现并使相关成本提高

资料来源：［美］迈克尔·波特：《竞争战略》，华夏出版社，2003，58 页。

由于寻求“通用战略”并不能为企业提供可持续的竞争优势，因此可将可持续的竞争优势阐述为：通过实施一些特有的、能够产生价值的战略，获得长期利益，而现有的或潜在的竞争对手却无法实施这些战略，也无法复制该战略所带来的利益。

尽管波特坚持认为，企业通常必须在“通用战略”中做出选择，否则很可能变得“左右不能逢源”。但这种观点受到了广泛的挑战。例如，有的学者曾提及战略的“良性循环”问题，即企业寻求低成本会产生剩余，而剩余又被重新投资于差异化。在反映整体市场行为时，“通用战略”因无法反映顾客对更复杂和更详尽的目标价格（价值）认识的变化而遭到批评。

尽管各“通用战略”代表着“战略定位图”上不同的区域，但零售商可以成功地实施不同的“通用战略”诸因素。零售轮转学说认为，零售商往往凭借低价格、低服务水平的市场定位进入市场，然后逐步走向高档化定位。但也能举出零售商如何将低价和增值服务进行有机结合的例子。例如，沃尔玛一方面向顾客提供了丰富的种类选择、高质量标准的产品以及高效率的收银服务，另一方面，它所提供的产品又有极强的价格竞争力。

这些“战略组合”并不是一味地表现为低价。有些百货商店通过改进人员管理和库存控制，使运营成本降到行业平均水平以下。同时，其依靠优质服务和高品质的商品，使企业始终保持着自己的独特形象，这样，它们的商品就能保持较高的价位。实际上，零售商可以基于对各竞争力的核审，实行“性价比的差异化”的战略组合。如果能够对经营环境中的各要素采取最恰当的对策，零售商就可以获得充分持久的竞争优势。如图5－1所示。

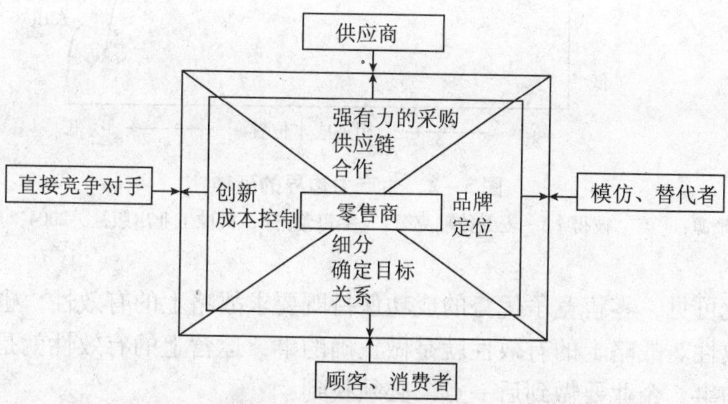

图5－1　性价比的差异化

资料来源：［英］彼得·J·麦戈德瑞克：《零售营销》，机械工业出版社，2004，143页。

从关注战略定位转变为关注有效操作，在提高生产率、质量和速度的压力下，零售商们使用了包括像TQM（全面质量管理）、进度衡量表、流程再造等各种管理工具。运营状况的确得到极大改善，但是，这些成效很少能转化为持续获利能力，同时，这些管理工具正逐步取代企业战略的位置。

波特提出的“生产力边界”，即任意给定时间下存在的各种最佳运行实践的总和，正在不断地向外扩展。这就是指，通过管理可以同时提高企业多方面的绩效。企业应当针对市场赋予的机会，把寻求边界的延伸作为对市场机会的有计划反应。

图5－2介绍了这个概念以及各类食品零售商拓展其新建的“生产力边界”的方式。但是，处于不同地位的零售商，其持续发展能力和取得成功的程度有所不同。例如，Kwik Save公司已经表现出“左右不能逢源”的征兆，这个位置不是在Harrods公司和Aldi公司之间，而是在Asda、沃尔玛公司和Aldi公司之间。另一方面，马莎公司经营的食物则定位在高利润率水平的中间地带，介于超级商店和高档百货的食品专柜之间。不过，当超级商店提高其便利性食品的档次时，这种优势将会受到影响。

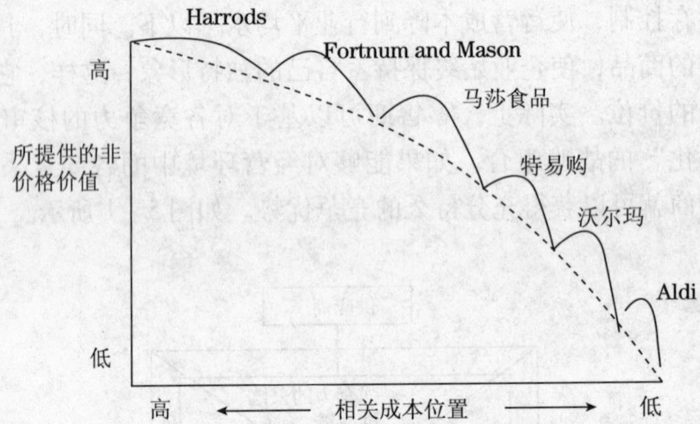

图5－2　生产力边界的延伸

资料来源：[英] 彼得·J·麦戈德瑞克著：《零售营销》，机械工业出版社，2004，145页。

由此可见，零售竞争优势的成功保持既要求战略上的有效性，也要求运营上的有效性。战略上的有效性就是做正确的事，运营上的有效性就是正确地去做正确的事。企业要做到后一点，必须找到：

1. 新的或未开发的客户市场并把注意力集中在他们身上（新的“谁”）
2. 目前尚未有竞争对手去满足的新的客户需求（新的“什么”）

3. 提供服务的新方式（新的“怎么办”）

二、零售竞争优势的来源

持续竞争优势是指一个能持续很长时间的优于竞争对手的优势。表 5-2 显示出一个零售商获得相对优势的途径。有一些优势可以持续很长时间，尽管其他的一些会被竞争对手在很短的时间内模仿。举例来说，A 企业要仅仅通过提供相对低价的替代品，建立一个相对 B 公司的长期竞争优势是很困难的。因为如果 A 公司的降价成功地吸引了顾客的话，B 公司也会马上降低价格，应对竞争。同样，对零售商而言，通过提供更广更深的分类来建立长期优势有时也会很困难。如果更广更深的分类吸引了许多顾客，竞争对手就只需给自己的商店采购同样的商品就够了。

表 5-2　建立竞争优势的方法

	可持久性	
优势来源	持续性一般	更持久
店址		便利的店址
与顾客的关系		更多的忠诚顾客 更全面的顾客信息数据库
与供应商的关系		与供应商的关系更密切
运营	数度更快、容量更大的计算机	更好的信息系统 更高效率的分销渠道
人力资源管理	更多的员工	恪尽职守、知识丰富的员工
商品管理	更多的商品 更多的分类 更低的价格 更高的广告预算 更多的促销	独一无二的商品 购买力上升导致的商品成本下降
店面管理	更好的视觉销售 整洁的店面	更优惠的顾客服务 忠实而积极的、知识丰富的销售人员

资料来源：［美］迈克尔·利维，巴顿·维茨著：《零售管理》，人民邮电出版社，2004，120 页。

建立一项竞争性优势，意味着零售商要在零售市场围绕自己的地盘筑起一堵墙。这堵墙会使竞争对手很难吸引该零售商市场中的顾客。如果该零售商围绕这个极富吸引力的市场筑墙，他的竞争者就会尝试着推倒这堵墙，而任何优势都会被竞争性力量所侵蚀；但零售商可以通过修筑“高墙”来维持他们的优势，将竞争性压力降到最小，并且将利润维持较长时间。如此看来，建立一个可持续的竞争性优势是实现公司长期财务业绩的关键。

零售商建立可持续竞争性优势的五大机会是：顾客忠诚度、店址、与供应商的关系、忠于职守的高效率员工、低成本运营。

（一）顾客忠诚度

顾客忠诚度（customer loyalty）的含义是指顾客总是到一个零售店铺购物，忠诚于这家店铺的商品、服务与品牌。零售商建立顾客忠诚的途径涉及：形象定位、顾客服务、数据库零售。

1. 形象定位。零售商通过将自己发展成一个清晰而有特色的零售商形象来培养顾客忠诚度，并且通过提供的商品和服务来加强这个形象。定位是在顾客心目中通过对零售组合的设计和实施树立起相对于竞争对手的零售商形象。零售商需要探究应树立怎样的形象，并且要明确其形象是否与预期目标市场顾客的需求一致。人们经常用敏感图来说明顾客心中零售商形象及其偏好。

图5－3是关于零售商在华盛顿特区销售女式服装的假象敏感图。本图中的两个衡量标准（服装款式和服务水平）是消费者在该例中形成的对零售商店印象时所考虑的首要特征。敏感图可以使人们通过两个零售商所处位置间的距离，分析商店呈现给顾客的形象的相似程度。例如，妮蒙公司和布鲁公司在图中的位置很近，因为该例中的消费者认为它们提供相似的时装和服务。相反，诺世和凯马特在图中的距离很远，表明消费者认为它们之间的差别很大。距离近的商店之间的竞争很激烈，因为消费者感觉它们提供的有利条件很相似。

理想点（图5－3中的原点）表示一个理想的零售商在不同细分市场顾客心目中的应有特征。例如，某细分市场中的顾客更喜欢以低质服务提供更时尚商品的零售商；而另一细分市场的顾客却想要更传统的商品，而并不考虑服务。理想点被固定下来，以便通过观察某个零售商位于与理想点的距离来分析该细分市场中的顾客如何评价这个零售商。靠近理想点的零售商被细分市场顾客认为比远离理想点的更受欢迎。

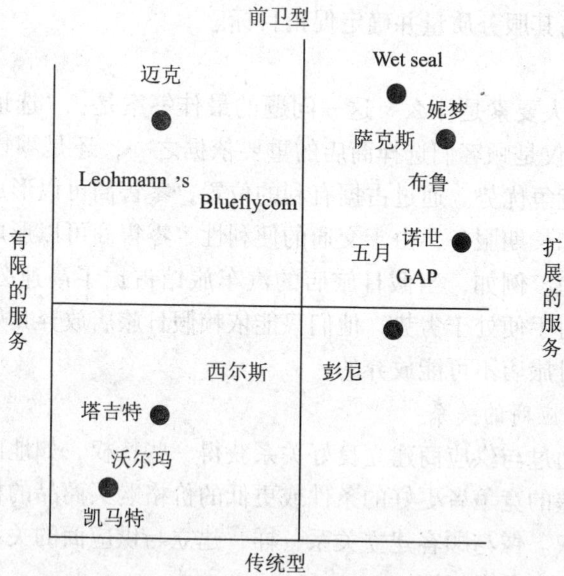

图 5-3　华盛顿特区销售女式服装的假象敏感图

资料来源：［美］迈克尔·利维，巴顿·维茨著：《零售管理》，人民邮电出版社，2004，121 页。

例如，在 20 世纪 90 年代初，西尔斯因为没能适应顾客要求的变化而处于困境之中。因为购物中心的消费者一般从地方性购物中心的零售店里买衣服，去类别专业商店买汽车电池、五金和冰箱等。但西尔斯公司仍然在其商店里同时出售服装、巧匠牌的工具以及肯莫尔牌的家用电器等。西尔斯公司的 CEO 阿瑟·马丁内斯决定通过在其购物中心以合适的价格出售时装来重整旗鼓。并通过"西尔斯温柔的一面"广告活动向顾客传达这一新的定位，从而使西尔斯的形象更接近其细分市场的理想点。

2. 顾客服务。零售商可以通过提供出色的顾客服务来建立顾客忠诚度。但始终如一的提供优质服务也很困难，因为顾客服务是由零售员工们提供的，而人没有那么一致。那些提供优质服务的零售商是花费了很长时间才将此重要性灌输给员工的。建立为顾客服务的优良传统及良好声誉要花费大量时间和精力，但优质服务的确是一笔有价值和战略意义的财富。一旦零售商以提供优质服务而著称，那么这有时会持续很长时间，因为竞争对手很难树立起相应的声誉。

3. 数据库零售。数据库零售指利用有关顾客资料和消费模式的计算机文件——数据库，制定并实施零售方案以建立顾客忠诚度。案例描述了如何利用顾客信息来提高其服务质量并确定促销目标。

（二）店址

“零售的三大要素是什么”这一问题的最佳答案是：“选址、选址，还是选址。”店址不仅是顾客们选择商店的重要依据之一，还是零售商品不易被模仿的一项持续竞争优势。通过占据有利的位置，零售商可以形成对商圈内消费者的有效覆盖和长期服务，由于交通的便利性，零售商可以形成竞争对手无法克服的竞争壁垒。例如，当假日旅店的汽车旅馆占据了高速公路上最好位置时，其他竞争对手便处于劣势，他们只能依赖假日旅店放弃其好位置来摆脱劣势，而这是假日旅店不可能放弃的。

（三）与供应商的关系

零售商可通过与供应商建立良好关系获得一些特权，如地区经销权、比与供应商关系较差的竞争者更好的条件或更低的价格购买商品的权利、商品短缺时的优先购买权。像与顾客建立关系一样，建立与供应商的关系也可持续很长时间并且不易被竞争者抵消。

例如，彭尼公司通过与供货商建立计算机联系，可以更好的在顾客需要的时候及时满足他们的需要。

（四）忠于职守且高效的员工

零售业是一个劳动密集型行业，员工在提供顾客服务和建立顾客忠诚度方面起主要作用。知识面宽、经验丰富并能致力于实现商店目标的员工是沃尔玛、整体食品、家得宝及男士屋这些零售商获得成功的一个重要因素。因此，有效的人力资源管理对于提高企业的持续竞争优势至关重要。

（五）低成本运营

所有零售商都关心提供零售商品要花费的成本。如果一个零售商能以更低的成本提供与竞争对手相同品质的商品和服务，那么就可以得到比竞争对手更高的边际利润或潜在利润，吸引更多顾客，并提高销售量。继而企业可以利用这些额外利润提供更好的服务，更多的商品分类和更多的商品展示以此从竞争对手那里吸引更多的顾客，而不是以更低的价格。

如低折扣零售店家庭美元百货公司，通过自己的高效和低成本运营获得了一项竞争优势。公司拥有3000多家商店，年销售额为25亿美元，目标顾客是年收入在15000美元~25000美元之间的家庭。家庭美元百货的商店格局是不加修饰的折扣零售卖场，坚持低价面向低收入家庭的销售策略。这种零售业态是折扣店和便利店的一种混合业态。商店很小，只提供有限服务，员工也很少，只收现金，位于低成本的社区中心。

有效的供应链管理在低成本运营中也占据一个重要地位。例如，沃尔玛在美国的扩展战略就是通过在各个仓库的周围建立商店以降低配送成本。

（六）打造竞争优势是多种因素的组合

为了建立一个持续性优势，零售商往往不会只依靠低成本或优质服务这样单一的途径。他们需要多种途径在其市场周围构建尽可能高的围墙。例如，麦当劳的成功就建立于发展忠诚顾客、保持与供应商的良好关系、建立出色的信息和配送系统以及有效的控制成本这些基础之上的。

麦当劳的目标客群并未奢望得到特殊服务，因为顾客们知道他们不可能吃到专门为他们特殊口味而作的食品。但顾客希望吃到热的无须等候且价格合理的食品。麦当劳正是通过在顾客每次光临后都会满意而归，发展了一个忠诚的顾客群。为了满足顾客期望，麦当劳大力开发在众多领域的经营能力。公司与供应商的良好关系使其能够一直保持食品的高品质成分。他的配送和存货控制系统使其能够确保每一个商店的正常运转。通过发展食品制作体系和对商店管理人员的再培训，麦当劳减少了顾客的等候时间。这种培训还意味着顾客会得到更快捷和更礼貌的服务。通过在一部分地区发展其独特经营能力，麦当劳公司已经成功地在其市场周围筑起了高墙，以快餐模式直接面向个人和家庭。

另如，星巴克公司则是通过独特的选址、强势品牌以及由忠于职守的员工提供的高品质服务建立起强大的竞争地位。

三、基于价值链的零售竞争优势体系

零售竞争优势是一个多因素的综合体，因此对于企业来说，具有可操作性的竞争优势评估和发展工具就具有十分重要的意义，在这方面，基于价值链的零售竞争优势体系有着积极的实践意义。

波特认为，每个公司都是对其产品（或服务）进行设计、生产、营销、分配和支持等各种行为的集合体，这便构成了企业的价值链。而目前，价值链概念已经大量应用于零售领域。图 5 - 4 显示的是一个包含了经营要素和企业主要功能的矩阵。每一个要素都可以用来提高价值或价值感，因而有助于增强企业的竞争优势。价值链概念的一个特殊优点就是有助于人们了解具体要素、它们在价值创造过程中的相关作用和相关成本。

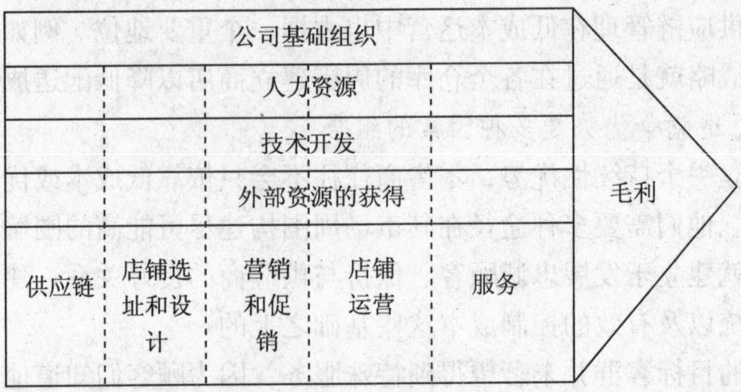

图 5-4　零售价值链

资料来源：[美] 迈克尔·波特著：《竞争优势》，华夏出版社，2005，23 页。

价值链概念还强调，零售商不是店铺、部门、人、产品和资金的随意组合。如果这些资源不能有效配置，以确保产品和服务被最终消费者认为是有价值的，那么这些资源就没有什么价值。实施某些具体行为的能力和管理各行为之间关系的能力，构成了竞争优势的来源。一个独立的能力本身往往缺乏独特性，只有通过资源整合，充分发挥各部分作用，才能形成独特优势。

虽然价值创造和经营成功之间的联系似乎很明显。但对“价值”本身进行定义是很困难的。在不同的顾客之间，在不同的文化之间，在不同的环境下，在光顾一家商店的之前和之后，在有形产品和无形产品之间，对价值的定义都有所不同。一般认为，顾客价值就是顾客对促成或阻碍自己实现目的和目标的各种功能、体验及其结果的好恶感受和评价。

按照这一理解，传统价值链过分强调企业组织的功能与能力，而把顾客放在了被动接受已创造价值的位置。为保持与营销概念的一致，价值链应该从分析目标顾客和他们的特定需要开始。

图 5-5 描述了价值链的基本思想：它由目标消费者开始，然后确定消费者的众多需求中包含着哪些机遇，在此基础上，企业调整组织行为，围绕着某些特定功能的配备，以适当的标准来满足这些需要。在提供了顾客所需要的价值后，通过顾客满意度进行传达，进而延伸至更大的消费者市场。

企业可以通过在不同的特性间互补交易，以满足不同的需求。在零售业有很多这样的例子。例如，宜家因它自己动手组装家具有时被形容为低服务水平的零售商，但是它确确实实体现了顾客的价值。如减少复杂性——目录、产品信息，容易找到货物；节约时间——库存充足，一站式购齐家具和配件；减少不确定性——产品保证；用餐与娱乐。

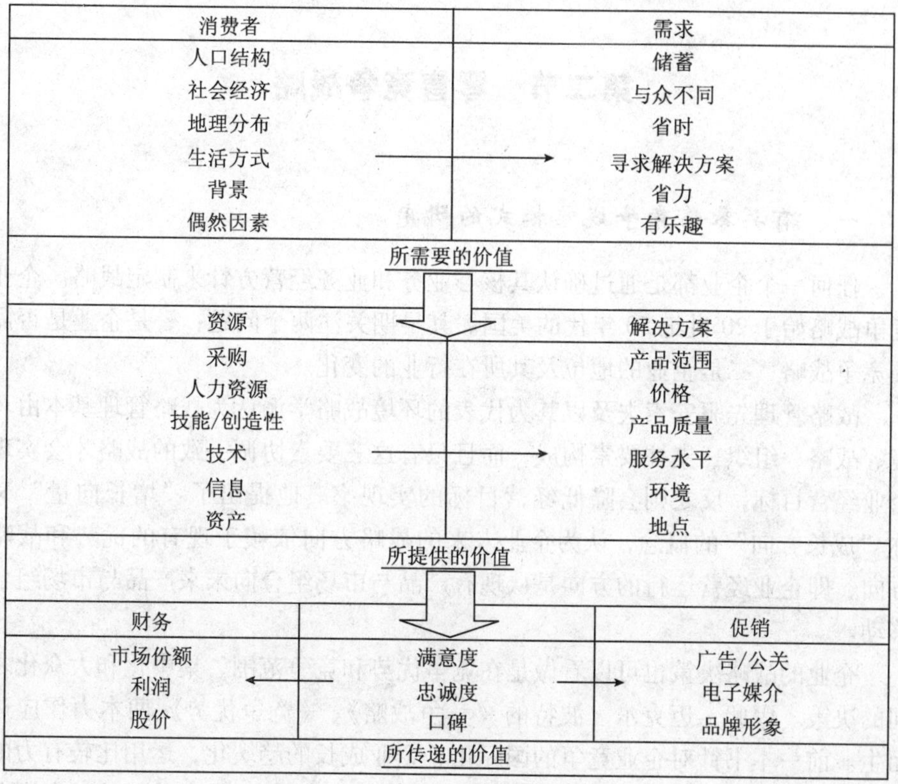

图 5－5　顾客驱动的价值系统

资料来源：［英］彼得·J·麦戈德瑞克著：《零售营销》，机械工业出版社，2004，147 页。

沃尔玛也是一个典型的案例，其设定的价值目标，包括为消费者提供获得高品质商品的途径，保证这些商品的及时供应，完善成本结构以形成有竞争力的价格。因此，尽管竞争者知道沃尔玛卓越的物流配送战略，它们也无法轻易地仿效，因为这一战略深植于企业复杂的管理流程之中。创造卓越价值的过程越复杂，跨越的职能越宽，就越难模仿。为了使价格最低，沃尔玛投资于越库式配送，并配套跨组织关系的网络使之能正常运转。

为保证企业有更强的向顾客提供价值的能力，这些优秀零售商在这些方面进行投资并因此获得更持久的竞争优势。其他人可以复制，但只能付出更高的成本和更长的时间。

第二节 零售竞争战略

一、有关零售竞争战略模式的研究

任何一个企业都是通过确认其核心业务和业务经营方针来制定战略。企业竞争战略始于20世纪50年代的美国。其早期关注两个问题：一是企业是否需要竞争战略；二是企业的地位及其所在行业的变化。

战略管理先驱安索夫及以其为代表的环境战略学派认为战略管理基本由环境、战略、组织三支柱要素构成，而且只有这三要素协调一致的战略才会实现企业经营目标，反之则会降低经营目标的实现率。他提出了“增长向量”又称“成长方向”的概念，认为企业未来的战略方向依赖于现有的优势和战略方向，即企业经营运行的方向是从现有产品与市场组合向未来产品与市场组合移动。

企业的战略决策也可以看做是在竞争优势和竞争范围、集中化和大众化之间的决策。因此，迈克尔·波特的《竞争战略》、《竞争优势》两本力作应运而生。前一本书针对企业竞争的国际化、企业成长的趋缓化，运用比较有力的方法系统地分析了企业的竞争环境；后一本书分析的视角从竞争环境转向企业本身，提出了让社会充分了解自己的方法，并把企业的竞争优势归纳为低成本竞争优势和产品差异性竞争优势两类，还研究了企业竞争力转换的应对策略。价值链是波特研究企业竞争力的核心概念，他认为企业的竞争优势来自各个部门和个人的表现，个人活动的优化连串，可以降低成本，创造价值。以迈克尔·波特为代表的竞争战略学派认为，企业经营战略的关键是确定企业的竞争优势，而企业为确定其竞争优势一般采取三种基本竞争战略类型：成本领先战略、差异化战略和集中化战略（包括在狭窄细分市场的成本领先和差异化战略）。

安索夫和波特竞争模式理论对整个商业领域的战略制定都有极大的影响。20世纪80年代以来，我国有些学者试图把竞争战略规程标准化，有人运用波特的竞争模型来分析我国零售业的竞争结构，也有人把《孙子兵法》的思想引入到市场竞争原则和竞争模式之中，均取得一定成果。

二、三种基本竞争战略

关于竞争战略的理论，最被广泛接受的是迈克尔·波特的三种基本战略，即总成本领先战略、差异化战略和目标集聚战略。见表5-3。

表5-3 三种战略的资源和要求

基本战略	需要的基本技能和资源	对组织的要求
总成本领先战略	①持续的资本投资和良好的融资能力 ②科学的作业流程 ③对各环节严格控制 ④低成本的分销系统	①结构分明的组织和责任 ②以满足严格定量目标为基础的激励措施 ③严格的成本控制 ④制度化、详细的控制报告
差异化战略	①强大的营销能力 ②对创造性的鉴别能力 ③很强的基础研究能力 ④在商品质量或服务上联想的声誉 ⑤在茶叶中有悠久的传统或具有从其他产业中得到的独特技能组合	①在研究与开发、产品开发与采购和市场营销部门之间的密切合作 ②重视主观评价和激励，而不是定量指标 ③有轻松愉快的气氛，以吸引高素质的人才
目标集聚战略	针对具体战略目标，由上述各项组合构成	针对具体战略目标，由上述各项组合构成

资料来源：[美] 迈克尔·波特著：《竞争战略》，华夏出版社，2003，54页。

（一）总成本领先战略

总成本领先战略就是指通过采用一系列针对本战略的具体措施在本行业中赢得总成本领先。与采取其他战略的企业相比，尽管它在质量、服务以及其他方面也不容忽视，但贯穿于整个战略中的主题使其成本低于竞争对手。为了达到这些目标，企业必须在经营管理方面进行严格控制，发现和开发所有成本优势的资源。

零售轮转学说所揭示的零售业发展规律，实际上正是说明在零售业一百多年的发展历程中，成本领先一直是零售商竞争的优势，它驱使着新型零售业态在竞争中不断替代旧零售业态。而当这一业态失去了成本领先优势时，则马上又会被另一种以成本领先为竞争武器的零售业态所替代。于是，零售轮子就是这样在成本领先的推动下向前发展着。

零售商成本领先战略的实施主要体现在商品购、存、销流转过程的成本和费用的控制上，只有降低商品的进价成本、储存成本和销售费用，才能实现对商品流转全过程成本费用的控制。在这方面，沃尔玛无疑是零售业成本领先战略最彻底的实施者和经营典范。沃尔玛的经营宗旨是“天天平价，始终如一”，它指的是“不仅一种或若干种商品低价销售，而是所有商品都以最低价格销售；不仅是在一时或一段时间低价销售，而是常年都以最低价格销售；不仅是在一地或一些地区低价销售，而是在所有地区都以最低价格销售”。正是力求使沃尔玛商品比其他商店更便宜这一指导思想，使得沃尔玛成为了本行业中的成本控制专家。

（二）差异化战略

在差异化战略指导下，企业力求就顾客广泛重视的一些方面在产业内独树一帜，即选择在本行业内许多顾客视为重要的一种或多种特质，并为其选择一种独特的地位以满足顾客的需要，因其独特的地位获得溢价的报酬。

英国已有一百多年历史的伦敦罗夏百货公司因其出售的商品和提供服务项目的多样化而闻名于世。它不仅提供一般百货商店里所惯有的商品，而且出售一般商店所没有的五花八门的商品，更突出的是经营服务项目之多为世界之最。除了在公司动物部可买到多种飞禽走兽外，在产业部可以买到英国乡间的大厦，法国和瑞典的别墅；家具部和装潢部曾替泰国前国王装潢过三间大厦，后又为巴格达王宫一间套房布置家具，价值 15 万美元。该公司可以替人筹办婚事，代办丧事，以至度蜜月计划的安排都遂人心愿；还可以替人补鞋，买人寿保险，帮人拍卖东西，出售股票，代管财产；替人建造房屋或网球场，教人打高尔夫球，给顾客的儿女找好学校等。总之，他们的经营宗旨是“顾客需要什么，就提供什么商品和服务”。

（三）目标集聚战略

目标集聚战略要求企业着眼于本行业内一个狭小的空间并做出选择。这一战略与其他战略不同，企业选择行业内一种或一组细分市场，并量体裁衣使其战略为这一细分市场的顾客服务。通过为目标市场进行战略优化，实施集聚战略的企业致力于寻求其目标市场上的竞争优势，尽管它并不拥有在全面市场上的竞争优势。目标集聚战略有两种形式：一是成本集聚战略，企业寻求其目标市场上的成本优势。二是差异化集聚战略，企业追求其目标市场上的差异化优势。

集聚战略可以包括不止一个细分市场，可以包括具有强烈关联的数个细分市场，但是，企业对于任何一个细分市场的优化能力通常都随目标的拓宽而减弱。也就是说，目标越集中，其服务的优越性越强；集聚战略者的价值链和服务与其他细分市场所要求的价值链相差越大，集聚战略就越持久。如果某细分市场和其他细分市场间的差异随着时间的推移而减少、技术变革减少了服务多个市场的折中成本，或者如果为细分市场而特制的价值链相对于较为标准化的价值链变得过于昂贵的话，集聚战略的持久性就会受到损害。

零售业目标集聚战略的代表是反潮流购物广场。它是一家与一般购物广场完全不同的MALL，位于美国加利福尼亚州南部。它所吸引的是那些18~29岁的年轻人。在这里，墙上是可以乱写乱画的，地面上的裂缝中杂草丛生，标牌破旧，人们穿着截短了的短裤和便鞋，坐在从旧货店购进的家具上饮着咖啡。这家购物广场有两家主力店：一家是Urban Outfitters百货商店，销售很酷的、前卫大胆的、可任人自由思想的服装和家庭装饰品；另一家是The Lab公司，主要销售流行乐队的音像制品。这里没有餐厅，取而代之的是供顾客闲坐的凸凹不平的沙发，出售健康食品和特制咖啡。

三、零售企业竞争战略的选择

基本的竞争战略在实际的零售市场的竞争中，通过影响零售企业运营的不同方面发挥着作用，其可归结为内部竞争战略、水平战略、垂直战略和动态战略四种模式。

（一）内部竞争战略

内部战略包括企业内部组织结构的改进和变化。这部分的战略虽然都会影响到企业内部运营能力，但是战略涵盖的内容却是最有限的，主要包括生产率导向的差异化、服务差异化、商品差异化和经营时间差异化。

1. 生产率导向的差异化战略。这种战略一方面要降低运营和管理成本，减少浪费和损耗，最终降低单位经营面积的成本；另一方面可以投资开发零售技术，提高企业运营的技术含量，提高单位面积的销售额，最终提高零售店经营的效率。

2. 服务差异化战略。这种战略是顾客导向的，即从战略上考虑提高顾客服务水平。采用这种战略的零售企业，力图通过高质量的服务使其在竞争中脱颖而出，其战略实施体现在员工雇佣和培训过程以及激励机制等多方面。

3. 商品差异化战略。这种实施战略包括商品选择和促销两方面。零售企业要成功实现这一战略，必须说服顾客愿意为这一差别付出金钱或时间代价。

同时，要注意保持这种差异。通常的方法是建立自有品牌和商标。增加某一商品的种类也算是一种，但是很容易被规模类似的竞争者效仿。

4. 营业时间差异化战略。这种战略是一种使零售商别具一格的有效战略。因为顾客在选择购物商店时，考虑的因素主要有商品、价格、商店位置和购物时间，所以可以应用时间战略来提高顾客满意度。零售业态中便利店数量的增加，就表明许多顾客愿意为便利的购物时间出更高的价钱。但是这种战略优势也不易保持。

以上企业内部战略的四种类型虽然本质上有所不同，但也有共通之处。所有的战略都涉及零售机构的变化和变革，每一种战略都很明显地直接作用于顾客。而且内部战略并不影响企业使命和企业本身、通常在总经理的权限范围内就可以实现。

（二）水平战略

水平战略考虑的是零售扩张方面的决策。它的范围比内部战略的范围要广，超出了现有的零售商经营空间，其中一项基本的决策是经销店的数目。过度扩张会使零售市场饱和，结果就是导致利润损失（“饱和”是指某一地区的一间或多间经销店开业后，零售商总利润却下降的市场状态）。除了自建店铺以外，购并竞争对手的店铺也是增加经销店数目的一种方法，近年来零售购并频繁，呈现零售集中趋势。同时，合资也有利于零售扩张，当然要注意权衡考虑合资的好处，即要考虑同盟者未来转变为竞争对手的可能性。零售同盟的形式根据组成同盟的原因不同，主要可以分为发展导向型、购买导向型、技术基础型和多功能型四种类型。这些类型在关系的紧密程度和重要程度以及相关风险上都有所不同。

（三）垂直战略

零售垂直战略是把经营范围拓展到供应商领域，即在保持原有经营重心的基础上，也进军供应商、经销商和生产商的地盘，主要包括垂直一体化和改变供销关系。

垂直一体化是指零售商购并供应商或分销商的行为。通过购并制造商（单一产品或多种产品），零售商利用获得的制造能力发展自有品牌，而且在商品多样化方面有更多的选择，同时降低了成本。

零售商实施垂直战略的另一种途径是变革供销关系，即零售商控制供应商和分销商。过去，制造商对零售商来说拥有无上的权力，但现在，权力的天平逐渐向零售商倾斜。

（四）动态战略

动态战略是零售商突破现有的经营领域，进入完全不同特点和竞争行为的零售业态。一项重要的动态战略是零售经销店规模选择变化。如果零售商的新开店铺规模与现有店铺有较大不同，无论增大或减少，零售商都是在进行动态战略决策。还有一种动态战略是经销店选址类型的变化，无论是在市中心、边缘商圈还是市郊。经销店类型多元化也是一种动态战略。

另一种动态战略是重心转移战略，如从全行业范围内经营转向专业化或集中战略，这种战略变化都涉及一系列的内部战略组合的变化。零售商的专业化或市场集中战略是在较为狭窄的市场上采取成本领先战略或者是差异化战略，而且要寻求最合适的获利规模。采用这种战略的零售商，成功的秘诀也是惟一的生存之路是真正地了解顾客需求，不然，范围过窄的顾客群也会被那些相对不专业的零售商抢走。专业化的风险包括：很难判断顾客需求，过于集中的投资和缺乏灵活性。但专业化的好处也很喜人：较高的顾客忠诚度，员工的专业化带来的高质量的顾客服务。所以，零售商要权衡比较以上所说的专业化的优势和劣势。

第三节　零售竞争策略

一、零售竞争策略的概念

竞争策略是指企业在战略的基础上，根据实际的市场竞争环境和企业资源，采取的保证战略实施的具体方案和方法，相对于竞争战略而言，竞争策略属于战术层面的问题，是战略的具体实施。零售竞争战略是指零售商根据零售市场的环境，采取的实现战略的方案。

零售竞争战略受到零售企业特征的影响，同零售企业经营活动相联系，涉及价格、定位、选址、货品管理等各个方面，本节将从宏观角度对零售竞争策略进行论述。

二、零售竞争策略计划过程

零售竞争策略的计划过程实质上便是零售企业在战略目标的指导下，确定目标市场，决定采用适当的零售方式，实现战略目标，以建立长远的竞争优势的过程。

（一）竞争环境分析

竞争环境分析是指对需要确定的零售机遇、不同市场中顾客的需求和为满足这些需求所需能力进行的分析。

1. 市场吸引力分析

决定一个零售市场的吸引力的因素有：市场规模和成长状况；市场中的竞争程度；可能影响市场的环境因素，如技术、经济、规章和社会的变化。

例如，与百货商店的零售市场相比，专营商店的零售市场因其发展快而极具吸引力。一般说来，在成长中的市场里，商品的边际利润和价格都会高一些，因为与成熟的市场相比，成长中的市场竞争不太激烈。

当新的竞争对手没有机会进入某一细分市场时，零售市场就显得更具吸引力。在一个市场上，如果竞争对手凭借其规模而取得了一种成本优势时，零售商就不愿意进入这个市场了。

2. 竞争对手分析

对一个零售商来说，环境分析中最为关键的方面是确定自己独有的能力。通过对这些能力有一个全面把握，零售商就能够抓住那些使其扬长避短的投资机遇。零售商使用竞争对手分析和自我分析来评估他们独有的能力。

竞争对手分析主要是围绕那些竞争对手可能追求的策略以及他们成功地贯彻这些策略的能力而展开的。通过对竞争对手有一个深入的了解，零售商就可以制定出一种有效的策略与竞争对手展开竞争，并且预测竞争对手们在将来的行动。

3. 自我分析

自我分析是指针对零售商自身的力量和弱点所进行的一种内在集中的检验。对这些力量和弱点的自我分析，有助于该企业分析如何把握住机遇以避免因环境的威胁所造成的伤害。竞争对手是自我分析中要考虑的另一个方面，因为一个零售商的力量和弱点是相对于其竞争对手的能力而言来界定的。

（二）确定战略性机遇

与其他大多数经营活动一样，零售商要选择原地不动是办不到的。已有的和新出现的竞争在不断寻求获取市场份额的方法，也在逐步地侵蚀利润。因此，对零售商重要的是要不断寻找有利可图的机遇，发展自己的业务。

根据市场和消费者的发展状况，通过“产品—市场矩阵”，零售商可以判断未来发展的战略机遇和增长路径，如图 5－6 所示。

零售产品组合 \ 消费市场细分	现有的	相关的	新的
现有的	巩固 渗透 提高生产能力	以市场为主导的扩张	新的细分市场
相关的	新的品种范围 品种组合的运作 新服务 新业态	增长 ↘	
新的	新的(不相关)产品种类		多元化 ↘

图 5－6　产品—市场矩阵

（三）评估战略性机遇

零售竞争策略计划过程中的第三步是评估在第二步中所确定的那些机遇和增长路径。零售商必须通过对这些机遇的评估，来分析自身所具有的、建立一种长远的竞争优势及获取长期利润的潜力。因此，一个零售商必须将其零售活动主要集中在那些能够利用自身力量——即其具有竞争优势的地区——的机遇上。例如，沃尔玛公司的竞争优势资源中具有分销方面的专长，这样沃尔玛公司就应该考虑那些与卓越分销能力有关的机遇。

（四）制定特定的目标并分配资源

在评估了战略性机遇后，下一步就是为每一个机遇制定一个特定的目标。零售商的整体目标包含在使命陈述中。特定的目标是指那些整体目标实现进程中的具体目的。因此，特定目标就包含三个组成部分：

1. 所追求的业绩，包括一个用来衡量实现进程的数字指标；

2. 一个实现目的的时间框架；

3. 实现目标所需要的投资水平。

一般说来，业绩水平是以财务上的标准来衡量的，如投资回报率、销售额或是利润。另外一个普遍使用的目标，即市场份额，也正变得越来越流行。这一目标更容易衡量而且与基于会计信息的财务衡量标准相比，对这一目标的衡量常常使评价显得更为客观。

（五）制定计划、评估业绩并做出调整

计划过程中的最后一步，是针对每一个机遇发展一种零售活动组合，并在实施的过程中对策略的结果和执行方案进行评估，如果零售商正在实现或是超越既定目标，那么变化就不是必需的了。但是如果零售商没有实现既定目标，则需要进行重新分析。一般情况下，这种重新分析起始于对执行方案的反省，但这可能也表明要对所采取的策略甚至是使命陈述进行重新考虑。这一结论将会导致一个新的计划过程的启动，其中包括一项新的环境分析。

计划过程表明了零售商需按照顺序来做出决策。他们执行环境分析，明确战略性机遇，评估可替换方案，设定目标，分配资源，形成执行计划，而且就最后评估取得的业绩做出一些必要的调整。但是在实际的计划过程中，这些步骤是相互影响的。例如，环境分析可以为公司提供一种可供考虑的逻辑上的替换方案，假若这种可替换方案并没有包含在使命陈述中，那么该公司就可能需要重新阐述其使命陈述。执行计划的形成可能会提出该公司必须分配更多的资源以实现目标。这样的话，该公司就需要改变其目标，增加其资源，或者考虑不向这一机遇投资。

三、零售竞争策略选择

对于竞争策略计划过程的实施，零售商可以采用价格竞争策略和非价格竞争策略两种方式，其中价格竞争策略侧重于直接促动消费者，对竞争对手实现直接的冲击，非价格竞争策略则侧重于提高企业经营活动的效率和发展能力，寻求企业发展的更大空间。

（一）价格竞争策略

所谓价格竞争策略，是指在市场竞争环境下，企业运用价格手段，以维持和扩大市场份额，战胜竞争对手，增加销量和取得赢利的定价策略。具体而言包括心理定价策略、招徕定价策略、折扣定价策略和促销定价策略四种方式。

1. 心理定价策略

心理定价策略是利用消费者的心理因素，据不同类型消费者购买商品时的不同心理特点来制定商品价格的一种定价策略。常用的心理定价策略主要有以下几种：

①非整数定价策略。这种定价策略就是给商品制定一个带零头的价格。因为带小数点的价格，容易使消费者产生价格便宜、经过了精确计算的感觉，由此对卖者产生信任，从而刺激顾客购买。对于普通日用品，消费者乐于接受有零头的价格，例如，如果将某件商品价格定为 9.9 元，顾客会觉得比 10 元便

宜，而且定价较精准。尾数定价用以满足消费者求实消费心理，使之感到商品物美价廉。对于需求价格弹性较强的商品，尾数定价策略往往会带来需求量大幅度的增加。据美国一些商业心理学家调查，在非整数定价策略的具体应用中，奇数比偶数更显得便宜。商业心理学家的研究还表明：单价5元以下的商品，末位数是“9”的最受欢迎；单价5元以上的，末位数是“5”的，销售情况最好。

②错觉定价策略。这种定价策略通常是基于消费者对商品计量的敏感度要远低于对价格的敏感度的错觉心理，在给不同包装和计量的同一种商品定价时，充分利用消费者的这一心理特点，制定相应的价格。如500克装的某品牌奶粉标价为19.3元，后推出的450克装的同样的奶粉标价为18.5元，后者的销量明显比前者要好。

③声望定价策略。这种定价策略主要是针对消费者“价高质必优”的心理，对在消费者心目中享有声望、具有信誉的商品制定较高价格。因此，高价与性能优良、独具特色的名牌商品配合，更能显示出商品特色，增强商品吸引力，从而产生扩大销路的积极效果。

④习惯定价策略。按照消费者习惯进行定价。这种策略通常用于日常消费品或成熟期商品的定价，因为此时在消费者心目中已形成了一种习惯性标准，符合其标准的价格被顺利接受，偏离其标准的价格则易引起疑虑。在必须变价时，应同时采取改换包装或品牌等措施，避开习惯价格对新价格的抵触心理，引导消费者逐步形成新的习惯价格。

2. 招徕定价策略

①先入为主的低价渗透策略。为了有效的实现对目标市场的渗透，零售商在开业之初便应将其定位准确地传达给消费者，并努力营造这一形象，以期在消费者心目中形成良好的第一印象。

②以盈补缺的差别毛利率定价策略。这种定价策略是针对不同的商品（特别是一些敏感商品）制定不同的毛利率，以盈补缺，实现赢利和低价双获益。目前，许多外资零售企业均采用这种定价策略，它们通常将少数几种商品的价格降到很低，甚至是成本以下，另一些消费价格不敏感的商品则制定相对比较高的价格，从而保证了商场的低价定位和赢利水平。

3. 折扣定价策略

折扣定价是在正式价格的基础上给予一定的折扣和让价。采取这种定价策略是为了鼓励消费者购买。常用的折扣定价策略有：

①积分卡累计折扣定价策略。这种定价策略是一种比较常用的累计数量折

扣定价法，就是顾客缴纳少量费用即获得一张积分卡，在规定时期内顾客累计购买商品达到一定金额，则按其购买金额大小给予不同的折扣。

②会员折扣定价策略。消费者只需缴纳少量费用，或达到一定购买量，即可获得会员资格，成为零售商的会员。会员可享受零售店的会员价格，购物时可以享受比非会员更多的折扣。

③限时折扣定价策略。限时折扣定价策略是在特定的营业时段对商品进行打折，以刺激顾客的购买欲望。限时折扣定价一方面可增强商场内人气，活跃气氛，调动顾客购买欲望，同时可促使一些临近保质期的商品在到期前全部销售完，当然，必须要保证质量并留给顾客一段使用的期限。

④反季折扣定价策略。反季折扣是零售商对一些反季节性商品进行折扣销售的策略。

4. 促销定价策略

①特殊事件定价策略。利用一些特殊的时间和事件，把全部或部分商品临时降价以吸引顾客前来光顾。特殊节日包括公共性节日，如春节、元旦、中秋节等，这是一种明显的“炒节”现象；另外一种特殊节日是商家的开业、店庆或装修后重新开张等，这些特殊节日的利用是一种“造节”行为。此外商店还可利用各种特殊事件，例如对国内外影响重大的事件，实行折扣价格策略以吸引顾客关注和光顾，这是一种“借势”经营行为。

②提供赠品定价策略。这种定价策略是向顾客免费赠送礼品或是当顾客的购买金额达到一定幅度时向其赠送礼品。具体有三种方式：一是免费赠送，只要进店即可免费获得一件礼品；二是先买后送，即顾客购物满一定金额才能获得礼品；三是随商品附赠礼品，像买咖啡送咖啡杯、买生鲜食品送保鲜膜等。

③商品组合定价策略。当两种商品是互补性商品的时候，企业可以对商品实行组合定价，发挥商品内在的关联效应，从而使整个商品组合取得整体的最大利润。例如，购买电脑的顾客可加付少量货款获得一台打印机，就是运用这一价格策略。在具体采用这一价格策略时，首先需确定某种商品的最低价格，以吸引消费者购买商品线中的其他商品。其次，确定商品线中某种商品的最高价格，它在商品线中充当品牌质量和收回投资的角色。再者，商品线中的其他商品分别依据在商品线中的角色不同而制定不同的价格。

（二）非价格竞争策略

随着经济发展和消费者收入提高，价格已不再是购买与否的惟一重要因素，所以企业就要寻求其他竞争手段进行竞争。所谓非价格竞争策略，就是企业在市场营销过程中，通过提高产品质量，实行优质服务，树立良好的企业和产品形象等方式开拓市场的一种竞争策略。包括建立新的厂商合作关系、人才开发策略、自由品牌策略、实行会员制、发展虚拟零售业态、空间销售策略、农村市场开拓策略。

1. 建立新的厂商合作关系。零售商与供货商确定良好的关系有利于实现大型零售企业的长远发展，做到强强联合，发挥经济规模优势，逐步取代现有的小规模经营模式。我国现在传统的厂商关系还停留在简单的供货和销售代理的关系，厂商之间还存在进场费、货款账期等问题的矛盾，这种关系无法实现零售企业长期稳定的发展，因此零售企业需要改变思路，寻求与供货商更深度的合作，实现共同的更大发展。

随着商业竞争的白热化，需要大量人力资源保持运营的零售企业，其人才素质将是决定未来竞争成败的关键。因此我国零售企业要通过各种途径来吸引人才，留住人才。零售企业需要网罗充足的高素质、复合型的管理人才和领导人才，建立人才的储备和培训体系，为企业发展提供足够的支持。

2. 自有品牌策略。通过自有品牌，零售企业能够保证商品质量，从而更易赢得消费者，并通过掌握商品的自主定价权，使自有品牌商品价格大大低于同档次商品的生产企业的产品，在自有品牌的开发中，企业还能够比较准确地掌握市场动态，从而根据市场需求来设计、开发、生产商品，使零售商在市场竞争中处于先发制人的有利地位，掌握竞争主动权。

3. 实行会员制。会员店的内涵应是客户关系，不是价格优势。会员店帮助顾客解决实际问题，降低管理费用并做好销售服务等措施赢得顾客的信任。从另一个角度看，顾客有了会员卡，会有一种归属感，因此，更加认同他所加入的零售店的产品和服务。

4. 发展虚拟零售业态。随着信息技术的迅速发展和电子计算机、互联网络的逐渐普及和进一步完善，电子商务已经成为目前零售业一种极为重要的营销工具，也将成为未来零售业的主要技术支撑。传统的零售业态可以全面启用电子商务这一技术手段，以适合网络销售的商品虚拟平台的扩展，实现空间的扩展。

5. 空间销售策略。以麦当劳为代表的西式快餐店之所以可以吸引广大中国消费者去消费这些中国人并不习惯的食品，深层原因就在于它为消费者提供了一种稀缺资源：公共空间。麦当劳为中国消费者提供了从未见过的清洁的消费空间，舒适的社交空间。中国人口密度大，开放、舒适的公共场所非常稀少，而人们总是希望有公共空间进行交流和放松。因此，零售业主可以在店内设置长凳、饮水机，播放轻柔的音乐，使前来光临的顾客可以完全放松身心。

尤其是诸如超级市场这样的零售业态可以考虑在店铺周围开拓绿化带，配以凳子、桌子、遮阳伞、儿童玩耍的投币电动设施等，建成一个小型的休闲广场，定能吸引更多顾客。

6. 农村市场开拓策略。中国农村是很大的一个消费市场，尤其沿海农村经济相对发达，人口密度大，有消费的经济基础，交通方便。零售业，比如连锁超市的发展可以走向农村发展的道路，而不应都集中在中心城市，产品定位可以走以生活必需品为主的道路。美国第二大零售商西尔斯就曾在 19 世纪创业之初紧紧抓住美国第二次工业革命的机会，针对农民消费群，集中农村需要的产品，克服交通不便等困难，准时而有信用地与农民做生意，从中赚取了第一桶金并在美国农村建立了信誉。

总之，今天的零售业竞争已进入全面化、多样化的时代，要想在市场竞争中立于不败之地，就要从整体努力，灵活利用各种竞争策略来创造竞争优势，才能赢得胜利。

案例与分析

案例 1

Container Store 的竞争优势

当加勒特·伯恩和吉普·廷代尔在达拉斯的一次家居用品博览会上看见一种名为 Lundia 的瑞典设计的模块架子系统后，他们就提出了创办 Container Store 的想法。看过 Lundia 的展示后，他们想："创办一家全是家用组合品的商店会怎么样呢？我们已经喜欢上了这些产品，并意识到人们都需要它们。"

第一个问题就是要找到合适的产品来卖。大部分的生产商都只面向商业顾客——办公室、工厂和医院等。因此，伯恩和廷代尔首先必须出售那些也适于家庭用的商业产品。最终，他们说服了生产商为他们生产专门为家庭设计的产品。

Container Store 向人们出售产品，方便他们的生活。多用途的架子和衣服袋子用来组装壁橱。袖珍的文件柜和杂志架使家中的书房更加整洁。背包和模式化的架子以及 CD 唱片盒使宿舍看上去不那么杂乱。瓶子、管子以及可循环利用的纸箱使厨房变得和谐。

当被问到 Container Store 是如何在这个 20 年前由他们开创的零售细分市场中保持领先优势时。伯恩答道："我们的商品都是很难选择和很难恰当购买的。这是一些很难卖的商品的组合，如壁橱系统和模块化的架子。只有懂得如何使用的人才能向顾客进行正确的推荐。"

为了正确出售这些商品，Container Store 对顾客服务非常重视。他们用了大量的时间来培训这些销售人员。接着销售人员就要利用自己的灵感和创造性为顾客解决问题了。公司的这种文化使员工年流动率不到 15%，而行业平均水平为 50% ~100%。

案例思考题

1. Container Store 的竞争优势属于哪种类型？其保持竞争优势的基础是什么？

2. Container Store 竞争优势的来源包括哪些因素？

案例 2

哈里·罗森公司的数据库管理

哈里·罗森公司是一个拥有 19 家商店的加拿大男士服装零售商，年销售达 1.35 亿美元，它运用各种信息来为顾客提供更好的服务并与之建立长期联系。该公司的每一个销售人员都通过公司的任何连锁商店的终端进入有关顾客信息的数据库，这些数据可显示该顾客过去购买的商品以及一些有关的个人信息，公司鼓励将所有与销售合作有关的信息录入数据库。如果一位妻子买了件生日礼物送给她丈夫，销售人员便会努力找出这位丈夫的生日以及他的年龄，并将这些信息录入系统。

这种信息系统改善了为顾客提供的服务和对促销目标的确定。举例来说，当有人把衣服拿到店里来改，系统会追踪整个过程，如果有延迟，马上告知销售人员以便他们将信息转告顾客。高消费群很容易被识别并被邀请来参加特别促销活动。该系统还可用于出售积压商品，如一个商店可能有太多 44 码的短裤，销售人员可以到终端打上一张所有购买 44 码短裤的顾客名单，并且告诉他们若现在购买该商品可以打折。当新货上市时，销售人员也可以通过终端找到那些以前买过同类商品的顾客并将新货上市的消息告诉他们。

案例思考题

1. 数据库管理对于哈里·罗森公司的竞争优势有什么影响？
2. 哈里·罗森公司的竞争策略包括哪些？这一竞争策略有什么风险？

本章思考题

1. 零售竞争优势的来源有哪些？
2. 零售竞争优势如何通过价值链实现？
3. 试论零售商竞争战略的选择。
4. 零售竞争战略的计划过程包括那些步骤？
5. 联系实际，阐述如何成功地应用零售竞争策略。

参考文献

1. [美] 迈克尔·利维，巴顿·维茨著. 零售管理. 北京：人民邮电出版社，2004

2. 曾庆均主编. 零售学. 北京：中国商务出版社，2005

3. 朱勇，张宗益，吴俊. 基于顾客忠诚度的零售企业竞争策略. 消费经济. 2005（2）

4. 刘星原. 我国零售业态及经营模式异化与趋同的演变规律研究. 当代经济科学，2001（4）

5. 晏维龙. 零售营销策略组合及零售业态多样化. 财贸经济，2003（6）

6. 王燕平. 零售战略. 北京：经济管理出版社，2003

7. [英] 彼得·J·麦戈德瑞克. 零售营销. 北京：机械工业出版社，2004

8. [美] 迈克尔·波特著. 竞争优势. 北京：华夏出版社，2005

第六章 零售商圈

本章提要

商圈分析是零售理论的基础，所有零售商无论是开设新店还是维护已有店铺的经营都要进行商圈分析。本章首先按照传统理论对商圈的划分进行讨论，并着重描述了两种特殊的商圈形态，提出了导致商圈产生变化的影响因素。这将有利于我们对商圈的形态变化和导致变化的原因有系统直观的认识。其次，由于商圈并不是完全由一个零售商店所影响的，而是由零售店集合形成不同的店址类型，从而影响商圈的吸引力、辐射范围和形状。所以，本章第二节对不同的零售店址类型进行了描述，并讨论了各自的优缺点。然后本章着重讨论了现有的商圈分析技术，并结合实例给出分析技术的具体操作方法。最后本章阐述了商圈调研的内容，提出完整的商圈分析体系和针对已有的零售商店日常的监测体系。

学习目的

理解商圈的含义、分类和影响商圈形成的因素；掌握不同零售店址类型的优缺点，重点掌握商圈分析技术及商圈分析的完整体系、获取商圈信息的方法、零售店日常监测体系的内容。

第一节　商圈的构成及形态

一、商圈划分

商圈是指商店的销售额和顾客的主要来源地，即商店能够覆盖的地理区域。从理论上来讲，一个零售商店的商圈（辐射范围）应当是以该店地理位置为圆心，以一定距离为半径形成的封闭圆形。

一个零售店的商圈通常被划分为三个层次。首先是零售店周边的小范围地区，是第一商圈；其次是核心商圈以外的相对重要地区，是第二商圈；最后则是距离更远的第三商圈，如图 6－1 所示。

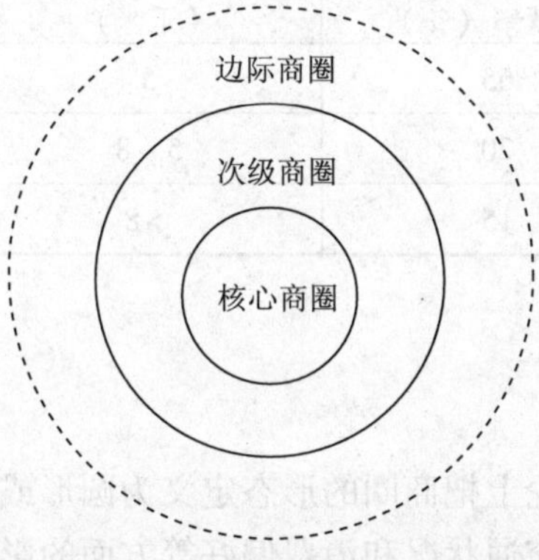

图 6－1　商圈分层示意图

商圈的划分通常是按照经验规则来进行的。一是按照顾客到达零售店的距离和时间来划分，二是按照顾客规模来划分。大多数情况下，相关人员是采用二者结合的方式来对零售店的商圈进行定义。

第一商圈也称核心商圈，是最接近零售店的区域。在核心商圈内，消费者去商店购物最为方便。一般情况下，零售店 60%～65% 的顾客位于核心商圈内，小型零售店的核心商圈在 1 公里之内，顾客步行 10 分钟以内即可到达；大型零售商场的核心商圈在 5 公里以内，车程不超过 20 分钟。在核心商圈内，人口密度较高，顾客的购买力或光顾率高于其他类型商圈的顾客，这一商圈很少与其他零售店的商圈发生重叠，否则就易出现过度竞争。

第二商圈也称次级商圈，是位于核心商圈外围的次要区域。次级商圈内集中了约 20% 的客源。通常情况下，小型零售店的次级商圈为距离零售店址 1～1.5 公里之内的区域，这一区域的顾客步行来店在 20 分钟以内；大型商场的次要商圈在 8 公里以内，平均车程不超过 40 分钟。次级商圈的顾客分布较为分散，到达零售店比较便利，但其购买力极容易被其他零售商圈所吸引。

第三商圈也称边际商圈，是位于次级商圈以外更广阔的区域。它包括那些偶尔在零售店购物的顾客或者是距离零售店较远，但对该零售店具有较高忠诚度的顾客。一般认为，小型商店的边缘商圈在1.5公里以外，顾客步行来店在20分钟以上；大型商场的边缘商圈在8公里以外，平均车程在40分钟以上，如表6-1所示。

表6-1　大型零售商店的商圈划分

商圈分类	顾客购买力贡献率（%）	商圈半径（千米）	顾客平均到达车程（分钟）
核心商圈	65	5	20
次级商圈	20	5~8	40
边际商圈	15	>8	>40

二、异态商圈

为分析的方便，理论上把商圈的形态定义为圆形或椭圆形。事实上，商圈的形态受到人口分布、交通状况和消费偏好等方面的影响会形成许多不规则的形态。这里主要介绍两种，一是带状商圈（商带），二是分离商圈。

带状商圈顾名思义就是商圈形态呈带状分布，如图6-2所示。带状商圈的形成同交通条件有密切关系。因而，在某种情况下，带状商圈存在于顾客呈带状分布地理环境中，如临江背山的城市，居民基本上是沿江、沿山而住，并由1~2条主要道路沿江、沿山连贯起来，此时零售店的商圈必然是沿道路向两端呈带状辐射。

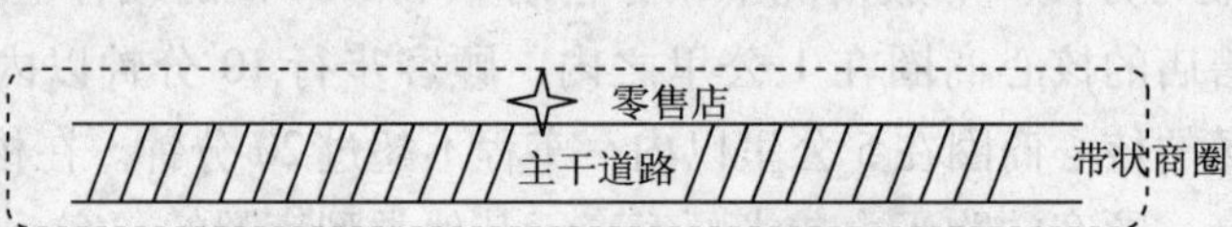

图6-2　带状商圈示意图

在城市中，由于道路纵横交错，四通八达，很少会出现单一的带状商圈，而是沿主干道路形成更强的辐射能力。以北京市北部地区为例，自北辰地区开始，向北有两条道路——安立路和北苑路，两条路最终在立水桥汇为一条向北延伸的立汤路。在北辰地区的零售店，其商圈可以沿路辐射至10公里以外的天通苑地区，甚至更远，这一商圈覆盖形态成为沿路的带状形态。

分离商圈是不同层次的商圈相分离的形态，同理论上的商圈形态不同，分离商圈中第一、二、三商圈互相没有相接触的交界，如图 6－3 所示。

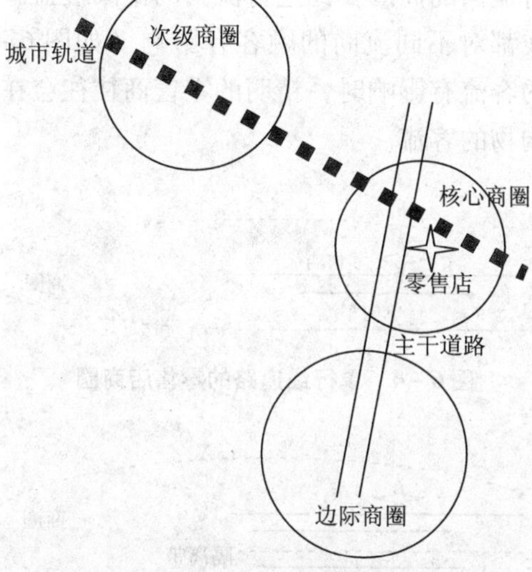

图 6－3　分离商圈示意图

分离商圈的形态一般出现在大型城市的边缘地带或者是小城镇群中。在这些地方，居民的分布相对集中于一个区域，不同区域之间有着极为便利的快速交通，如城市轨道、快速路、通行能力强的主干道等。当某区域内的零售店铺（购物中心）具有强大的累积吸引力（acumulative attraction）时，其他区域的消费力会流向该区域，形成分离状的次级商圈和边际商圈。对于那些针对独特消费者的个性零售店而言，其商圈形态极有可能是分离商圈形态。例如专门为艺术家提供服务的零售店商圈是延伸至不同艺术家聚集区的，著名高校内（或者附近）的专业书店的商圈也会延伸到距离远得多的院校。

三、影响商圈形成的因素

零售店的商圈受到多方面因素的影响，主要包括交通条件、零售引力和竞争等。

（一）交通条件

交通条件决定了零售店的可接近性，即通过公共交通进出零售店的难易程度。交通条件主要包括三个方面：道路布局、道路状况、道路障碍。

1. 道路布局。要求商圈内必须有交通干线，这样可使得顾客来去自如，提高零售店的可接近性。通行能力强的道路往往能够带来更远地方的顾客。

道路流向也是影响零售店商圈覆盖能力的重要因素。特别是对于自驾车前往购物的顾客，顺行流向的商圈要比逆行流向的商圈覆盖广。所以，中央有隔离带的道路和单行线都对不同流向的顾客有影响（如图 6－4 所示）。当中央隔离带对逆行流向的客流有影响时，精明的零售商往往会在道路对面设置免费停车场以吸引自驾购物的客流。

图 6－4　单行线道路的零售店商圈

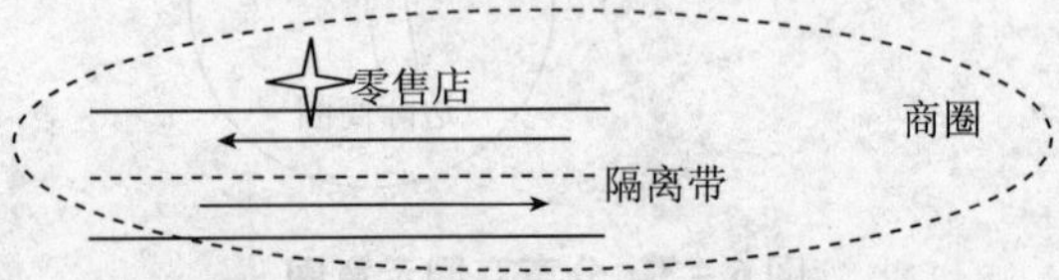

图 6－5　有隔离带道路的零售店商圈

2. 道路状况。是指通往零售店路网的总体状况。包括道路的等级、新旧程度、红绿灯数及道路通行能力等。市政施工是影响道路状况的重要方面，对于许多传统城市而言，较为繁华的城市中心往往市政设施较为落后，零售店周边的道路会由于市政施工（如铺设管线、道路维修等）而变得难以通行，从而降低零售店的可接近性。当零售店选址新建区域时，虽然市政道路施工的几率下降，但新建区域往往人流稀疏，经营冷清。

3. 道路障碍。主要是指人为制造的公共设施形成的障碍，如轨道，桥梁，车流量大的公路、大型设施等。最为典型的道路障碍是城市环路，这一类道路对商圈影响是双方面的。一方面城市环路由于其强大的通行能力，能够对零售店的商圈沿环路带状扩展起到推动作用，这是典型的带状商圈形成的条件之一；另一方面，环路出于对行人和车流的保护是禁止行人横穿的，这样就对道路对面的购买力形成了障碍，其障碍作用最显著的表现就是缩小了核心商圈向道路对面的延伸。

（二）零售引力

零售引力是影响零售店商圈的一项综合因素。它包括店址类型（零售店所处位置的类型)、周边环境（如停车设施、车站等)、购物环境等。

1. 店址类型。店址类型是指零售店所处位置的商业类型，主要包括中心商业区、购物中心以及独立店（第二节详细介绍)。在传统商业中心和购物中心中，零售店的商圈受到其他店铺的影响而得以扩展，特别是在单一零售店无法满足顾客其他需求的时候，互补型的店铺集中在一起形成了累积吸引力，进而推动了店铺销售的整体提升。

2. 周边环境。周边环境是指与零售店关系密切的环境设施，如停车设施的规模、车站的远近、乘坐出租车的便利性等。如果停车场规模过小或离商店较远，顾客会感到不方便，将降低零售店的吸引力，而增加停车位往往又会增加经营成本（零售店配套停车设施的经营原则应当是低价或免费为顾客提供服务)。所以，停车厂规模的确定应当有详尽调研的数据作为支持。在国内一个经验性的数据是 30：1000（即每 1000 平方米的零售建筑面积配置 30 个停车位置)，而国外的设置比例比国内高得多，在北美的比例达到 60：1000，而英国的标准为 70 ~110：1000。

3. 购物环境。购物环境是指零售店内部的卖场环境，包括商品的摆放，货架间的距离，购物车的大小和数量、收银台的数量等。对于大型零售店来说，由于人流量较大，顾客在结账时往往需要排队，对于赶时间或不愿意排队的顾客来说，进行少量购买时就不会进入大型零售店消费。

除交通条件和零售引力因素外，竞争因素是非常重要的。有关内容可参见第五章“零售竞争”。

第二节　零售店址类型

如上所述，零售店的商圈覆盖范围并不仅仅是单一一家零售店所产生的影响，而是众多零售店的集合对更远距离的顾客形成的零售吸引力。所以，研究零售店集合的形态，即零售店址类型，是商圈研究的重要内容。零售店址类型是指零售店所选店址周边的环境类型。零售商有三种基本的店址可供选择，但实际上每一种类型都有各自的优劣势，且对不同的零售商都会产生各自的影响。

三种店址类型分别是：商业中心区，购物中心和独立店。

一、商业中心区

商业中心区是指多家零售商店相邻组合在一起形成零售街区，这一类零售街区内商店的总体布局和组合方式并不是预先规划的结果，而是自发形成的商业街区。商业中心区按照不同的形态划分有三种类型：市级商业中心、区域商业中心或社区商业中心、特色商业街。以北京为例，西单、王府井等就属于市级商业中心；朝外大街、崇外大街、公主坟、双榆树等属于区域商业中心；特色商业街比较典型的有琉璃厂文化街、十里河建材街、莱太花卉街等。

1. 市级商业中心。市级商业中心是城市的零售中心，也是一个城市的重要组成部分。其中至少有一两家大百货店及大批专业店、专卖店和便利店。除此之外，其内还分布有各式各样的饮食店、银行、娱乐场所、酒店、写字楼及其他服务机构，从而形成了一个城市的购物、商务、旅游集中区。市级商业中心不仅店铺数量多，而且店铺类型及零售业态也是多种多样，可提供丰富的商品和多种服务，顾客到中心商业区购物，可以有更多的选择机会，并可得到多样化的服务。市级商业中心商店的布局并没有遵循事先确定的模式，而是随时间的推移、零售业的发展趋势及机遇而定。从整个国际趋势来看，这类商业中心的销售份额同购物中心相比已经下降了。这主要是由这类地区的停车紧张、交通拥挤、货物运输不便、地价昂贵、距离边缘居住区较远、城市空心化等原因造成的。也是零售店选择商圈时要考虑到的。

2. 区域商业中心。区域商业中心是一个城市的二级商业区，其规模要小于市级商业中心。一个城市一般有几个区域商业中心。根据国外的发展经验来看，区域商业中心至少有一个百货商店（大百货分店或折扣店）、杂货店或某些大型专业商店以及许多小型商店。同中心商业区相比，两者的店铺类型及所销售的商品大体相同，只是区域商业中心的店铺数量和经营商品的种类较少，商圈也较小。区域商业中心大多靠近主干道和公交车站，没有中心商业区那么拥挤、人员服务多，并且比市中心商业区离住宅区更近、地价也相对低一些。

3. 特色商业街。是由众多零售店或个体商户组成的，经营某类商品、形成比较鲜明的经营与服务特色的商业街区。这些零售店铺一般坐落在沿街和公路旁，一般经营相似或互补的商品。特色商业街的购物区很少扩展到与商业街垂直的街道上。一般情况下，特色商业街交通畅通、停车方便，运营费用较低。但同时也存在诸如商品品类品种单一、顾客路程时间花费较长、广告费高以及受城市规划影响明显等缺点。因此零售商在这类商圈开店的约束性比较大。

选址在各类商业中心区开店，主要要考虑的因素是本企业的业态、品牌影响力和竞争状况。

二、购物中心

购物中心由一组统一规划、建设在一起的商用建筑构成，实行集中产权或集中管理。购物中心内的商业设施作为一个整体进行设计和运作，并以均衡配置为基础，在商店周围设有停车场地。购物中心的位置、规模和商店组合与其所服务的商圈有关。为确保均衡配置，购物中心管理者通常规定了各类零售商在总面积中所占的比例，限制每家零售商出售的商品类别，所以购物中心拥有各具特色但又统一规划的整体形象。

一般来说，一个购物中心往往要有一定数量的核心商店，这些核心商店必须有较高的知名度。购物中心的店铺类型或业态形式主要有百货店、专业店和超级市场，因此，零售商在进入购物中心时往往是以符合购物中心开发者要求的业态进入的。但对于那些核心零售商而言，购物中心往往会给予优惠的招商条件，例如优惠的租金、好的位置等。

规划的购物中心一般分为三类：城郊购物中心、市区购物中心和社区购物中心。

1. 城郊购物中心。城郊购物中心通常建设在郊区，往往成为整个郊区的社会、文化和就业中心。城郊购物中心的一种典型形式是被称为权力中心（power center），这种购物中心由几个大型商店控制，包括大型专业店（家居家具、电器、玩具等）、大型超市、折扣店和少量的休闲娱乐设施，以及为数不多的一些小型商店。这一类购物中心远离居住区，主要位于高速路和公路的交叉口。其优势是场地开阔，交通便利，租金便宜，并且有大型的公共停车场方便顾客开车前往购物。

2. 市区购物中心。也可看做是一种复合商城，是一种将购物和娱乐结合起来的现代购物天堂。拥有多家骨干商店及数百家专业店、食品街和娱乐设施。它的目标是提高消费者购物兴趣和大力扩展商圈。其优势首先是丰富的业态组合和商店组合对顾客有着强大的吸引力，由于是完全的步行空间，市区购物中心成为人们即使不花一分钱也能感受到视觉冲击的休闲场所。零售商选址在其中即可完全专注于零售经营，购物中心管理者负担了公共环境的维护。市区购物中心的缺点在于其租金会比其他位置类型要高。

3. 社区购物中心。社区购物中心是一类经过规划，为临近地区居民的日常需要提供便利的购物中心。它大多以超市和专业店（多数情况下是药店）

为主导，有的还会有一家中型百货商店，配合其他的零售商，包括干洗店、文具店、理发店、五金店、餐馆等。

选择在各类购物中心设店主要应考虑本企业经营业态的适应性等因素。

三、独立店

独立店一般是位于人流量较大的街道边，或交通便利的高速路旁的独立零售建筑。许多独立店都邻近购物中心，但却不与其他零售商相连，一些有较大空间要求的零售商，如仓储式会员店、品牌折扣店（Outlets）、超大型超市和专业店，往往会选择独立店址。特别是在折扣店刚刚开始出现的时候，传统零售商排斥开展折扣业务，购物中心也拒绝折扣商加入。这迫使折扣商选择独立店址，并取得了成功。

独立店有很明显的优势。首先，独立店没有直接竞争，而且租金成本较低。其次，独立店在经营方面的弹性较大，不会受到类似于购物中心对零售商的各种限制。第三，独立店可以拥有足够大的停车场，交通状况也会好得多。第四就是独立店易于扩张。独立店最严重的劣势就在于难以同其他商店产生协同增效作用，所有的照明、安保、公共设施的维护与清洁都必须自己承担。从消费者的角度来说，大多数消费者不会跑很远的路连续去一家店购物。

零售商独立选点设店，因为没有商业中心或购物中心的整体效应，因此需要考虑交通、市场需求等多种因素。

第三节　商圈分析技术

一、商圈分析技术概述

商圈分析技术主要运用于零售店址的选择上，也就是说，零售店选址是商圈分析的核心内容。

在国际上，通行的商圈分析技术包括经验分析法、列举法、类比法、回归分析、策略模型和模拟技术等方式。如表 6－2 所示，在国外的研究中，新建商业的商圈分析工作主要采用列举法，即尽可能详尽地列举各个选址地点的特点，结合要评估的因素，从中选出最为适宜的选址地点。事实上，即使分析人员掌握了更为复杂的商圈分析技术，也只是列举法的补充而不是替代。列举法要求分析人员有丰富的经验，成本较低且易于管理。

Hernandez 和 Bennison 对经营 55000 间店铺的 100 家零售企业所采用的商圈分析技术进行了调查。结果发现，除经验分析法以外，列举法是最为重要的分析方法。实际上，在所有的商圈分析技术中，经验分析法是不可或缺的，在运用最为严密的模型进行分析时，缺乏经验的研究人员是不可能准确定义变量之间的逻辑关系并对研究结果进行合理解释的。

表 6－2　　商圈分析技术的应用

分析技术	成本	采用率（%）	不同业态零售店的应用情况			
			百货店	杂货店	家居店	时装店
经验分析法	低	96	高	高	高	高
列举法	低	55	中	高	低	高
类比法	中	39	高	高	低	中
回归分析	中	40	高	高	低	中
策略模型	高	39	高	高	中	低
模拟技术	高	16	中	低	中	低

注：在不同业态的应用中，“高”表示采用率超过 50%，“低”表示采用率低于 25%，“中”表示采用率在 25% ～50% 之间。

零售商们得到了所需的数据后，就可以运用不同的方法来预测需求。类比法最为简单，对小零售商尤其适用。零售可以根据一个现存的相似区域的销售额来预测一家新店的销售额。多元回归分析与类比分析法相同，但它是以数值为基础的，需要一组客观及有效的数据。策略模型中所涉及的引力模型可以用来估计某一商圈顾客光顾的概率，其理论基础认为如果商店比较便利且品种齐全的话，顾客就愿意经常光顾该商店。

无论哪种分析技术，可用的资料越多，得到的结论就越准确。当可以参考的商店数量低于 20 家时，回归分析的精度会大大降低，取而代之的是可以运用类比和策略模型进行分析。相反，当分析人员能够掌握大量的、能用以预测销售额的数据时，运用回归分析便比较适宜。引力模型分析方法必须对商店的竞争程度和顾客的购物行程提供有效的判断，由于引力模型很少用到人口统计数据，在实际操作中往往是把它同类比法或回归分析结合起来加以运用。

二、具体商圈分析技术

（一）列举法

列举法是尽可能详尽地罗列出影响商圈形态、规模和性质的各项因素，并对其进行定义、评估，从而作出选址决策。

不同业态，不同业种都有其不尽相同但针对性较强的因素体系。时装店和便利店就有各自不同的考虑因素。即使是同类零售企业之间，由于每个企业的市场战略、市场影响力等存在差异，做商圈分析时涉及的考虑因素也有所不同。

在零售企业整体战略框架内，选址决策中的因素重要性有所差异，如图6－6所示，企业的战略定位、选址类型和需求信息之间具有不同的关联性。

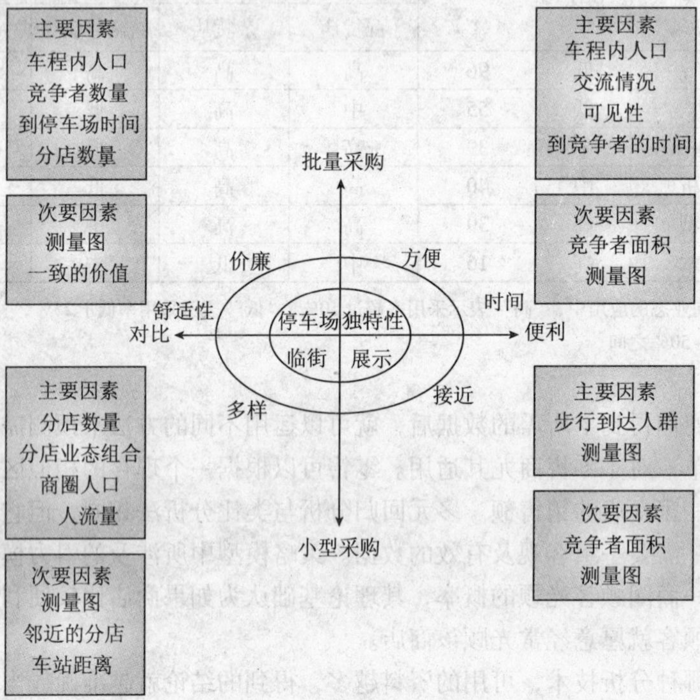

图6－6 不同零售战略的选址定位因素示意图

（二）类比法

类比法是较为简单实用的分析方法之一，其原理是通过对比“相似的现有零售店”来做出选址决策。类比法的运用大致有三个步骤。

首先是设立类比商店。类比商店应当是已有商店中经营较为出色的一组商店，既可以包括几个有不同特点但具有代表性的商店，也可以完全由同一类（规模、目标顾客、商品结构相同）商店组成，若是后者，类比商店的数目仅需2～3家即可。

其次是选中类比商店之后进行商圈定位分析和顾客定位分析，包括商圈的地理范围、大小、销售贡献、人口规模、人均收入、性别、年龄、消费偏好等

第三是将备选店址的商圈情况同类比商店进行对比，从而预测出各个备选店址的市场范围、销售规模，并以此作为依据选择最佳店址。

类比法对于连锁企业比较容易运用，特别是在连锁扩张战略实施过程中，连锁企业完全可以通过总结已有的成功经验，形成开店标准体系，快速地寻找符合既定标准的地点来开设零售门店。类比法的局限性就在于零售企业进入新市场时没有可资借鉴的先例，如果不加改进地使用类比法选址则有可能导致全盘失败。

（三）回归分析法

回归分析法是通过建立数学模型来预测备选店址的销售规模，从而为选址决策提供依据。其操作步骤中第一、二步同类比法相同，都是首先选择已有店铺进行目标顾客和商圈范围的分析，而第三步就不再像类比法一样通过选址人员主观地判断最佳店址，而是用数学模型来进行求解。一般认为这种分析方法适用于那些超过20家连锁店的零售商来分析商圈的潜在需求量情况。

数学模型的建立和求解可以分三步展开。第一是选择合适的预测销售规模的变量。例如商圈内的人口规模、人口结构、消费水平、家庭收入、竞争水平、市场占有率等。第二是利用可获得的预测变量形成变量表，并根据经济逻辑建立回归方程。第三就是利用预测变量求解回归方程的参数值，得出销售规模的预测模型。

以某家连锁超市选择新店址为例，假设年销售额同5公里内商圈内人口数量和人均消费水平有关，建立简单的二元回归方程为：

$$y_i = \beta_0 + \beta_1 x_{1i} + \beta_2 x_{2i} + \mu_i$$

该连锁超市已有12家店，其销售额和商圈数据如表6－3所示：

表6－3　连锁超市销售额和商圈数据表

连锁店	年销售额（万元）y_i	商圈人口规模（百人）x_{1i}	人均消费（元）x_{2i}
1	1916.7	3663.10	1098.9
2	531.8	863.53	218.9
3	1313.3	2174.46	614.5
4	1051.5	1810.09	514.8

续 表

连锁店	年销售额（万元）y_i	商圈人口规模（百人）x_{1i}	人均消费（元）x_{2i}
5	1593.5	2845.65	777.3
6	1744.8	3212.71	950.9
7	923.7	1615.73	442.4
8	667.0	1084.03	306.5
9	1195.2	2011.31	558.2
10	1443.3	2478.76	695.5
11	2191.8	4283.31	1315.1
12	827.0	1394.89	382.0

将表中数据代入方程式进行回归计算得出几个参数的具体数值：

$$\beta_1 = 0.980035$$

$$\beta_2 = -1.57025$$

$$\beta_0 = 72.95811$$

最终预测模型可以表述为：

$$y_i = 72.95811 + 0.980035x_{1i} - 1.57025x_{2i}$$

假设该连锁超市选中一个新店址，5公里商圈内家庭数为25万人，人均消费支出750元。将此数值代入到预测模型中，计算可得：

$$销售额 = y_i = 72.95811 + 0.980035 \times 2500 - 1.57025 \times 750 = 1345.3581$$

新店址年销售额预测值约为1345万元。

同样地，要在几个备选地址中选择的话，只需算出被选地址的销售额预测值，对比后取最高者即可。

（四）引力模型分析法

所谓引力模型是指利用零售区域存在相互作用的原理所开发出来的选址理论，又被称为空间相互作用模型或重力模型。这一理论基于牛顿的地球万有引力学说提出这样的假设：即总体的客流与店铺、购物中心的吸引力正相关，与距离或其他阻碍因素负相关。

引力模型最初由威廉·雷利（W. J. Relly）提出，并形成了著名的雷利法则，即位于两个城市中间的居民到两个城市购物的频率与两个城市人口数量成正比，与到两个城市的距离成反比。从雷利法则中可以得到一个描述两个城市“无差异点”的公式。无差异点（point of indifference）是指两个城市（或社区）之间的地理分割点，用以确定每个商圈的边界。在无差异点上，顾客无论去哪个城市购物都无所谓。雷利法则表明，更多的顾客会被吸引到较大的城市或社区去购物，因为那里商店数量多、商品种类丰富，其商圈覆盖范围也较广。

雷利模型的表达式为：

$$\text{城市 A 的商圈边界} = \frac{\text{城市 A 和 B 的距离}}{1 + \sqrt{\text{城市 B 的人口/城市 A 的人口}}}$$

假设两个城市相距 15 公里，A 城市规模较大，有 4 万人，B 城市规模较小，有 1 万人，套用公式计算：

$$D_{ab} = \frac{15}{1 + \sqrt{1/4}} = 10 \text{ 公里}$$

其计算结果如图 6－7 所示，位于图中无差异点的居民无论去哪一个城市购物都是没有区别的，而无差异点左侧的居民会被吸引到城市 A 购物，无差异点右侧的居民则会被吸引到城市 B 购物。所以，无差异点就是两个城市商圈覆盖范围的交界处。

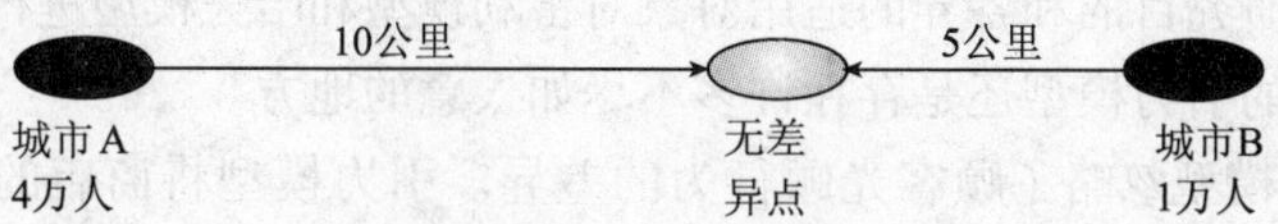

图 6－7　两个城市无差异点

雷利模型成为了许多后来的零售学者开发新模型的基础，但由于其过于简化，存在着很多局限性。首先无差异点没有进一步提供两个城市间平衡点的估计；其次，在预测多个购物中心的商圈情况时，这个公式的适用性大大降低；第三，不同的购物形成对应不同的公式形式，没有适用于所有店铺类型的公式。

对此，哈夫（Huff）假设顾客为了特定商品而到特定店铺或购物中心，设计出一个新的模型，被称为哈夫模型。通过这一模型，顾客光顾每家店的可能性就可以计算出来。

哈夫模型的表达式为：

$$\text{i 地顾客到 j 购物中心的可能性} = \frac{\dfrac{\text{j 购物中心的营业面积}}{(\text{i 地顾客到 j 购物中心的时间})^{\lambda}}}{\sum_{j=1}^{n}\dfrac{\text{j 购物中心的营业面积}}{(\text{i 地顾客到 j 购物中心的时间})^{\lambda}}}$$

λ——不同购物历程花费时间的作用参数，这一参数可经过统计分析或者计算得出；

n——购物中心的数量。

假设有三个超市营业面积分别为 2000 平方米，3000 平方米和 5000 平方米，某地的消费者到三个超市的时间分别为 7 分钟，10 分钟和 15 分钟。λ 值取为 2。

以此计算：

$$\text{到超市 1 的可能性} = \frac{2000/7^2}{2000/7^2 + 3000/10^2 + 5000/15^2} = 43.9\%$$

$$\text{到超市 2 的可能性} = \frac{3000/10^2}{2000/7^2 + 3000/10^2 + 5000/15^2} = 32.2\%$$

$$\text{到超市 3 的可能性} = \frac{5000/15^2}{2000/7^2 + 3000/10^2 + 5000/15^2} = 23.9\%$$

计算结果表明，该地消费者到第一家超市的概率为 43.9%，到第二家超市的概率为 32.2%，到第三家超市的概率则为 23.9%。若该地有 1000 名消费者，则大约有 439 人到第一家超市购物。

由于引力模型是一种简便的量化处理模型，其应用范围十分广泛，后人还结合不同的研究目的和各异的适用对象对雷利模型和哈夫模型进行了有益的改良。但早期的引力模型还是存在许多不尽如人意的地方。

1. 引力模型忽略了顾客光顾行为的差异。引力模型将商店的规模作为顾客光顾的作用力，将顾客和商店之间的距离作为反作用力，并代入模型进行计算。而事实上顾客光顾一家商店时，由于目的不同、到达方式不同等，可能使得这些顾客的光顾行为已经超越了商店规模和距离的影响。

2. 距离作为“阻碍”顾客光顾的因素过于简单化。国外研究表明，顾客的倾向性差别很大，“行程敏感性”受到了行程中的直接成本和机会成本的影响，特别是消费者在商店长时间的停留会部分地抵消距离的反作用力。

3. 顾客的主观感受同实际距离存在差异。顾客感觉到商店距离同实际距离不一致，这一主观感觉往往受到了交通状况、停车状况和店铺吸引力的影响。

（五）地理信息系统

地理信息系统（Geographic Information System，简称 GIS）是在 20 世纪 60 年代发展起来的一门新型的管理地理学信息的科学技术，是对与地理环境有关的问题进行分析和研究的学科。它不仅是关于地理数据获取、存储、转换、分析和表达的原则、方法和工具，而且还提供了认识空间现象的思维方式和解决空间问题的方法，可以用于定义、分析、表达复杂的空间现象。

经过近半个世纪的发展，地理信息技术已渗透到人们生产生活的各个领域。在我国，地理信息系统虽然起步较晚，但发展势头强劲，加之政府政策的正确导向作用，地理信息系统已经从初步发展时期的研究实验、局部应用转向了实用化、集成化、工程化，为国民经济发展提供了辅助分析和决策依据。GIS 在研究和应用过程中逐步走上产业化道路，成为国民经济建设普遍使用的工具，并在各行各业中发挥着重大作用。

据估算，超过 80% 的商业经济数据具有空间特性或者与空间位置相关，合理有效地开发和利用这些空间数据，可以优化资源配置，降低商业运行成本，并用于规划、监测、改善区域商业和经济环境。早在 20 世纪 70 年代，美国就曾利用 GIS 为一座大型火电厂的选址问题服务，并因此取得了良好的经济和社会效益。

地理信息系统在商业上的应用是商业现代化的产物。在过去物质较匮乏的时代，生产厂商是推动商业活动的主力，依赖商品数量上的优势和大众媒体的促销掌握商业发展的方向。随着社会主义市场经济的建立和发展，人们的收入水平有了明显的提高，其消费大众也分化为消费分众，各有其偏好。因此，商业活动不能再像以前那样以全体消费者为对象，而是要了解特定客户群的组成及偏好，据以设计商家的行销策略。信息的收集及分析成为商业竞争成败的关键。

按照 GIS 的数据组织方式和地图表达形式，同商圈分析相关的主要因素和评价指标表示如下：

1. 地形特点

——用地形状（地图上表示的实际形状）

——用地的可进入性（是否临街）

——用地的视觉可见性（是否临街、有无交叉路口）

——用地面积（可在地图上量算得到）

2. 人口状况

——家庭户数

——人口文化程度（初等、中等、高等）

——常住人口数量

——人口密度

——人口收入状况

——人口年龄结构（青少年、中年、老年）

——人均月零售消费支出

3. 城市设施状况

——学校（数量、学生人数、消费水平）

——中小企业（数量、职工人数、收入状况、消费水平）
——政府机关（数量、编制人数、收入状况、消费水平）
——娱乐场所（数量、人口保有量）
——大型车站（数量、运量）

4. 交通条件

——车流密度
——人流密度
——停车场数量
——道路宽度（可在地图上量算得到）

5. 用地成本

6. 竞争环境

——商店数量
——商店面积
——营业额
——消费人口保有量

以上只是GIS应用的理想状态。目前在我国由于多种原因特别是商家对地理信息技术缺乏足够的了解，而且政府部门还没有形成一套全面的社会经济普查制度和商业数据共享机制，很大程度上制约了我国商业领域对GIS技术的应用需求，造成了我国商业地理信息系统缓慢发展的局面。但随着地理信息技术的不断普及和日益进步，相信应用和推广数据问题将在不久的未来得到改善和解决。

第四节　商圈调研

一、商圈分析体系

（一）商圈分析的范围

商圈分析是对影响零售店经营效果的因素进行综合性的分析。从广义上来讲，商圈分析涉及的范围层次有三个，即指从“地域”到“地区”，再到“地点”的由大范围到小范围递进。狭义的商圈就是地点分析，是前文所定义的“核心商圈”到“次级商圈”，再到“边际商圈”的扩展分析。

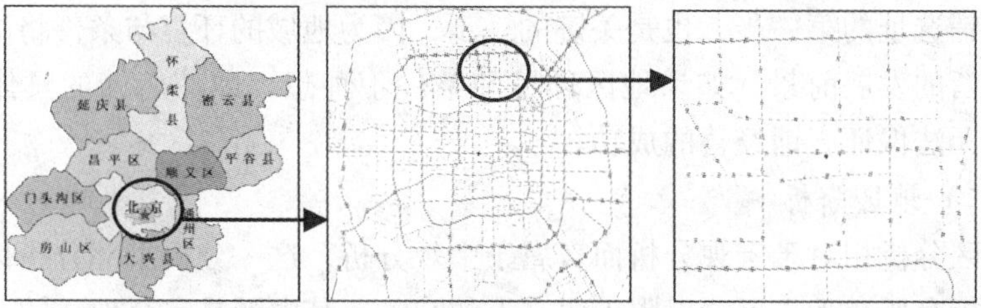

图 6－8　广义商圈分析示意图

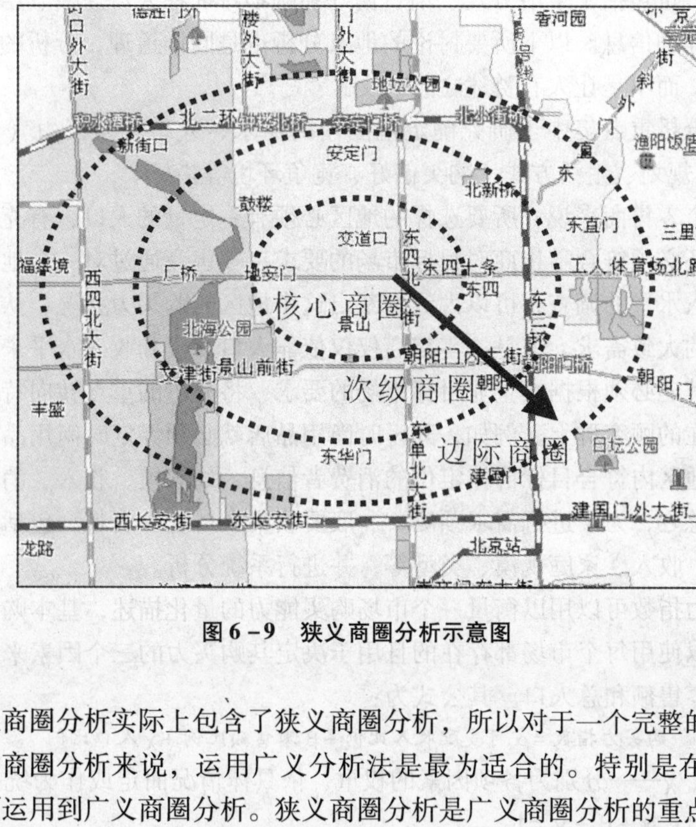

图 6－9　狭义商圈分析示意图

广义商圈分析实际上包含了狭义商圈分析，所以对于一个完整的且具有战略意义的商圈分析来说，运用广义分析法是最为适合的。特别是在选址决策中，必须运用到广义商圈分析。狭义商圈分析是广义商圈分析的重点，对于一家现存的零售店来说，狭义商圈分析应该成为其制定营销战略的基础。

地域的范围可以是一个国家、国家的一部分或者是一个特定的城市。地域分析就是基于一种宏观分析的视角来研究这一地理范围所涉及的各项影响零售业发展的指标，包括经济发展、城市规划、政策措施、人口特征（规模、结构、分布）、竞争状况、产业关系、消费潜力等一系列宏观指标。地域分析是零售店铺选址的第一步，也是关键的一步，因为地域的环境与条件将决定未来店铺经营的发展前景，如果地区环境和条件不理想，即使店铺的具体位置很好，也无法保证店铺经营的成功。

（二）地区分析

地区分析相对于宏观分析而言属于中观分析，这一分析中部分指标可能和宏观分析有所交叉，但这仅限于语义上的交叉，其内涵是完全独立的，而且地区分析应当比地域分析更深、更细。例如地区分析同样涉及对人口的分析，而这一分析是对选址所在地区范围的人口做更进一步的研究，不仅包括人口学方面的特征，也包括了生活方式、消费偏好和购物特征在人口规模、结构、分布等方面的详细信息。以下所要讨论的地点分析也是同样道理，分析的逻辑关系是递进的，而不是让人有赘述之感的交叉。

地区分析重点集中于研究确定范围内的需求、人口、购买力（收入和消费）、地区规划、生活方式、购买偏好、竞争环境等指标。

对一个零售商来说，所要选择的地区必须有一定量的人口，有充足的购买力，同时还必须符合零售商对目标市场的要求。零售商通过对一个地区的人口规模及收入水平的调查，可以大致判断出这个地区的购买力状况，从而估计出这一地区的大致需求。但是，零售商仅仅依靠人口规模和收入水平来分析仍远远不够，其还必须根据本企业目标市场的要求，将分析的重点转向特定的人口类别或潜在的顾客群上。例如，开设时尚用品店就必须界定时尚用品的目标群体，收集地区内符合目标群体定位的消费者信息，如规模、收入、消费、偏好等指标。总之，为了进行需求预测，一般要收集人口统计资料，包括人口的性别、年龄、收入、家庭规模、类型等，并进行系统分析。

购买力指数可以用以衡量一个市场购买能力的量化描述，基本购买力指数的计算可以使用每个市场都存在的且用于决定其购买力的三个因素来进行：总收入、总零售额和总人口。其公式为：

$$购买力指数 = \alpha 可支配收入比例 + \beta 零售额比例 + \chi 人口比例$$

α、β、χ——分别为各项因素的权重，依具体情况而定或作为统计量由统计分析得出：$\alpha + \beta + \chi = 1$。

以计算北京市东城区的购买力指数为例，假设 α、β、χ 分别为 0.5、0.3 和 0.2，以 GDP 代替可支配收入，采用 2004 年的统计数据计算如下：

$$I_c = 0.5 \times (500 \div 4283 \times 100) + 0.3 \times (144.6 \div 2026.3 \times 100) + 0.2 \times (62.2 \div 1162.9 \times 100) = 8.6$$

东城区的购买力指数为 8.6%，表明东城区代表了北京市 8.6% 的购买力。

除购买力指数外，对购买力流入与流出额等流量指标的测算也是十分重要的。购买力流入是指本地区对其他地区购买力的吸引，具体表现为外地顾客来本地购物。一个地区的购买力流入越多，就表明该地区的零售业越发达，零售吸引力越大，另一方面表明这一地区的零售业趋于饱和，竞争激烈，市场进入较为困难。购买力流出则是指本地区购买力被其他地区所吸引，具体表现为本地区顾客到其他地区购物。一个地区购买力流出多，则表明本地区零售业发展较为落后，吸引力小，但同时也意味着该地区零售业发展具有较大的潜力。因此，一个地区的购买力流入和流出都是店铺选址的重要考虑因素。在现实生活中，购买力的流入流出是一种常态，一个地区可能会有大量的购买力流入，但也会有购买力流出的现象同时存在。当一个地区的购买力流入大于流出时，地区购买力呈现净流入，则表明该地区零售网点比较多，零售基础设施、环境、政策也比较好，但同时也意味着该地区零售业的竞争可能很激烈。北京市的市级商业区如西单、前门等地就属于购买力净流入地区。相反，如果一个地区的购买力流入小于流出，存在购买力净流出，这就表明该地区零售业的基础设施、环境、政策可能不够好，或零售网点不多。目前北京市的几大居住聚集区，如回龙观、天通苑和望京即属于购买力净流出地区。

地区分析还应高度关注到涉及选址地点周边的城市规划和消费者生活方式和消费方式的变化。对城市规划的研究是要求零售商在选择店铺的具体位置时必须考虑到城市建设趋势。有的地点从短期来看是最佳的位置，但随着城市的改造和发展将会出现新的变化而不适合开店；反之，有些地点从短期来看不是理想的位置，但从规划前景来看会成为有发展前途的店址。因此，零售商必须着眼于长期发展，从交通、街道、市政、绿化、公共设施、住宅建设等规划的前提下做出最佳选址决策。

顾客的生活方式和消费方式正越来越多地影响零售经营的发展趋势，特别是零售商在针对目标顾客提供服务和制定营销战略时，对顾客（或是对待选址区域内消费者）的深入研究显得尤为重要。

以两家邻近超市商圈内的目标顾客对比分析为例。超市 A 是一家著名仓储超市，超市 B 是一家社区标准超市。市场调查表明超市 A 和超市 B 的目标顾客有着很明显的区别，如表 6－4 及图 6－10 所示。

表 6-4　超市 A、B 目标消费者对比

对比指标	超市 A	超市 B
年龄（岁）	30~49（55.0%）	20~39（51.5%）
文化程度	中高文化层次（80.6%）	中低文化层次（69.1%）
人均月收入（元）	人均月收入 1044	人均月收入 774
超市与居住地的距离（米）	2500 以上（47.4%）	居住地离商场 1000 以内（76.5%）
前往购物方式	驾私家车购物（18.5%）	步行或骑自行车购物（97.9%）
客单价（元）	51~300（74.7%）	购物金额 50 以下（72.3%）

注：括号内为所占比例。

图 6-10　超市 A、B 消费者购物行为对比

（三）地点分析

地点分析属于微观分析，包括选址形态（商业中心区、购物中心或者独立店）、店铺的具体位置、客流、可见度等。

1. 分析选址形态。即决定在哪一类地点选址。包括商业中心区、购物中心和独立店址。不同的店址类型具有不同的商圈形态和特点，其针对的顾客也有所不同。

2. 分析和选择店铺的具体位置。因为在同一个商业区内，一个店铺可能会有几个开设地点可供选择，要选择一个最佳的开设地点，就必须对这些可供选择的开设地点的各种条件和影响因素进行全面分析。其中交通条件对商圈的

影响已在前文有所讨论。

3. 客流分析。客流量的大小是一个零售店成功与否的关键因素。客流包括现有客流和潜在客流，商店在选址时应尽量选择潜在客流最多、最集中的地点，以使多数人就近购买商品。在现实中，客流规模大，并不一定能产生相应的优势，应作具体分析：

①分析客流类型。商店客流可分为三种类型：一是自身客流，即那些为购买某种商品来本店购物的客流。这是商店客流的基础，是商店销售收入的主要来源，因此，新设商店在选址时，应重点分析自身客流的大小及发展趋势。二是分享客流，即一家商店从邻近商店的客流中获得的客流。这种分享客流往往产生于经营互补商品的商店之间，或大商店与小商店之间。三是派生客流，即那些顺便来本店购物的客流。这些客流并非由本店产生，而是由其他公共场所，如旅游景点、交通枢纽、体育场馆、其他零售设施等所派生的客流。

②分析客流目标、速度和滞留时间。不同地点的客流规模虽可能相同，但其目的、速度及滞留时间却可能不同，要做具体分析。如在一些公共场所附近和车辆通行干道，虽然客流很大，但客流的目的不是为了购物，同时客流的速度很快，滞留时间也比较短。

③分析道路两侧的客流规模。同样一条道路，由于受交通条件、光照条件、公共设施及行路习惯等的影响，两侧的客流规模往往不同。应尽量将店铺地点选择在客流量大的一侧。

4. 可见度分析。可见度指一个店铺能被往来行人和乘车者看到并顺利进入店内购物的程度。可见度越高，越容易吸引顾客来店。对那些有忠诚的顾客和只面向有限市场的零售商店而言，可见度并不是一个重要的因素。但一些大型零售商仍然坚持让顾客很容易地就看到他们的商店。在人流量很大的地区，让顾客从路上就能看到商店是一个很重要的因素。因此，零售商店尽量临街而设，并尽可能选在两面或三面临街的路口，增加可见度。一般来说，一些大型公共场所的对面都是可见度较高的地段，也是零售商设店地址的首选。

二、商圈信息采集技术

进行商圈分析需要大量的信息和数据，这要求零售商必须开展市场调研工作。无论是二手资料的收集、还是市场数据的获取都属于市场调研的范畴。

(一) 二手资料收集

二手资料是相对于一手（原始）资料而言的。一手资料是由调研者按照调研目的及要求而专门研究得到的资料，二手资料则是针对其他目的而收集好了，对现有研究有一定价值的资料。如统计局发布的统计公报等资料，就可直接通过统计部门或网络等渠道获取，无需再自己收集原始资料。

二手资料有诸多优点，如收集方法简单、费用低廉、时间较短。但在甄别二手资料的实际价值方面则尤为重要。一般情况下，评价二手资料的质量可遵循以下五大准则。

1. 技术性。即资料的收集方法。研究者要确定该资料通过何种方法获得，从而判断其是否有效和严谨。

2. 准确性。尽量选择误差较小的资料。二手资料的误差会影响到研究者对问题的判断，减少误差的有效方法是寻找多方面来源的类似资料进行比较。

3. 时效性。即考察资料收集的时间。许多二手资料超过三年以上就不应再继续使用，而一些相对稳定的资料的时效性相对较长，如人口数据仍可使用2000 年人口普查的结果。

4. 一致性。二手资料所表达的内容应当同本研究相一致，例如某二手资料定义的人口规模是以行政区进行划分的，那么当研究者需要了解跨行政区的人口数量时就不宜使用该资料。

5. 权威性。二手资料应尽量选择专家研究成果或是权威机构（如统计部门、专业调研机构、学术团体、行业协会等）发布的数据。

二手资料分为内部资料和外部资料，其来源和获取方法各有不同，具体归纳为表 6 –5 至表 6 –7 所示。

表 6 –5　　二手资料分类

内部资料		外部资料		
已整理可直接利用	须进一步整理后利用	出版资料	计算机数据库	辛迪加服务

表 6 –6　　出版资料分类

一般商业资料				政府资料	
指南	名簿	索引	非政府统计资料	普查资料或政府统计资料	其他政府出版物

表 6 –7　　计算机数据库资料分类

联网数据或不联网数据				
参考文献数据库	统计数字数据库	全文数据库	名录数据库	其他数据库

（二）问卷调查

问卷调查是以书面提出问题的方式搜集资料的一种研究方法，即调查者就调查项目编制成表式，分发或邮寄给有关人员，请示填写答案，然后回收整理、统计和研究。

问卷调查的最大优点是方法简便，节约时间（就调查者而言），材料也比较容易整理和统计。有时用无记名形式问卷，可以获得面谈或开调查会所不容易获得的某种有价值的资料。

问卷调查的局限性首先在于发出的问卷常常无法全部收回，收回的问卷太少，往往影响所取得材料的代表性。其次，问卷调查应用范围较广，搜集的资料往往是表面的，不能了解深层次的问题。再次，问卷中的问题太多，答者生厌、置之不理。但如果问题太少，所得的数据难以全面解答问题，有可能影响整个研究结论的科学性。

问卷调查应遵循以下程序：

1. 调查题目的立项。确定为什么做调研？调研目的是什么？需要解决什么样的问题？

2. 调查方式的设计。根据研究的不同要求和目的，确定调查方法，如邮寄问卷、入户、街头拦截、网络调查等。

3. 抽样设计。根据具体调查方式确定抽样对象，样本量及抽样方法。

4. 问卷设计。针对不同的调查对象和不同的调查目的，进行问卷设计。

5. 实施流程设计。对调查的具体实施方案，时间安排，人员安排进行规划。

6. 具体实施。包括问卷发放、回收、整理、复核。

7. 统计分析。将问卷数据录入到计算机，进行统计分析，形成研究结论。

8. 出具研究报告。

目前，专业的商圈信息收集工作可通过三种方式来进行，一是由零售商自己完成；二是同专业调查机构合作；三是同地理信息系统提供商合作。

零售商自己进行商圈信息收集和分析的工作投入相对较少，信息针对性较强，但问题在于资料的收集和统计分析往往是零售商的弱项。所以，一些超大型的零售商设置独立的商圈分析部门，配置专业人才进行工作。而另一些零售商会向外部寻求支持，如同专业调查机构或是地理信息系统提供商合作。

同调查机构合作时应注意以下几个方面：

1. 选择合适的调查公司。从现有的市场调查公司名录中选出几个重点的市场调查公司，作进一步接触。通过双方沟通选定一至两家（有的零售商为了调研结果更加准确，往往会在一开始选择两家调查公司同时就一个问题进行研究，之后对比两者，择其优者长期合作）。

2. 共同确定调查的范围与方法。可参照“调查纲要”所提出的，将需要进行调查的问题作为委托调查项目的调查范围在双方合同上加以明文规定。至于调查方法，可以经过双方协商并一致同意后形成合同条款。

3. 议定预算及付款方式。调查费用是双方必须明确下来的。有些市场调查公司要求委托方“费用按日结付”，这是绝对不能接受的。对于议定费用，调查公司要求的付款条件通常是：签约时先按双方确认的付款金额预付 50%，调查过半后支付 30%，结项后支付其余部分。

4. 规定调查期限。完成全部调查工作的期限，以及各个阶段的工作进程的期限，应在合同中分别加以明文规定，务求整个调查项目的工作能按计划如期圆满结束。

5. 指明成果的形式和要求。成果形式包括数据报告、完整分析报告、图表报告等。同时，报告的提纲也应明确。有些调查公司在所提交的终结性报告当中，只是单纯报告调查的结果，有些市场调查公司不但报告调查结果，而且还要从中引出结论，提出有关商圈的性质、形态并对选址决策提出建议。如果委托方对此有类似特定要求，经过双方协商一致同意后，可在合同中相应加列条款，以示明确。

三、零售店日常监测体系

对于零售商店来说，之前已有的选址时的诸多信息已经不再适用于日后的营销战略和经营调整，必须有一个基于商圈分析的日常监测体系。这一体系包括三大方面，即人口、零售环境和消费形态。如表 6－8 所示。

表 6－8　　零售店日常监测体系

人口信息	零售环境	消费形态
年龄结构及波动	周边交通条件	客单价
可支配收入	城市规划调整	光顾率
职业结构	停车场饱和度	分时段人流量
外来人口	公共交通条件	留店时间
人口波动	物流条件	商品偏好
居住密度	天气状况	购物群结构
潜在迁入规模		支付方式
生活方式变化		顾客满意度
文化结构		购物波动
商圈稳定性		商品销售结构
		针对竞争者营销措施的消费变化

案例与分析

案例 1

邻里中心的新形式——现代生活广场的设计

在零售店址类型中，购物中心是现代零售业所关注的重点之一，而其中非常有前景的一种形式就是邻里中心。在我国城市快速发展背景下，邻里中心的最佳表现形式之一是现代生活广场。现代生活广场以“集中式店铺”和“开放式广场”为特征。小型开放式广场是社区生活的核心，人们可在此休闲、锻炼、交流，店铺集中在广场近旁，广场周边有绿地。现代生活广场人车分流，并通过绿地和商铺建筑与周边居住区相对分离。

现代生活广场以商圈辐射半径为2～3公里、服务人口4万～5万人的规模设置，按人均0.75平方米商业面积标准设置，单个广场规模应在3万～4万平方米。

现代生活广场主要业态有大型综合超市，各类精品店、专业店和专卖店，各类健身、娱乐、休闲设施以及门类众多，配套较齐全的生活服务设施，如表6－9所示。

表6－9　现代生活广场应包含的基本业态和业种构成

业　态	构　成
大型综合超市	以食品、副食、日常生活用品为主
精品店、专业店、专卖店	经营服饰、钟表眼镜等
各式餐饮	中式正餐、中西快餐
生活服务设施	干洗店、量体裁衣店、美容美发厅、图片社、邮局、储蓄所、24小时自助式银行、旅行社分支机构等
健身、娱乐、休闲设施	社区健身房、游戏厅、量贩式KTV等
社区政务	街道办事处、派出所等

案例思考题

1. 现代生活广场适合配置在什么样的商圈形态中?
2. 你认为现代生活广场的发展前景怎么样?

案例 2

万客隆在台湾市场的失败

万客隆从1989年开始进入台湾，并在初期取得了非常显著的成功，于是开始向大卖场的经营路线进行延伸，但却因为地处偏僻，定位模糊，反而流失了大量的客群。此外，万客隆由于仓储的要求高，需要的店面面积大，加上要降低土地成本，地点以市郊或工业区为主，因此要在都会区附近找到适合的地点，是比较困难的。

万客隆进入台湾之前，曾经获得台湾经济部准许的在工业区开店的承诺，原以为只要在工业区就能开店，没想到商业买卖行为违反了当时的台湾土地使用法令，地方政府还有层层关卡对回馈的要求，使其扩张速度大大降低，一度创下七年没有新店面开张的纪录，使得其他竞争对手有了迅速占领市场的机会。

同时，由于台湾本地零售企业的抵制，及台湾政府出于保护本地零售企业的考虑，万客隆还遭到高雄县政府断电的情况，后来关闭了台北县五股及高雄的店面。台北县的中和店完工五年，原本是要做重要门店，但由于一直无法取得执照，万客隆不得不忍痛放弃。

相比之下，家乐福、大润发等大卖场业态在场地面积等方面的限制较小，只要人口高度密集的地方就可以开店，甚至附设在购物中心也可以。所以这一类零售企业得到迅速扩展。经过市场不断挤压，万客隆最终选择了退出台湾市场。

案例思考题

1. 万客隆在台湾市场遇到了什么样的问题?
2. 是什么造成了万客隆在台湾市场经营的失败?
3. 你认为如果万客隆不退出台湾市场它应当怎样重新开展商圈分析工作?

本章思考题

1. 什么是商圈？如何分类？哪些因素会对商圈产生影响？
2. 比较不同零售店址类型的优缺点。
3. 一个完整的商圈分析体系包括哪些方面？如何应用？
4. 如何获取商圈分析所需要的信息？
5. 联系实际，试论商圈分析对零售商成功经营的意义。

参考文献

1. [美] 迈克尔．利维等．零售管理．北京：人民邮电出版社，2004

2. [美] 巴里．伯曼等．零售管理——战略方法（第9版）．北京：中国人民大学出版社，2004

3. [英] 彼得·J· 麦戈德瑞克．零售营销．北京：机械工业出版社，2004

4. Hernandez, T. and D. Bennison (2000). "The art and science of retail location decisions", *International Journal of Retail & Distribution Management*, 28 (8), 357 – 367

5. Davies, M. and I. Clarke (1994). "A framework for network planning", *International Journal of Retail and Distribution Management*, 22 (6), 6 – 10

6. Huff. D. L (1964). "Defining and estimating a trading area", Journal of Marketing, 28 (3) 34 – 38

7. 袁岳等．民意测验的方法与经验．福州：福建人民出版社，2005

8. Robert W. Buckner 在 *Site Selection*: *New Advancements in Methods and Technology*（2004）提出每1000平方米营业面积设置5.5个停车位。

第七章 零售定位

本章提要

确定零售定位，主要是选择目标市场和树立特色形象的问题。零售商经营不同业态、在不同区位开设店铺，都需要在科学调研的基础上，进行合理的定位，这是零售经营的前提和成功的基础。因此，正确理解零售定位的意义，把握零售定位的原则和方法是十分重要的。

学习目的

了解零售定位的内涵与要点；掌握零售定位的原则；重点掌握在不同区位条件下零售定位的方法和不同零售业态的零售定位方法。

第一节 零售定位的原则

一、零售定位的内涵与要点

（一）零售定位的内涵

在企业经营活动中，定位是指确定产品在人们头脑中所期望的位置。零售定位是指零售商为获取最佳经济效益，根据自身所处的外部环境和内部经营管理要素，确定目标市场，使目标市场认知并接受店铺的特色及形象。

零售商确定其定位，要采用调查、统计等方法，通过各种决策、措施或营销战术，抓住消费者心理及潜意识中已存在的概念、欲望，并采用广告、促销等手段，将零售商的形象同这些概念、欲望建立起牢固的联系，使经营的商品和服务具有一种人格的力量，在顾客心目中确立起一个清晰的、难以磨灭的形象。

简言之，零售定位就是通过强调商品或服务的预想利益，在消费者心目中树立起与众不同的零售商形象。

在商业竞争日趋激烈的条件下，零售商的定位策略直接影响甚至决定着其经营的兴衰成败。

下图是根据年龄和社会经济群体两个维度，对一些国际零售商进行的定位。从图上可以看出，特易购公司具有鲜明的市场定位，它对大众有吸引力，但更侧重于更年轻、更富裕的顾客。战略定位图还可以帮助我们理解一个市场中存在的竞争动力。如对于一家 Netto 商店来说，新开一家 Aldi 折扣店给自己带来的损失可能比开一家马莎百货商店或 Sainsbury 超级商店要大得多，因为 Aldi 折扣店与 Netto 商店的市场定位完全一样。

不同零售商根据年龄和针对 16～44 岁的

购物者的销售额比重社会经济群体进行的定位

资料来源：Derived from Nielson（2000）

（二）零售定位的要点

成功的零售定位应把握好如下基本要点：

1. 定位的目的是为了使零售商获得更大的竞争优势；

2. 定位所要展现的是零售商与竞争者的不同之处和超越之处；

3. 定位确立的是零售商的服务和商品在消费者心目中与众不同的位置；

4. 定位应包含产品和服务是什么样的和谁来购买的基本内容；

5. 零售商的定位不一定是同类企业所没有的，但应当是竞争对手所没有或是没有注意到的，而且对消费者有较大的吸引力；

6. 定位应当建立在对本企业的特色优势和对竞争对手特点的深入分析，及对消费者需求的准确判断基础之上。

二、零售定位的基本原则

（一）目标性原则

市场日趋细分化，为零售商提供了众多的市场机会，零售商在营销活动中到底要利用哪一种机会，满足哪一部分顾客群的需要，选择什么样的目标市场，这些都直接关系到经营的成败。因此目标性原则是企业定位时，必须优先考虑的问题，也是定位的核心内容。

（二）赢利性原则

零售商确立定位，最终目的是为了赢得消费者，增加销售额，提高经济效益和社会效益。因此，零售商的定位必须充分考虑到其所带来的效益，特别是合理的经营利润的多寡。这就需要把定位策略尽可能地与经济效益和社会效益挂钩，尽量选择成本少、费用低、环节少、销售多、利润高的定位策略，以节约开支、创造收益，提高营销活动的效益。

（三）可行性原则

在错综复杂的市场环境中，由于零售商所面临的外部环境和内部经营要素千差万别，特别是市场营销环境中的一些不可控因素的存在，要求企业必须本着务实的态度，从自身条件出发，确定既有自身特色又能发挥自身优势的定位。那种因为“好高骛远”、“赶时髦”或“依样画葫芦”的盲目性定位，只能导致企业营销活动的失败。

（四）前瞻性原则

一般来说，企业从无到有、从小到大是不断向前发展的。为了适应近期和远期的发展需求，零售商在确定自身定位时，必须前瞻考量，要具有一定的高度，要考虑现实，更要考虑现代生活方式的发展趋势，在公众中树立长久一致的企业形象。

（五）统和性原则

零售商在市场营销活动的全过程中是一个有机的整体，为了实现共同的经营目标，各部门、各环节必须统一步调、协调工作。这就要求零售商形象、商品、价格、服务等方面必须保持一致，形成统一的定位。

（六）灵活性原则

随着经济的发展，技术的进步以及生活水平的提高，消费者的需求层次也相应地提高，需求心理发生变化。这就要求零售商必须善于抓住机遇，能够审时度势，不断调整和完善自身的定位策略，变被动为主动，变消极为积极，确保在市场竞争中立于不败之地。

三、影响零售定位的因素

零售商在确定定位时除了要遵循上述原则，还应当充分考虑其基本条件和相关内外部因素。

（一）外部因素

影响零售定位的外部因素主要有以下三个方面：

1. 宏观环境。市场和消费的总体趋势，有关政策、法规的规制与限制等，这些因素不仅影响到零售定位是否科学合理，也决定着定位的合法性和自由度。

2. 中观环境。包括零售商所处地区的市场规模与趋势，消费需求与趋向。

3. 微观环境。零售商所处的区位条件、竞争状况等方面因素，是影响零售定位的最直接因素。

（二）内部因素

影响零售定位的内部因素主要有以下四个方面：

1. 零售商的经营能力。零售商的经营能力包括发展规模、赢利能力、人才储备等，这是确定零售定位的重要基础。

2. 零售商现有的定位。零售商必须充分考虑好传承与创新的关系，故步自封会被市场所淘汰，颠覆性变革又会导致传统消费者的快速流失。

3. 零售商的经营管理模式。不同的经营管理模式，有不同的优势与弱势，零售定位应当遵循规律，扬长避短。其中，店铺业态模式应当重点考量。

4. 零售商的发展战略与目标。零售定位必须与零售商的发展战略相一致。

本章第二节和第三节将重点从零售店铺的区位和业态模式角度分析零售商的定位问题。

第二节　零售区位与定位

一、零售区位的类型

从零售业布局、市场辐射力的角度，可将城市的商业中心区划分为以下四类：

（一）超广域型商业中心区

超广域型商业中心区是指不仅辐射全城，而且对地区、全国乃至世界都有影响的商业中心。如美国纽约的第五大道、法国的香榭丽舍大街、日本东京的新宿商业区、北京的王府井大街、上海的南京路等都属于超广域型商业中心区。

（二）广域型商业中心区

广域型商业中心区是指辐射全城的商业中心。如上海的徐家汇商业区、苏州的观前街商业区等都属于广域型商业中心区。

（三）区域型商业中心区

区域型商业中心区是指辐射城市中一个区域的商业中心。如北京通州区的闸桥商业区、北京海淀区的甘家口商业区都属于区域型商业中心区。

（四）社区型商业中心区

社区型商业中心区是指辐射一个社区的商业中心。该类商业中心主要是为其所在社区提供商业服务的。

二、不同区位的零售定位

零售定位必须与其所处的区位特点相一致，以下将通过分析不同区位的客流特点探讨零售商相应的定位原则和思路。

（一）广域型和超广域型商业中心区零售定位

1. 广域型和超广域型商业中心区客流特点

①辐射范围大。吸引全市、全国乃至全世界的消费者光顾，如著名的上海南京路商业区，70% ~80% 的客流并非本地消费者。

②客流量大。仍以南京路商业区为例，其日客流量达 100 万人次。

③重复光顾周期相对较长。消费者一般趋向就近解决日常性消费，因此重复光顾广域型和超广域型商业中心区的周期相对较长。

2. 广域型和超广域型商业中心区消费的特点

①需求特点丰富。由于客流量大，不同的顾客，需求特点各不相同。

②选择性强。由于人们一般可以在社区或地区商业中心区就近解决日常性消费，因此人们到广域型和超广域型商业中心区希望获得就近无法获得的可选择性消费满足。

3. 广域型和超广域型商业中心区消费者购物方式的特点

①广泛比较。由于广域型和超广域型商业中心区店铺集中，可选择余地大，为要购买重要商品的消费者，提供了广泛的比较机会，因此，目的性明确的消费者，往往要在广泛比较的基础上决定是否购买。

②具有休闲性、随意性。在广域型和超广域型商业中心区消费已成为现代人的一种休闲生活方式，许多人未必具有明确的目的性，只是想体验逛街的乐趣，因此，随意性消费比例也很高。

4. 广域型和超广域型商业中心区零售定位的原则

基于上述分析，在广域型和超广域型商业中心区开设零售店铺，其定位应当遵循以下原则：

①突出特色，以专为先。由于客流庞大，需求各异，任何一家店铺都不可能满足各层次顾客的需要。庞大的客流也使得各式非主流商品和服务都可能有生存的空间。因此在广域型和超广域型商业中心区开设店铺，应当突出特色、以专为先。这里“专”有两方面含义：一是专一品类，如专一经营数码家电、珠宝饰品或是运动休闲。大型的专一品类的经营店铺为消费者提供了专项购物的丰富选择机会，而小型的特色专一品牌或个性商品店铺则为特定消费需求提供了解决方案。二是专一人群，即专门为某一生活方式、收入水平、文化品位人群服务的店铺，经营的商品品牌、档次，提供的服务项目、方式，乃至店铺的布局、风格，都要围绕目标人群的消费方式和需求特点安排。

②错位经营，蓝海优势。在广域型和超广域型商业中心区的店铺如果经营雷同，出现同质化现象，不仅会加剧竞争，减少企业收益，而且会恶化区域商业生态，降低区域吸引力，导致整个商业区的客流量下滑。因此，零售商在定位时必须充分考虑区域内竞争环境，采用蓝海战略，选择错位经营。在上海通过政府和行业组织的协调，当地百货店品牌重复率一般不超过30%。在南京路，原有的几家经营雷同的百货店也都分别调整为不同特色专业店和不同档次百货店，徐家汇商业中心区的三家大型店铺也风格各异，错位经营。

（二）区域型和社区型商业中心区零售商的定位

1. 区域型和社区型商业中心区客流的特点

①辐射范围小。与广域型和超广域型商业中心区不同，区域型和社区型商业中心区主要是满足本区域或本社区的消费者，地域性特点非常明显。

②重复光顾率高。消费者一般趋向就近解决日常性消费，因此重复光顾率较高，重复光顾周期短。

2. 区域型和社区型商业中心区消费的特点

①日常性。消费者在区域型和社区型商业中心区购物倾向于购买日常所需的生活消费品，而非选择性强的奢侈品、耐用消费品。

②目的性。消费者往往是带着明确的购物目的采购商品，而非随意闲逛。

③一次购足。消费者在区域型和社区型商业中心区购物倾向于一次购足所需的各类用品。

④综合性。消费者不仅希望在区域型和社区型商业中心区解决购物需求，而且希望区域型和社区型商业中心区能够提供金融、邮政、社区政务等综合服务功能。

3. 区域型和社区型商业中心区零售定位的特点

基于上述分析，在区域型和社区型商业中心区开设零售店铺，其定位应当体现以下特点：

①主流性。由于到区域型和社区型商业中心区购物是为了满足日常所需，所以，消费者倾向于购买惯常使用的商品种类和品牌。

一般而言，80%的消费者倾向于20%的商品种类和品牌，消费者集中选择的这20%种类和品牌即为主流商品，在区域型和社区型商业中心区经营的零售商，如果不能提供这些主流商品，会被消费者视为经营不专业、品种不齐全。因此，零售商应当通过确保主流商品的提供，确立自己在区域型和社区型商业中心区的权威地位。

②平价性。由于在区域型和社区型商业中心区购物是日常重复性行为，消费者对所购商品的品牌、价格极为熟悉和敏感，非常重视价格比较，因此零售店铺提供的商品是否具有价格竞争力至关重要。

③复合性。提供商品和服务的复合性，为消费者一站式购物提供了便捷。

（三）交通枢纽和社区内零售商的定位

零售商设置店铺，除了在各级商业中心区，还通常选择在交通枢纽和社区内。

1. 交通枢纽和社区内消费特点

交通枢纽点，往往人流很大，但客流有限，大部分人流只是匆匆路过，并不购物。社区内的情形正好相反，居住人口有限，但购物率较高。因此在这两类地区适合开设小型店铺，而不宜开设大型店铺，两者的消费有以下共同特点：

①临时性。在交通枢纽点人流本应匆匆而过，进店购物往往是有临时性的商品和服务需求。由于社区商业中心提供一站式购物的购物满足，在社区内的店铺购物，也往往是有了临时性的商品和服务需求。

②即时性。既然是选择就近购买，必然强调快捷，即时完成购物过程，否则完全可以到商业中心区选择购物。

③随时性。临时性的需求可能在任何时间段产生，因此往往一天 24 小时都有顾客光顾，尤其是在晚间，由于绝大部分店铺停止营业，需求释放的选择余地有限。

2. 交通枢纽和社区内零售定位的特点

在交通枢纽和社区内开设店铺应当针对上述消费特点选择定位，体现以下特点：

①小而全。小而全不是指面面俱到，而是惯常的商品、需求较多的服务都应当提供。

②便捷化。商品陈列、结算方式、服务提供都应当体现方便、快捷的特点。

③随时化。针对需求的随时性，企业也应当提供随时化的服务。

第三节　零售业态与定位

根据国家零售业态分类标准，零售业态可分为食杂店、便利店、折扣店、超市、大型超市、仓储会员店、百货店、专业店、专卖店、家居建材商店、购物中心、厂家直销中心、电视购物、邮购、网上商店、自动售货亭、电话购物 17 种，本节将重点讨论其中百货店、超级市场、大型超市、便利店、仓储会员店、专业店（含家居建材商店）、专卖店、购物中心的定位。

一、百货店的定位

百货店是指在一个建筑物内，经营若干大类商品，实行统一管理，分区销售，以满足顾客对时尚商品多样化选择需求的零售业态。百货店选址在城市繁华区、交通要道；商店营业面积在5000平方米以上；商品结构以经营男装、女装、儿童服装、服饰、衣料、家庭用品为主，种类齐全、少批量、高毛利；商店设施豪华、店堂典雅、明快；采取柜台销售与自选（开架）销售相结合方式；采取定价销售，可以退货；服务功能齐全。

百货店是综合性零售业态，应当从服务人群的细分化，体现其个性定位。具体可划分为奢华型定位、时尚型定位和生活型定位等。

（一）奢华型定位

奢华型定位是以高端客群为目标的定位。虽然，在我国高端客群人数有限，但购买力可观；同时，有众多向往高端生活品质的客群，这些人的收入有限，却愿意购买超过其经济能力的商品，以抬升自己的地位。

定位奢华型百货店需具备一定条件：

1. 有组合高端品牌的能力。高端品牌的入驻是奢华型百货店成功的基础，但高端品牌入驻往往有严格的筛选程序，要考察当地的消费能力以及百货店在当地市场的地位、设施硬件条件等多项因素，不是所有企业都能被高端品牌所接受的。

2. 有提供高端服务的能力。高端人群数量少，但品牌忠诚度高，对服务的要求也较高，需要提供个性化、贵宾式服务，这不仅要求企业要建立完善的客户关系和客户价值管理信息系统，而且要求企业能够开发高水平的增值服务项目，并有高素质的服务人员。

3. 有高标准的硬件设施。高端人群购物重视环境的宽松与舒适，同时建筑的标准与风格也是品质与品位的体现。高标准的硬件设施还包括便捷、充足的停车设施。

4. 所处地域有一定规模的高收入阶层。评价一个地区高收入阶层的规模，除了要考虑GDP水平，还要考察基尼系数，基尼系数高的地区，高收入人群的规模也相应较大。同时，流动人群的规模也应当考虑在内。

5. 竞争条件宽松。如果本地已有成功的奢华型零售设施，而高端购买力规模有限，需慎重选择是否进入。

（二）时尚型定位

时尚型定位是以引领潮流和时尚为诉求点的定位。现代人，尤其是青年客群，追求自我个性的释放，关注流行时尚，渴望走在潮流的前端。这是时尚型百货店的主要目标市场。

定位时尚型百货店需重点做好以下几点：

1. 引进时尚品牌。引进一线时尚品牌吸引消费者认同，引进个性品牌形成特色，引进畅销品牌形成销售热点，创造自有品牌形成利润倍增。

2. 营造卖场氛围。时尚购物往往感性重于理性，因此应当通过灯光、动线的设计，背景音乐的烘托，营造繁华、时尚的氛围，使消费者获得体验时尚生活方式的乐趣。

3. 促销组合创新。时尚消费者往往把购物作为一种生活方式充分运用多种促销组合策略，并不断推陈出新，使消费者发现需求，唤醒消费者的购物欲望。

（三）生活型定位

生活型定位是以主流生活需求满足为定位的百货店。这种定位是面向最广大的主流消费群体，这类消费群体一般收入水平中等，消费精打细算，理性较强，不易被花样繁多的促销所诱导，对所信任的零售商忠诚度高。

因此，定位生活型的百货店，应重点做好以下几点：

1. 目标家庭化。生活型百货店的目标消费者通常全家购物，或承担为全家购物的任务，因此希望在百货店中找到各年龄层、各种身份所需的商品，尤其是各种体形的服装服饰，这一点与以年轻人为主体的时尚型百货店截然不同。

2. 商品实用化。这类消费者重视商品质量、实用价值，这一点，既不同于奢华型百货店消费者重视档次、身份象征，也不同于时尚型百货店消费者重视设计和潮流的特点。

3. 品牌主流化。正是由于这类消费者重视商品质量、实用价值，因此选择商品品牌时，优先考虑其质量、口碑，通常会选择口碑较好，或曾经购买过的品牌。因此一些大众主流化的品牌较受欢迎。推出一些质量可靠的自有品牌商品，以百货店自身的品牌信誉为其提供担保，也是一种选择。

4. 价格平实化。由于目标消费者不喜欢被花哨的促销所诱导，希望货真价实和明码实价，因此在价格策略上应当走平实化的线路，取得消费者的信任。

二、超市类业态的定位

（一）超级市场的定位

超级市场是指开架售货，集中收款，满足社区消费者日常生活需要的零售业态。根据商品结构的不同，可以分为食品超市和综合超市。超级市场选址一般在居民区、交通要道和商业区；以居民为主要销售对象；商品构成以购买频率高的商品为主；采取自选销售方式；统一收银；营业时间较长；有一定面积的停车场地。

超级市场的定位应当是满足社区居民日常所需的业态。实现这一定位应当做好以下几点：

1. 突出生鲜食品。生鲜食品不仅是消费者日常消费的主体，也是超级市场创造利润的重要来源。随着消费者收入水平的提高，会日益重视食品的卫生安全，生鲜食品的购物正在出现从摊贩市场向超级市场转移的过程中，一些生鲜食品经营较好的超级市场，生鲜食品占消费者的购物金额可达50%以上。同时，与竞争激烈的包装食品和日用工业品相比，生鲜食品的毛利率较高，是超级市场获得利润的重要途径。

2. 提供主流商品。一般快速消费品可经营的品种、品牌约2万~3万种，而大多数的消费集中于其中的3000~4000种。由于标准超级市场的规模有限，不可能经营过多品种、品牌，因此在商品提供上应当重点突出主流消费的品种和品牌。这样，一方面，使得大多数消费者的一般需要得以满足，提供了消费者日常购物的便利，另一方面，由于品种、品牌集中，可以提高商品经营的周转速度，提高企业的运营效率。

3. 价格稳定实惠。消费者对日常购物的商品价格熟悉、敏感，超级市场经营的主要商品价格应当有一定的竞争力，并保持稳定，以建立消费者的信任。

（二）大型超市的定位

大型超市是指实际营业面积6000平方米以上，品种齐全，满足顾客一次性购齐的零售业态。根据商品结构，可以分为以经营食品为主的大型超市和以经营日用品为主的大型超市。大型超市选址在城乡结合部、住宅区、交通要道，商品构成为衣、食、用品齐全，重视本企业的品牌开发，采取自选销售方式，设有与商店营业面积相适应的停车场。

大型超市的规模大于标准超级市场，定位应当以满足消费者选择性生活购物需要为主。

实现这一定位应当做好以下几点：

1. 复合经营模式。由于大型超市的规模较大，需要较大的商圈半径支撑，吸引消费者到大型超市购物需要能为消费者提供一站式购物的便利。

因此需要复合式经营，提供“超市＋百货＋综合服务”的经营模式，即在超市经营的基础上，增加生活型百货和综合服务设施的内容。

2. 商品组合齐全。与标准超级市场只提供主流商品的模式不同，大型超市应当提供丰富的购物选择，使不同偏好的消费者都能找到其所需的个性化商品。

一般大型超市提供的商品品种都在 2 万种以上。

3. 价格优势突出。吸引消费者到大型超市购物的一个重要条件是，其能够提供极有吸引力的价格。由于大型综合超市规模大，商品销量也大，因此，在采购上通常比标准超市更有优势，能够获得更为低廉的进货价格。大型超市的价格吸引力不是全部价格，而是标杆价格，即消费者关注度高的主流商品价格。

4. 停车条件便利。由于大型综合超市区位与消费者居住区距离较长，且是一站式的购物方式，使得消费者往往一次购物量较大，因此需要以汽车为主要购物交通工具，有一定较大规模的停车设施至关重要。

三、便利店的定位

便利店是以满足顾客便利性需求为主要目的的零售业态。便利店的选址在居民住宅区、主干线公路边，以及车站、医院、娱乐场所、机关、团体、企业事业所在地；商店营业面积在 100 平方米左右；居民徒步购物 5 ~ 7 分钟可到达，80% 的顾客为有目的的购买；商品结构以速成食品、饮料、小百货为主，有即时消费性、小容量、应急性等特点；营业时间一般在 10 小时以上，甚至 24 小时，终年无休日；以开架自选货为主，结算在收银机处统一进行。

许多人把便利店视为微型超市，这是一个误区，便利店是一种与超级市场完全不同的业态，其定位应当是“社区里 24 小时服务的好邻居”。

实现这一定位应当做好以下几点：

1. 精选商品组合。限于规模，便利店不可能提供丰富的商品品类和品种，因此应当精选商品组合，只提供居民可能应急需要的商品。

2. 全方位的便利服务。便利店不仅仅是出售便利商品的商店，同时应当能够提供全方位的便利服务：如提供电话订货、电话送货服务，代洗衣公司收活、代为收发快递及信件、代售机票车票、代联系家政服务等。有需求就有服务，有服务就有收益。许多知名的便利店服务收入甚至要大于其销售收入。

3. 个人化服务。便利店立足社区，其成功主要靠客户的信任。便利店应当借助现代信息系统，建立顾客档案，把每位顾客的购物记录保存起来。分析顾客的喜好，提供个人化服务，这样做，不仅可以有针对性的推销商品，而且更可使顾客感受到你对他的重视与关心。

四、专业店和专卖店的定位

（一）专业店的定位

专业店是以专门经营某一大类商品为主的零售业态。例如办公用品专业店、玩具专业店、家电专业店、药品专业店、服饰店等。专门销售建材、装饰、家居用品为主的家居建材商店也是属于专业店。专业店选址多样化，多数店设在繁华商业区、商店街或百货店、购物中心内；营业面积根据主营商品的特点而定；商品结构体现专业性、深度性，品种丰富，选择余地大，主营商品占经营商品的90%；经营的商品、品牌具有自已的特色；采取定价销售和开架面售；从业人员需具备丰富的专业知识。

专业店专营某一大类商品，因此成功的专业店应当定位为“品类杀手”，即在其所经营的品类中商品品种齐全，品牌齐全，关联服务齐全，价格具有竞争力，使其他综合型零售店铺无法与之在该类商品经营中竞争，甚至不能推出同样品类商品的经营。

1. 品种齐全、品牌齐全。专业店在专一品类上超越综合业态（如百货店、超级市场等）的主要优势是：该类商品的品种齐全、品牌齐全，提供消费者充分的选择余地，而综合业态店铺限于经营规模和品类的平衡，无法在某一品类中做得过深过细，只能提供有限的主流商品。有专门购买特定品类商品需求的消费者必然首选专业店。

2. 品类专家。许多专业商品选择、使用和保养需要专门的知识，专业店的营业人员应当是品类专家，能够理解顾客的真正需求，并提供专业的服务。

3. 关联服务齐全。许多专业商品的使用，需要有专业的保养和服务作为保障。专业店应当将提供这种关联服务作为销售支持和增值收益的来源。

4. 价格杀手。成功的专业店必须拥有较强的价格竞争力。

（二）专卖店的定位

专卖店指以专门经营或被授权经营某一主要品牌商品为主的零售业态。专卖店选址在繁华商业区、商店街或百货店、购物中心内；营业面积根据经营商品的特点而定；商品结构以著名品牌、大众品牌为主；销售体现量小、质优、高毛利；商店的陈列、照明、包装、广告讲究；采取定价销售和开架面售；注重品牌名声、从业人员必须具备丰富的专业知识，并提供专业知识性服务。

由于专卖店是专门经营或授权经营特定制造商品牌的零售业态，因此其定位的核心是要与其所经营品牌的定位相一致。

1. 开店选址一致。专卖店的开设选址必须与其所经营品牌的定位一致，通过开店的位置向消费者传递品牌定位信息。高档奢侈品牌，应当开设在奢华型百货店或高档购物中内，而大众品牌则可以开设在生活型百货店、大型综合超市内。

2. 装修装饰一致。装修装饰的档次和风格也是传递品牌定位信息的重要渠道，如果一个大众化品牌的专卖店装修装饰过于豪华，会使许多潜在的消费者望而却步。

3. 销售服务一致。大众化品牌专卖店应当营造热闹的销售情景，激发顾客的购物欲望，而高端品牌专卖店则应当提供一对一的个人化贵宾式服务。

五、仓储会员店的定位

仓储会员店指以会员制为基础，实行储销一体、批零兼营，以提供有限服务和低价格商品为主要特征的零售业态。仓储会员店选址在城乡结合部、交通要道；商店营业面积一般为10000平方米左右；目标顾客以中小零售商、餐饮店、集团购买和有交通工具的消费者为主；商品结构主要以食品（有一部分生鲜商品）、家庭用品、体育用品、服装衣料、文具、家用电器、汽车用品、室内用品等为主；店堂设施简朴、实用；采取仓储式陈列；开展自选式的销售；设有较大规模的停车场。

仓储会员店既是一种零售业态，也是一种批发业态，其定位应当是低价格的大批量销售者。

1. 面向大客户。仓储会员店应主要面向机关团体或小型零售业者的规模购买。

2. 以低成本、低价格。仓储会员店应通过简化装修、提供大包装商品、仓库与卖场合一等方式，降低经营成本，实现低价格的诉求。

3. 精选品种。为便于规模销售，提高商品周转次数，仓储会员店不宜提供太多商品品牌品种的选择，而应严格的遵循“二八法则”，只提供精选的商品品种。

4. 规模停车。面向大客户提供规模购买，必须以较大规模的停车场为必要条件。

六、购物中心的定位

购物中心是多种零售店铺、服务设施集中在由企业有计划地开发、管理、运营的一种建筑物内或一个区域内，向消费者提供综合性服务的商业集合体。购物中心由发起者有计划地开设、布局统一规划；店铺独立经营；选址为中心商业区或城乡结合部的交通要道；内部结构由百货店或超级市场作为核心店，与各类专业店、专卖店、快餐店等组合构成；设施豪华、店堂典雅、宽敞明亮，实行卖场租凭赁制；核心店的面积一般不超过购物中心面积的80%；服务功能齐全，集零售、餐饮、娱乐为一体；根据销售面积，设相应规模的停车场。

购物中心是情况最为复杂的业态，各类购物中心千差万别，定位模式多种多样，比较主要的购物中心定位可归纳为休闲娱乐型、主题购物型、生活邻里型三种。

（一）休闲娱乐型定位

现代人随着生活品质的提高，越来越重视休闲，许多人把在大型购物中心逛街作为一种生活方式。基于这种需求，全球大量的被称为Shopping Mall（购物林荫道）的大型购物中心被兴建，这一类购物中心虽名为“购物中心”，但传统的购物设施所占比重趋于下降，休闲娱乐设施所占比重日趋提升。

休闲娱乐型定位的购物中心一般有以下特征：

1. 休闲娱乐比重高。与现代人注重休闲的生活模式相适应，近年世界新建和改造大型购物中心中休闲娱乐类设施一般占到总量的60%以上，休闲娱乐已成大型购物中心的主导定位模式。

2. 一般规模较大。要提供购物、餐饮、休闲、娱乐的“一站式”解决方案，必须有足够的规模，现代大型购物中心的规模一般在20万平方米以上。

3. 选址通常远离大都市中心区。由于都市土地成本较高，大型购物中心通常选址在郊外。同时，在郊外逛大型购物中心也是现代都市人渴望回归自然、回归田园生活方式的要求。

4. 拥有非常庞大的停车场。大型购物中心规模庞大，需要大量的人流支撑，而地处郊外，必然要有足够的停车设施，因此现代大型购物中心都拥有非常庞大的停车场。

（二）主题购物型定位

以购物为中心的主题购物型定位是多数购物中心的模式。

主题购物型定位的购物中心又可细分为以下几种类型：

1. 都市综合购物型。设在都市中心区，由众多中小店铺组成，有的还设有1～2家较大的百货店、超级市场，经营多元化。

2. 郊外大盒子中心型。在城乡结合部，由众多以大盒子形态出现的大型综合超市、名品折扣中心、大型专业店构成。

3. 专业中心型。由经营同一品类商品的各种店铺集合而成，常见的有：

家居购物中心、玩具购物中心等。

（三）生活邻里型定位

生活邻里型购物中心一般设在社区的商业中心，其不仅仅是社区的商业中心，同时也是社区居民的生活中心、休闲中心和交往中心。

随着现代人生活水平的提升，对生活品质的要求也将逐渐升级，人们会越来越重视社区生活的便利、安全、环境，越来越重视健康、家庭、人际沟通。因此需要便利的设施、便利的服务、安全的商品、安全的环境，在生活邻里型购物中心不仅仅需要购物，还需要满足家庭休闲、社区交往的需要。

生活邻里型购物中心应当是现代都市生活方式的载体，除了以一站式满足社区居民生活消费的功能为核心，还应配以满足现代生活方式的各类商业、餐饮、健身、娱乐、休闲设施以及门类众多、配套较齐全的生活服务设施。社区服务中心、派出所等政务机构也设在这里。这种多中心合一的形态既有利于城市空间利用效率的提高，还将有限的社区购买力集中起来，给所驻商家带来强大的人气。

案例与分析

北京华堂商场十里堡店的经营定位

华糖洋华堂商业有限公司系中国国务院首次批准成立的第一家合资连锁商业企业，成立于1997年10月7日，总投资额为1.3亿美元，注册资本6500万美元。公司由中国糖业酒类集团公司、日本国株式会社伊藤洋华堂、伊藤忠商事株式会社、伊藤忠（中国）集团有限公司共同出资组建，投资比例分别为51%、36.75%、10.58%、1.67%。

华糖洋华堂的1号店——华堂商场十里堡店（以下简称华堂商场）于1998年4月28日正式开业。

华堂商场的经营定位是“满足人们日常生活需要，提高大众生活质量”。也就是在满足商圈内中等收入家庭消费者日常生活需要的基础上，适当引导和满足中、高级收入阶层消费者提高生活质量、追求潮流时尚的要求。为此，他们采取了稳固基本消费群、吸引辐射消费群的策略。

开业之前，他们根据调查结果得知，北京市目前的主体消费群是小康型家庭。因此，结合商圈的具体情况，他们把消费对象定为年收入在16000元至35000元之间的小康型家庭。开业之后，他们的基本消费者是来自5公里商圈内的顾客，大约占到70%，而辐射消费群来自5公里商圈以外的顾客，大约占到30%。

根据消费对象和经营定位，华堂商场的商品选择也很讲究，吃、穿、用商品经营面积的比例是3:4:3。食品类以鱼、肉、鲜果、小菜为主打商品，力求在卫生、新鲜、美味、价格等方面满足顾客需要，并设有面包房、寿司房、日式餐饮等颇具特色的经营项目；服装类以其他商家没有经营的新品种为主打商品，重点突出华堂商场及伊藤洋华堂自行开发的商品；家居类以全新的日用百货杂品为主打商品，重点突出兼具装饰性和功能性的商品。

案例思考题

1. 华堂商场的定位基础是什么？
2. 试析华堂商场的定位特点。

本章思考题

1. 零售定位应包含哪些要点？
2. 零售定位应当遵循哪些原则？
3. 广域型和超广域型商业中心区的零售定位应当遵循哪些原则？
4. 区域型和社区型商业中心区的零售定位应当体现哪些特点？
5. 百货店可选择的定位主要有哪几种？

参考文献

1. 王成荣，赖阳等著．流通现代化新论．北京：中国经济出版社，2006
2. 赖阳主编．连锁超市．北京：中国财经出版社，2002
3. GB/T 18106—2004，零售业态分类，2004

第八章 零售经营

本章提要

零售活动是连接零售商和消费者的服务过程，其经营过程包括多个环节。本章将从阐述现代零售经营理念的特点入手，对零售主要经营活动的内容进行介绍。

学习目的

掌握现代零售经营的理念和零售经营活动的范围；重点掌握商品采购、配送及零售定价、零售促销、零售服务的基本知识和方法。

第一节 现代零售经营理念

自我国加入WTO，零售业全面对外开放以来，我国零售业已逐渐走向国际化轨道，特别是外资零售商大量进入，大大促进了零售经营理念的变革和经营技术的提升。其中以消费者为核心，与供应商形成命运共同体，整合供应链的零售经营模式开始形成。

一、顾客——零售经营的核心

现代零售业的经营是以顾客为核心的。其表现在两方面：

一是采用以顾客的需求、顾客的成本、顾客的便利、与顾客的沟通为基点的4CS营销模式，围绕消费者的个性化需求展开整个经营活动。

二是强化顾客关系管理，培育顾客忠诚度，提升顾客价值。

（一）4CS营销模式

20世纪80年代，美国劳特朗提出了“4C”营销理论：“4C”分别指代Customer（顾客）、Cost（成本）、Convenience（便利）和Communication（沟通）。

1. Customer（顾客）

主要指顾客的需求，企业必须首先了解和研究顾客，根据顾客的需求来提供产品。同时，零售商提供的不仅仅是产品和服务，更重要的是提供顾客价值（Customer Value）。

2. Cost（成本）

不是企业的生产成本，而是顾客的购买成本，顾客购买成本不仅包括其货币支出，还包括其为此耗费的时间、体力和精力，以及购买风险。

3. Convenience（便利）

即所谓为顾客提供最大的购物和使用便利，零售商要更多地考虑顾客的方便，而不是企业自己的方便。要通过好的售前、售中和售后服务来让顾客在购物的同时，也享受到便利。便利是客户价值不可或缺的一部分。

4. Communication（沟通）

零售商应通过同顾客进行积极有效的双向沟通，建立基于共同利益的新型企业—顾客关系。这不再是零售商单向的促销和劝导顾客，而是在双方的沟通中找到能同时实现各自目标的通途。

（二）顾客关系管理（CRM）

根据市场的发展，需要从更高层次以更有效的方式在企业与顾客之间建立起有别于传统的新型的主动性关系，如互动关系、双赢关系、关联关系等。顾客关系管理是培育和维系顾客信任的手段。良好的顾客关系管理不仅可使企业更好地挽留现有顾客，还可使企业寻找回已经失去的顾客。作为全球最大、访问人数最多和利润最高的网上书店亚马逊公司，面对越来越多的竞争者能够保持长盛不衰的法宝就是顾客关系管理，它使亚马逊公司始终维持着65%的回头率。

顾客关系管理现在越来越成为企业提高顾客服务质量的必不可少的法宝，它可以改进信息提交的方式，加强企业与顾客的沟通，简化顾客服务流程，提高顾客服务质量。据调查，近80%的企业都在努力建立适合自己企业的顾客关系管理体系。

零售行业的服务质量对顾客购买行为的影响以及由此产生的顾客忠诚，对企业赢利的影响很大。在商品品质、价位等硬件指标相同的情况下，改善服务会提高顾客的满意水平并有利于培养顾客对企业的忠诚度；而顾客满意度的增加又会促使顾客的购买倾向提高；而购买倾向的提高又将促使顾客产生对企业的信赖和依赖，最终使顾客形成对企业的忠诚行为，并为企业带来持续的赢利。

顾客忠诚应是伴随着较高的态度取向的重复购买行为。它包括了两层含义，一是指顾客对特定产品品质或服务质量的信任；二是指顾客对该项产品的购买行为或对其服务的口碑推广。

赢得顾客忠诚将是企业取得营销成功的关键。企业对顾客保留的时间越长，顾客带给企业的价值就越大。特别是企业的忠诚顾客，他们会从企业购买更多的产品或服务，从而为企业带来更多收益。更为重要的是，忠诚客户的口碑传递会给企业带来巨大的宣传效应，忠诚顾客经常通过向潜在顾客进行口碑宣传为企业带来新的生意。口碑交流是顾客基于服务或产品提供商的一种信息交流，并不会得到任何来自服务商的货币性报酬的一种活动。但顾客的口碑效应对任何消费行为都有重要的影响，顾客收到的关于服务商的口碑推荐常常成为潜在顾客做出对服务产品的购买决策的主要动因，口碑不仅能把服务商推荐给潜在的顾客，还可以创造新顾客。

二、供应商—零售商的命运共同体

现代零售业，零售商与供应商的关系已经从过去的订单管理发展为命运共同体的战略联盟。零售商利用对消费的实时掌控，把需求的特点、规模等趋势信息通过信息系统即时地反馈给供应商，把以往用于谈判的精力转移到与供应商共同关注消费者的需求，让消费者少付出金钱、时间、精力和风险而获取更好的品质、更新的创意、更多的信息、更加方便的商品上。并实现在此过程中，供应商和零售商的双双获利，共同成为市场的赢家。

实现供应商和零售商的双赢，主要通过以下途径：

一是建立战略联盟，零售商与生产企业结为战略联盟，通过其推进 ECR（高效率消费者）系统，节约费用，提高流通效率。

过去许多零售企业的订单流程复杂且效率低下。如供应商直接接受门店订单，供应商组织配送，采用厂家直接送门店的配送方式直接带来的问题就是门店接验货的复杂操作，每个门店都面对数量众多的供应商，供应商在网点前排队卸货，造成了接货区交通拥挤、装卸混乱、检验出错，增加了各个分店的物流管理难度；同时连锁零售企业必须配套设有搬运装卸、停车场等相关设备和相应管理人员，如保安、验收员等，在收货环节耗费大量的人力、物力。

而现代零售商可以通过网络系统，向供应商提供商业文件、发出采购指令，获取收据和装运清单等，同时也可让供应商及时准确地把握其产品的销售情况。20 世纪 80 年代末，沃尔玛开始利用电子数据交换系统（EDI）与供应商建立自动订货系统，沃尔玛还利用更先进的快速反应系统代替采购指令，真正实现了自动订货。该系统利用条码扫描和卫星通讯，与供应商每日交换商品销售、运输和订货信息。凭借先进的电子信息手段，沃尔玛做到了商店的销售与配送保持同步，配送中心与供应商运转一致。目前，沃尔玛 85% 的商品通过配送中心配送，而其中 80% 是通过"零库存"的越库配送形式完成的。

二是开发自有品牌，这是零售商整合中小生产企业供应链的主要方式，在美国，著名的西尔斯零售公司 90% 的商品都是自己的品牌。沃尔玛的廉价战略也依托于其对自有品牌的开发，其所开发的 Samschoice 可乐，价格比普通可乐低 10%，利润却高出 10%，在自己门店中的销量仅次于可口可乐。

第二节 采购与配送管理

零售经营活动与供应链管理的重点是商品的采购和配送。

一、商品采购

（一）建立采购组织

采购组织是执行采购过程的主体，不同的零售商根据各自的情况可以建立不同的采购组织，形成不同的采购组织划分标准。从采购组织的正式水平出发，可划分为正式的采购组织和非正式的采购组织；从采购组织的集中程度出发，可划分为集中化的采购组织和分散化的采购组织；从采购组织的宽度出发，可划分为通用的（一般的）采购组织和专门化的采购组织；从采购组织的员工来源出发，可划分为内部的采购组织和外部的采购组织，以及驻外采购办公室和合作采购组织；从采购组织的经营理念出发，可划分为负责商品经营的采购组织和负责采购的采购组织；从采购组织的人员配备出发，采购组织可划分为采购员、销售经理、商品采购执行者等职位。

现代连锁零售商的采购制度一般有总部授权门店的采购制度、总部集中的采购制度和总部有限授权的采购制度三种。

1. 总部授权门店的采购制度

总部授权门店采购，即由总部授权给门店进行商品的采购。这种制度一般适用于连锁店组织刚刚形成，总部的采购机构还没有正常运转之时。此种采购制度有一定的优点：

①门店有较大的经营自主权；

②采购具有弹性，能灵活适应市场，符合消费者的需求。

但缺点更为突出：

①无法发挥连锁的规模采购优势，难以压低进价；

②难以塑造连锁店统一化、标准化企业形象。

因此，此种采购制度仅能在连锁体系尚未健全的初期采用，不宜长期实行。

2. 总部集中的采购制度

总部集中采购，即把采购权集中在连锁总部，由总部的采购部门负责全公司所有商品采购，商品的导入、淘汰、价格制定及促销计划完全由总部统一规划实施，门店只负责商品的陈列、销售工作，对商品采购仅有建议权，而无决定权。

总部集中的采购制度的优点是：

①可以发挥统一进货的集中议价功能，并形成连锁体系价格形象的一致性，同时，由于采购量大，可以较易取得商品的经销权和代理权，又便于掌握货源；

②实现了采购和销售的专业化分工，使各门店专心致力于销售，既能提高连锁店公司的整体劳动效率，又能提高各门店的销售业绩；

③企业的整体营销活动易于规划，有利于塑造企业的整体形象。

总部集中采购制度也有一定的缺点：

①商品变化的弹性较低，有时较难满足消费者的需求；

②连锁总部的采购人员和门店的销售人员易产生对立。

虽然存在上述不足，但总部集中采购仍是最能发挥连锁经营优势的采购制度。

3. 总部有限授权的采购制度

总部有限授权采购，指主要商品由总部统一采购，少量只适用门店区域特性的商品授权门店自行采购。该制度把集中采购和门店有限采购结合起来，使采购的统一性和灵活性得到较好的发挥。

因此，该制度也是连锁企业通常采用的一种采购制度。

(二) 制定商品计划

商品计划集中于四项基本决策：采购何种商品，采购多少商品，何时采购和储存在哪里。在制定决策的过程中，零售商必须确信其商品组合具有独特性，与竞争者有所不同，并与自己的零售定位相一致。

1. 采购何种商品

①零售商必须决定经营何种质量的商品。零售商确定商品质量必须考虑的因素有：理想的目标市场、竞争、零售商形象、商店位置、库存流转、赢利性、制造商品牌或自有品牌、消费者服务、人员、可感知的产品与服务价值和约束性决策。

②零售商必须决定经营何种商品以及商品的创新程度。应考虑的因素有：目标市场、产品/服务增加潜力、流行趋势及理论、零售商形象、竞争、顾客细分、顾客反应、投资成本、赢利性、风险、约束性决策和衰退期商品的撤出。

2. 采购多少商品

零售商一旦确定了经营何种商品，接着就必须决定采购多少商品。因此，采购商品的宽度与深度是下一步的计划。品种宽度（width of assortment）指零售商经营的不同商品大类的数量。品种深度（depth of assortment）指零售商经营的任何一大类商品的多元化程度。产品品种的范围从宽—深（百货商店）到窄—浅（售货亭）不等。

在制定经营品种的宽度与深度计划时，零售商应考虑多种因素，特别是销售额和利润的变化情况，仓储空间要求等。零售商应该看到多元化引起的投资成本变化。

制定计划时，必须区分延伸品、互补品（服务）和替代品（服务）。零售商增加与原有商品不相关的延伸品是为了产生更大的客流量，扩大利润空间；经营互补产品，零售商一方面可销售基本产品，另一方面又可销售相关产品。经营延伸品和互补品的目的都是为了提高零售商的总销售额。但经营众多的替代品只是简单地使销售额从一个品牌转移到另一个品牌，而零售商的总销售额却几乎不受影响。

随着零售商的强大，零售商为了将货架分配给不同的品牌并控制商品陈列位置而同制造商展开竞争，这称为品牌战（battle of the brands）。为此，零售商必须决定所经营的制造商品牌、自有品牌和非注册品牌商品的适当组合。制造商（全国性）品牌由制造商所有和控制。它们往往更有名、享受制造商的广告支持、有一些已预售给顾客、对零售商的投资要求有限，而且消费者常常认为其产品质量最好。这些品牌统治着许多种产品大类的销售。最著名的制造商品牌有可口可乐、百事可乐、柯达等。

自有（经销商）品牌（private brands）即由批发商或零售商设计拥有的品牌。它们对于零售商更有利可图，也更便于零售商控制，会形成消费者对零售商的忠诚。在美国零售业中，自有品牌在超市占单位销量的20%，在药品杂货店占单位销量的12%，在大型零售店占单位销量的11%。在药品杂货店内，1/4 的文具和学生用品销售额来自自有品牌，而维生素更是自有品牌销售额比例最高的商品。零售商必须谨慎从事，决定将多大力量放在它们的自有品牌上。许多消费者忠诚于制造商品牌，如果商店里没有这类品牌，他们会到别处去购物。

非注册品牌（generic brands）的特点是将商品的属名当做品牌。这类商品不带任何多余的装饰，常被摆放在次要的货架位置上，很少或者没有促销支持，整体质量有时比其他品牌差。品种有限而且包装朴素。非注册品牌由零售商控制，定价也比其他品牌低得多。在美国，超级市场经营的这类商品，销售额稳定在不足1%。但是，在处方药行业，制造商品牌和非注册品牌的商品质量差不多，非注册品牌占单位销量的1/3。

3. 何时采购商品

零售商应确定每一种商品在什么时候储存。对新产品，零售商必须决定什么时候第一次陈列和销售。对已有产品，零售商必须计划一年内的商品流转规律。为了恰如其分地订购商品，零售商必须预测一年内的商品销量及其他各种因素：高峰季节、订货和送货时间、例行订货和特殊订货、库存流转率、折扣和存货处理的效率。

例行订货和特殊订货的计划不同。例行订货只涉及库存常用品和其他规则销售的商品，货物按周或月有规律地进货。因此计划和问题要少得多。特殊订货涉及不规则销售的商品。这种订货要求大量的计划工作及零售商与供应商之间的密切合作。特殊送货的日期常常是特意安排的，定做的家具就是一种要求特殊订货的产品。

库存流转率（商品出售的快慢程度）对订货频率的影响极大。像牛奶和面包这类便利品，因极易腐坏，导致流转率很高，因此必须经常再订购。像冰箱、彩电之类选购品的流转率较低，因此不必经常再订购。

在决定商品采购的时间和频率时，零售商应考虑到数量折扣，大批采购可能意味着较低的单位成本。采用高效率的存货处理方法，如电子数据交换和快速反应计划程序，也能降低成本和订货时间，同时提高商品管理的生产率。

4. 在什么地方储存商品

单一企业常常必须选择将多少商品存放在销售现场，多少存放在库房，以及是否利用仓库。连锁店也必须在各分店之间分配商品。

在给各家分店配送商品时，零售商应考虑到目标市场。只有当商品能满足服务顾客的品位和需求时，各分店才应经营这些商品。各分店的地理位置越分散，准确地辨别各分店所需商品品种的差别就越重要。在各分店间分配商品时，研究分店规模也很重要。当分店的目标市场相似时，应根据销售额分配商品。

（三）确定供应商与货源

零售商从中进货的公司称为供应商。选择供应商是一项十分复杂的工作。美国西尔斯公司仅在美国就向数千家主要的供应商采购商品，这意味着西尔斯公司必须不断评估现有的卖主的表现和潜在的卖主。

因此，零售商需建立一个供应商准入制度，建立一个选择供应商的标准，以便对供应商进行资格审查。选择供应商可考虑的准则有：

1. 可靠性。供应商能始终如一地履行所有书面承诺。

2. 价格—质量。供应商能以最低的价格提供最好的商品。

3. 订单处理时间。能及时送货。

4. 独占权。供应商能否给予独家经销权。

5. 提供的服务。如果说需要，供应商能提供运输、储存和其他服务，并能保证服务质量。

6. 信息。供应商能提供一些重要的产品/服务数据。

7. 道德。供应商能履行所有的口头承诺。

8. 保证。供应商能对自己的产品/服务提供担保。

9. 信用。供应商能提供或长或短的商业信用。

10. 长期关系。能保持诚实、信用的长期合作关系。

11. 记录。供应商能很快地填写好记录。

12. 毛利。有足够的毛利（差价）。

13. 创新。供应商的产品/服务是否创新。

14. 地方广告。供应商能否在当地做广告。

15. 投资。供应商的总投资成本情况。

16. 风险。与供应商交往有无风险，风险有多大。

总之，零售商与供应商之间有合作、有冲突。零售商与供应商之间的关系营销的利益是无价的，值得零售商为保持与供应商的合作关系而付出努力。如美国西尔斯公司，每年都要表彰150名最好的供应商，因为是他们坚持不懈的支持，才有西尔斯的成功。

（四）采购业务管理制度

采购业务的管理制度一般包括两方面的内容：对采购员的管理；对商品的供应商的管理。

1. 采购员的管理规定

①采购员由于掌握着商品的进货权，往往成为供应商的拉拢对象，因此要制定制约措施。

②采购员的工作内容繁多，因此要规定采购员在每周或每旬有工作计划，计划书要上报采购部经理，使上级随时掌握每个采购员的去向和工作进度，并对其工作进行指导和考核。

③采购员对供应商的取舍不应是任意的，应该规定供应商选择的标准，货源稳定、商品品质优良且价格具有竞争性的供应商应为优选的对象。另外对商品可否退货，付款条件是否优惠，促销配合是否得当，以及商品送货速度等因素，都应作出明确的规定。

④采购员订货的权限是有限的，权限规定的关键内容是要规定一个采购员订货的金额是多少，超过此金额应由谁来决定，应履行什么样的报批手续等。

⑤滞销商品和坏品处理是采购员的职责内的工作内容，要规定一系列的执行要点，如滞销品和坏品由门店经理列表提出，采购员汇总成报表上报采购部经理，由采购部经理审核批准执行等。

⑥零售商商品退货的规定中要提出采购员执行要求，即谁订的货就由谁负责把货退给供应商，并要规定出退货的期限。

2. 对供应商的管理规定

零售商对供应商的管理规定由两方面组成，一是业务方面的管理规定，二是供应商资料的管理规定。

①现代零售商的商品周转速度较快，为了保证商品的充分供应，就必须要求供应商供货准时。这就要对供应商在商品的配送方式、配送时间、地点和送货次数等方面作出规定，并在确定采购时就与供应商订立协议，明确规定供应商违反规定所负的责任。

②供应商的供货如发生缺货现象，就会影响到零售商的生意。为此对供应商的缺货的制约要作出规定。如缺货率不得超过5%，超过规定供应商要作出补偿，这种规定要与供应商订立的协议为执行的依据。

③采购业务是不可能对供应商提供的几千种甚至上万种商品的质量作出判

断的，因此在确定采购时要对供应商作出商品质量的有关规定，如要供应商出示有关部门签发的商品准产证、商品质量鉴定书等，并要求供应商对商品质量作出法律上的承诺。

④供应商的供应价格如果总是变化，这对零售商经营是十分不利的，一般要求供应商的供货价格在一个相当的时间内保持稳定，如果由于生产成本，市场变化等因素价格必须要作出调整，必须规定供应商在价格调整时有一定的程序，如规定供应商在商品价格调整时，要在调整价格生效前两星期事先通知进货方为有效，或在调价时，仍维持一段时间的原有价格的商品供应数量，以保证零售企业采购部门有时间作出相应调整，不至于措手不及。

⑤支付货款的天数是公认的交易条件，但也必须对支付货款给供应商的方式作出规定，如与供应商的商品货款的对账应定在每月的哪一天，付款日定在哪一日，付款采取什么方式都要作出明确规定。

⑥对供应商的资料管理，是零售商采购业务管理的重要环节。供应商的资料管理可作出以下几个方面的分类：

一是对供应商进行分类并确定编号。供应商的分类是按照超市经营的商品类别来进行的，再依商品的类别来确定供应商的编号，如饮料商品的编号是3，就可以对各饮料供应商编成3001、3002等号码来进行识别管理，零售商应给每一个供应商的每一个商品确定编号或代码，以利于电脑管理。

二是对供应商的基本资料建档进行管理。如供应商的名称、住所、负责人、电话、营业执照登记号、供应商品的种类、年销售额等建立资料档案，以便管理。

三是设立供应商商品台账进行管理。对每一个供应商供应的商品的进价、售价、规格、数量和毛利率等商品资料设立台账，台账除了记录供应商供货给本公司的以上商品资料，最好也能记录供货给其他公司，尤其是主要竞争对手的商品资料。

四是对每一家供应商供应给本公司的所有商品的销售业绩逐月作出统计，包括金额，数量和毛利额，以此作为判定该供应商供货优劣的依据，作为以后订货谈判的讨价筹码。

五是对供应商的商誉也必须作出调查并建档。

六是对供应商的优劣要作出鉴定与评价，以便对其进行分类管理。一般可运用ABCD分类法来对供应商进行管理。A级供应商可由采购部经理或业务主管亲自进行管理（表8-1）。

表8-1　　供应商鉴定评价表

项　目	鉴定评价			
	A	B	C	D
商品质量	品质佳	品质尚可	品质差	时常出现坏品
畅销程度	非常畅销	畅销	普通	滞销
商品价格	比竞争对手优惠	与竞争对手相同	略高于竞争对手	远高于竞争对手
配送能力	准时	偶误	常误	经常误
促销配合	配合极佳	配合佳	配合差	配合极差
欠品率	2%以下	2%~5%	5%~10%	10%以上
退货服务	准时	偶误	常误	经常误
经营潜力	潜力极佳	潜力佳	普通	潜力小

二、商品配送

（一）配送中心

配送中心的设立主要是为了实现物流中的配送行为，因此配送中心是专门从事货物配送活动的经营组织或经营实体。商品配送中心的核心任务就是将货物准确及时地送到需要的地点。围绕这一核心，配送中心除了配送外还必须进行一系列的收集信息、订货、储存等项活动。

1. 配送中心的主要功能

①集中。通过配送中心接收供应商送到某一特定门店的商品，然后把它们整合成单一的一次运输，其好处就是能减少运输费，同时减少门店收货时拥挤的现象。

②整理分类。配送中心将商品分类整理成个别的订货，并负责运送至门店。目前，许多零售连锁店广泛地采用交叉站台作业，来快速补充或转移商店存货。在这种情况下，配送中心先接受多个供应商整车运来的货物，然后按门店地点进行分配，接着商品被放在去特定门店的托盘上，最后通过配载达到车辆的合理容积，这些商品就运送到门店去。整个过程中，商品交叉穿行过配送中心。于是，配送中心的经济利益体现在从供应商到配送中心的满载运输，以及配送中心到门店及客户的满载运输上。对于流通型的配送中心，由于商品不需要储存，还可以降低商品在配送中心的搬运与储存成本。

③运输。配送中心为客户选择满足客户需要的运输方式，然后具体组织网络内部的运输作业，在规定的时间内将客户的商品运抵目的地，包括市内配送都应由配送中心负责组织。

④储存。配送中心需要仓储设施，通过仓储环节保证市场分销活动的开展，同时尽可能降低库存占压的资金，减少储存成本，因此配送中心需要配备高效率的分拣、传送、储存、拣选设备。

⑤装卸搬运。配送中心以其专业化的装载、卸载、提升、运送、码垛等装卸搬运机械，加快商品在配送中心的流通速度，减少商品损毁。

⑥包装。配送中心的包装目的不是改变商品的销售包装，而在于通过对销售包装进行组合、拼配、加固，形成适于物流和配送的组合包装单元。

⑦流通加工。配送中心与固定的制造商、分销商进行长期合作，为制造商或分销商完成一定的加工作业。配送中心必须具备基本的加工职能——粘贴标签、制作并粘贴条形码。

⑧物流信息处理。对物流信息进行实时的采集、分析、传递，并向货主提供各种作业明细信息及咨询信息。功能是靠设计而来的，每个配送中心集合不会完全相同，有的配送中心可能只提供基本功能中的部分功能。提供增值性服务是现代配送中心赢得竞争优势的必要条件。

2. 配送中心的分类

成立配送中心有多种方法，根据建立配送中心的主体，其配送中心类型主要有：

①由制造商成立的配送中心（MDC）

②由批发商或代理商成立的配送中心（WDC）

③由货运公司成立的配送中心（TDC）

④由零售商向上整合成立的配送中心（RDC）

⑤由区域性的配送中心，负责特定区域的配送中心的业务（RDC）

⑥货品暂时存放的转运站，或为大车车辆转换成小车的中继站（FDC）

3. 商品配送中心的设施

配送中心的设施分为内部设施和外部设施。配送中心的内部设施一般由信息中心与仓库构成。信息中心起着汇集信息并对配送中心进行管理的作用，仓库根据各部分不同的功能又可分为不同的作业区。配送中心的外部设施主要有停车场和配送中心内道路等。

①信息中心。信息中心指挥和管理着整个配送中心，它是配送中心的中枢神经。它对外负责收集和汇总各种信息，对内负责协调、组织各种活动，指挥

调度各部门人员，共同完成配送任务。信息中心一般和办公室结合在一起。

②收货区。接货区面积不大，主要设施有验货用的电脑、验货区场和卸物工具等。

③储存区（保管区）。储存区一般分为暂时储存区和常规储存区。储存区所占面积较大。一般都建有专用仓库，配置各种设备，如货架、叉车、起堆机等。从位置上看，有的储存区与接货区连在一起，有的与接货区分开。

④理货区。理货区是配送中心人员进行拣货和配货作业的场所。其面积大小因超市的类型不同而异。一般说来，拣货和配货工作量大的配送中心，其理货区面积较大。理货区配置有许多专用设备与设施，如货架、升降机等。

⑤配装区。有些分拣出来并配备好的货物若不能立即发送，就需要集中在某一场所等待统一发货，这种放置和处理待发货物的场所就是配装区。在配装区内，工作人员要根据每个门店的位置、货物数量进行分放、配车和选择是单独装运还是混载同运。在配装区内货物停留时间不长，所以货位所占面积不大，配装区的面积比储存区小得多。有一些配送中心的配装区与发货区合在一起，称为分类区。配装作业主要是分放货物、组配货物和安排车辆等。

⑥发货区。发货区是工作人员将组配好的货物装车外运的作业区域。

⑦加工区。在这个区域内，对收进的生鲜食品进行加工。

（二）配送模式

1. 按供应主体划分的配送模式

①供应商（企业）直接配送模式。即供应商直接向零售商或连锁店铺送货的方式。

②零售企业内自营配送模式。这是目前连锁零售企业广泛采用的一种配送模式。企业通过独立组建配送中心，实现对内部各门店的物品供应配送。这种配送中心的各种物流设施和设备归一家超市企业所拥有。作为一种物流组织，配送中心是连锁企业的一个有机组成部分。它的优点：具有灵活性；与其他模式相比，还可以提供给连锁企业更多的控制权利，这种控制能使企业把配送活动与企业内部的其他物流过程结合在一起；使连锁企业拥有一定的无形利益，尤其是在市场形象方面。但是，这种隶属于某连锁企业的配送中心，只服务于该连锁企业的各门店，通常，它是不对外提供服务的。但是就目前而言，在满足连锁门店供应方面发挥了重要作用。因此，许多连锁公司都通过组建自己的配送中心，来完成对内部各门店的统一采购、统一配送和统一结算。美国的沃尔玛所属的配送中心就是公司独资建立、专门为本公司所属的连锁门店提供商品配送服务的自用型配送中心。

③社会化配送模式。社会化配送是指零售企业的物流活动由第三方的专业公司来承担，即所谓第三方物流。零售企业可以将全部或部分物流活动委托第三方物流公司来承担。其优势在于：专业公司更能够通过规模性规范性操作，为其带来经济利益。

零售业立足本业，委托专业配送公司开展配送，作为零售企业可以专心致志地开展零售经营，降低成本。实践证明，配送中心是多年来国际物流业创造的最佳服务形式，选择适合自身特点的配送策略对于零售企业提高经营效率，提升核心竞争力有着积极地作用。

④共同配送。这是一种配送经营企业之间为实现整体配送合理化、以互惠互利为原则、互相提供便利的配送服务的协作型配送模式。共同配送是中小型连锁企业实现物流合理化的良策。在实际中，主要有两种共同配送的方法：一是由两种以上不同业种的企业联合起来完成共同配送。二是具备一定的先进设备，能被各企业共同利用，并提供多功能服务的物流企业与几个中小型的连锁公司合作。共同配送之优点：提高运输服务质量和降低运输成本；增强企业的应变能力；利于企业有限资源的合理互用；扩大企业运营规模；增强企业的物流能力。

2. 按配送时间及配送数量分

①定时配送

按规定时间间隔进行配送，如数天或数小时一次等，每次配送的品种及数量可按计划执行，也可在配送之前以商定的联络方式通知配送品种及数量。这种方式的优点是：时间固定，易于安排工作计划，易于计划使用车辆，对用户而言，也易于安排接货力量。缺点是：由于配送物品种类多变化，配货、装货难度较大，在要求配送数量变化较大时，也会使配送运力安排出现困难。

在连锁经营中主要采用日配的定时配送形式。日配是定时配送中施行较广泛的方式，尤其在城市内的配送，日配占了绝大多数。

日配的时间要求大体上是：上午的配送订货下午可送达，下午的配送订货第二天早上送达，送达时间在订货的 24 小时之内，或者是用户下午的需要保证上午送到，上午的需要保证前一天下午送到，在实际投入使用前 24 小时之内送达。

日配方式的开展，可使用户基本上不需要保持库存，不以传统库存为销售经营的保证，而以配送的日配方式实现这一保证。

下列情况特别适合日配方式：

——消费者追求新鲜的各种食品，如水果、点心、肉类、蛋类、菜蔬等。

——用户是多个小型商店，追求周转快，随进随售，因而需要采取日配形式快速周转。

——用户条件限制，不可能保持较长时期的库存，如已采用零库存方式的生产企业，“黄金宝地”位置的商店以及缺乏储存设施的用户。

——临时出现的需求。

②定量配送

按规定的批量在一个指定的时间范围内进行配送。这种方式的优点是：数量是固定的，备货工作较为简单，可以按托盘、集装箱及车辆的装载能力规定配送的定量，能有效地利用托盘、集装箱等集装方式，也可做到整车配送，配送效率较高。

③定时、定量配送

按照规定配送时间规定配送数量进行配送。这种方式兼有定时、定量两种方式的优点。但特殊性强，计划难度大，适合采用的对象不多，不是一种普通的方式。

④定时、定路线配送

在规定的运行路线上制定到达时间表，按运行时间表进行配送，用户可按规定路线站及规定时间接货及提出配送要求。这种方式利于安排车辆及驾驶人员。

⑤即时配送

完全按用户突然提出的配送时间和数量随即进行配送的方式。这是一个具有很高灵活性的应急配送方式。对零售店而言，即时配送可以代替保险储备。

第三节　销售与服务管理

一、零售定价

零售有利可图的关键在于以适当的时间、适当的地点、适当的价格、适当的数量出售适当的产品。为此零售活动的核心是关注顾客、竞争对手和他们所处的环境。成功的零售商必须了解其顾客所需要的是什么，然后提供满足这些顾客所需要的商品和服务，拥有比竞争对手更多的竞争优势。

因此，零售活动实质是通过将能够满足顾客需要并影响其采购决策的各种活动进行组合，以达到促动消费者购买的目的，在这一过程中，核心的两个方面是影响成本的商品管理和影响收益的价格管理。由于涉及商品管理的内容已经在前一节进行了详细的介绍，这里主要介绍零售活动的定价策略。

（一）影响零售定价的因素分析

零售企业的经营活动是在特定的环境中进行的，零售定价决策必然会受到多种因素的制约和影响，概括起来，影响零售定价的因素可分为外部因素和内部因素两大类。

1. 外部因素分析

①政策因素。为了保证零售定价的合理、公正，保护正当的市场竞争和消费者的合法权益。世界上几乎每个国家都制定了一系列物价政策、法规，规定零售定价的原则，有些还明确规定了一些特殊商品的具体价格，有的则规定了商品价格的上下限，也有对价格垄断、价格歧视和掠夺性定价的限制，有些国家还设立了专门机构来执行、解释这些政策法规。

②竞争因素。零售企业在其经营活动中，常常受到竞争对手的强有力的挑战。因此，竞争者的价格水平和价格策略对零售定价必然会产生巨大的影响。

③需求因素。一种商品的最高价格取决于市场需求，所以说消费者对价格的接受程度是零售定价的最高限度，如果零售定价超过顾客的接受程度，则商品就没有市场。消费者的价格接受度除了受其消费水平、消费观念、需求偏好等因素的影响外，价格敏感度也是重要的影响因素。

2. 内部因素分析

①零售商店的定位。商店的市场定位对零售定价产生重要影响。一般来说，零售商店的市场定位有高、中、低三个层次，各个层次对应了高、中、低三个定价策略。

②商品的成本。商品的最低零售价格取决于商品的进货成本，成本是零售定价的底线，任何商品或服务的长期价格都不能低于这一底线，所以说成本对零售定价有着决定性作用。

③商品本身的质量及品牌地位。商品本身的特性，如质量及品牌地位对价格的影响是显而易见的，对于质量好、式样新颖、做工精制的商品，对于具有较高品牌地位的商品，消费者会自愿付出比较高的价格，而商品本身就难以吸引人的话，就算价格再低消费者也不会购买。

④商品生命周期中所处的阶段。一般来说，当商品处于投入期时，商品的生产成本高、市场竞争者少，可采取相对较高的价格，如运用取脂价格策略迅速收回成本；而当商品进入成熟期后，商品的生产成本下降、竞争者充斥市场、顾客的购买兴趣锐减时，应考虑降价。

（二）零售定价方法

零售企业常用的定价方法主要有成本导向定价法、需求导向定价法和竞争导向定价法等。

1. 成本导向定价法

成本导向定价是以商品成本为定价基础依据，主要包括成本加成定价法、损益平衡定价法和目标贡献定价法等具体方法。

①成本加成定价法

成本加成定价法是指零售商将单位商品成本、零售运营费用及期望利润加总定出的价格，其特点是按照单位成本加上一定百分比的加成来确实商品销售价格。在这里加成的含义就是一定比率的利润，而加成率可有两种不同的计算方法：一种是以进货成本为基础的，另一种是以销售价格为基础的，计算方法不同，结果也不同。

以进货成本为基础的成本加成定价法的计算公式为：

商品售价＝单位完全成本×（1＋成本加成率）

其中：

成本加成率＝售价－进价/进货成本×100%

而以售价为基础的成本加成定价法的计算公式为：

商品售价＝进货价格/（1－加成率）

其中：

加成率＝售价－进价/售价×100%

成本加成定价法具有计算简单、简便易行的优点。在正常情况下，按此方法定价可使企业获取预期赢利。缺点是忽视市场竞争和供求状况的影响，缺乏灵活性，难以适应市场竞争的变化形势。特别是加成率的确定仅从公司角度考虑，因而难以准确得知对应价格水平上的市场销售量，使固定成本费用的分摊难保其合理性。因此，主要用于那些一次性采购、事先难以确定成本的商品。

②损益平衡定价法

损益平衡定价法是在既定的固定成本、单位变动成本和价格条件下，确保能够保证公司收支平衡的产（销）量。在此价格下实现的销售量，使零售商刚好保本，因此，该价格实际是保本价格。即：

保本价格＝固定成本/损益平衡点销售量＋单位变动成本

其中：

损益平衡点销售量＝固定成本/（价格－单位变动成本）

损益平衡定价法侧重于总成本费用的补偿，这一点对于经营多条商品线和多种商品项目的零售企业极为重要。

③目标贡献定价法

目标贡献定价法又称为可变成本定价法，即以单位变动成本为定价基本依据，加入单位商品贡献，形成商品售价。即：

价格＝单位可变成本＋单位商品贡献额

目标贡献定价法有以下优点：一是易于在各种商品之间合理分摊固定成本费用。限制因素占用多，其价格中所包含的贡献量就大，表明该种商品固定成本分摊额较多；二是有利于零售企业选择和接受市场价格。在竞争作用下，市场价格可能接近甚至低于零售企业的平均成本，但只要这一价格高于平均变动成本，公司就可接受，从而大大提高零售企业的竞争能力；三是根据各种商品贡献的多少安排零售企业的商品线，易于实现最佳商品组合。

2. 需求导向定价法

需求导向定价法是依据消费者对商品价值的理解和需求差别来制定价格的方法。就是说，相同的商品因消费者需求和认识的差别，也可以采取不同的价格。在商品供过于求时，企业运用需求导向法定价，效果会更好。具体又可以分以下几种方法：

①理解价值定价法

理解价值定价法也称觉察价值定价法，是以消费者对商品价值的感受及理解程度作为定价的基本依据。把买方的价值判断与卖方的成本费用相比较，定价时更应侧重考虑前者。因为消费者购买商品时总会在同类商品之间进行比较，选购那些既能满足其消费需要，又符合其支付标准的商品。消费者对商品价值的理解不同，会形成不同的价格限度。这个限度就是消费者宁愿付货款而不愿失去这次购买机会的价格。如果价格刚好定在这一限度内，消费者就会顺利购买。

理解价值定价法较多地考虑了需求情况，根据消费者对商品价值的理解，即商品由消费者心目中的价值观念所决定，而不是由卖主的成本定价所决定。

②需求差异定价法

需求差异定价法是以不同时间、地点、商品及不同消费者的消费需求强度差异为定价的基本依据，针对各种差异决定其在基础价格上的增减。但实行差异定价法需要具备以下条件：市场能够根据需求强度的不同进行细分；细分后的市场在一定时期内相对独立，互不干扰；高价市场中不能有低价竞争者；价格差异适度，不会引起消费者的反感。

③反向定价法

反向定价法是指在商品设计以前就先测定消费者能接受的价格，进而确定商品的市场零售价格，然后逆向推出商品的进货成本的定价方法。因其定价程序和成本加成法相反，故称其为反向定价法。这种定价不仅以市场需求、购买力情况、消费者愿意支付的价格为依据，而且能满足在价格上与现有类似商品竞争的需求，引进在价格方面具备竞争力的商品。

3. 竞争导向定价法

竞争导向定价以市场上相互竞争的同类商品价格为定价基本依据，以竞争状况的变化确定和调整价格水平为特征，主要有通行价格定价法和主动竞争定价法两种方法。

①通行价格定价法

通行价格定价法是竞争导向定价方法中广为流行的一种。定价是使零售企业商品的价格与竞争者商品的平均价格保持一致、在人们观念中常被认为是“合理价格”，易被消费者接受，同时能避免激烈竞争产生的风险。这种定价适用于竞争激烈的均质商品，如大米、面粉、食油以及某些日常用品的价格确定；这种定价方法常在难以衡量成本的零售业中运用。

②主动竞争定价法

与通行价格定价法相反，它不是追随竞争者的价格，而是根据零售企业商品的实际情况及与竞争对手的商品差异状况来确定价格。定价时首先将市场上竞争商品价格与零售企业估算价格进行比较，分为高、一致及低三个价格层次。其次，将零售企业商品的性能、质量、成本、式样、产量等与竞争对手进行比较，分析造成价格差异的原因。再次，根据以上综合指标确定零售企业商品的特色、优势及市场定位，在此基础上，按定价所要达到的目标，确定商品价格。最后，跟踪竞争商品的价格变化，及时分析原因，相应调整零售企业的商品价格。

（三）价格调整

零售定价不是一成不变的。由于零售企业所处的环境是不断变化发展的，为了适应市场需求和竞争环境的变化，零售企业需要适时调整价格。价格调整可以分为提价和降价两种情况。

1. 提价

提价是指零售企业在制定的初始价格基础上调高价格的行为。提价往往会遭到消费者的反对，对企业的经营造成风险，但是由于一些客观原因如成本上升、需求上涨、定价目标调整等，导致企业必须提价时，企业应该考虑各方面的因素，慎重提价。

零售企业提价的风险是显而易见的，它可能使商品的销售量减少，进而影响企业的利润。而且提价会抑制需求，如果需求被过度抑制，很可能导致企业利润的下降。同时，高价格、高利润也会导致竞争者不断涌入市场，使竞争日益加剧。因此，为了减少顾客不满，企业提价时应当向顾客说明提价原因，并帮助顾客寻找节约途径。而且，如果有可能，当市场供不应求时，企业应当积极组织货源，增加商品的供应量，牢牢地占领和扩大市场。

2. 降价

降价是零售销售活动中常见的价格调整行为。虽然零售企业的降价可使顾客得到实惠，不会引起顾客的抵触。但零售企业的降价也是存在着巨大风险的。一是顾客可能会因价格下降而怀疑商品质量，影响预期销量；二是降价使商品毛利降低，可能使企业利润减少；三是降价可能引起供应商的不满；四是降价可能引起竞争者的报复，从而陷入价格大战中。

零售企业应认识到降价不是竞争的惟一出路，如果因为竞争者降价而降价，应小心出现恶性竞争、两败俱伤的局面。企业可通过加强售后服务等非价格手段来提高竞争力。企业在降价时还应该做好计划和具体安排，尽量减少降价次数，同时注意降价不能降质量，以免给消费者造成企业经营不善等不良印象，得不偿失。

二、零售促销

(一) 零售促销定义

零售促销（retail promotion）一般被定义为零售商为告知、劝说及提醒目标市场关注有关企业销售方面的信息而进行的一切沟通联系。从市场营销的角度看，零售促销是零售企业通过人员和非人员的方式，与消费者沟通，引发、刺激消费者的消费欲望和兴趣，使其产生购买行为的活动。从这个概念不难看出，零售促销具有以下几层含义。

1. 零售促销工作的核心是沟通信息。零售企业与消费者之间达成交易的基本条件是信息沟通。如果企业未将自己经营的商品或劳务的有关信息实时有效地传递给消费者，那么消费者对此一无所知，自然不会购买。尤其是新商品或新服务进店，充分准确的信息沟通是首要的。

2. 零售促销的目的是引发、刺激消费者产生购买欲望，进而产生购买行为。在消费者可支配收入既定的条件下，消费者是否产生购买行为，主要取决于消费者的购买欲望，而消费者的购买欲望与外界的刺激、诱导分不开。促销就是针对这一点，通过传播方式把商品或劳务的相关信息有效地传递给消费者，以刺激其购买欲望，使其产生购买行为。

3. 零售促销的方式是人员促销和非人员促销两类。人员促销，亦称直接促销或人员推销，是零售商或生产商运用商品促销员向消费者传递信息的一种方式，它主要适合于新商品或用途比较特殊的商品，或者一些准备大幅度降价销售的商品。非人员促销，是零售企业通过店内的墙壁广告、通道广告、店内堆头广告、店门口的一些广告贴等传递信息。主要适合于新上架商品或者新的服务等。零售企业一般是运用人员促销和非人员促销两种方式有机结合进行促销的。

（二）零售促销过程

为了成功地与顾客进行沟通，零售商要认真设计其整体促销策略。

1. 促销目标

零售促销的第一步就是确定促销目标，促销目标主要包括：增加销售额、刺激冲动型和提示型购买、增加客流量、支持销售人员的工作、介绍并加强零售商的形象、告知顾客商品和服务的特点、宣传新的店址、利用制造商的支持提供顾客服务并加强与顾客的联系以及维持顾客忠诚。

2. 总体促销预算

制定总体促销预算可以有几种方式，主要包括五种方法：

①剩余定额法。指先为零售战略组合中的其他部分划拨资金，剩余部分，不管多少，都作为促销预算。

②增量法。是根据从前的预算来分配资金。某年预算是由在上年度预算基础上加上或减去一个百分点来决定的。

③竞争基准法。是根据竞争者的行动来增加或减少预算。这就是说，若某一区域内的领先企业将其促销预算增加10%，那该区域内的竞争者将做出相应的调整。

④销售百分比法。将其促销预算与销售收入联系起来。企业设立一个促销费用对销售额的比率。在连续的年份中，虽然促销费用和销售额会发生变化，但该比率保持不变。

⑤目标任务法。指按照促销目标确定促销预算。

3. 促销组合

在预算制定之后，零售企业必须制定其促销组合，将广告、公共关系、人员推销及销售促进结合起来。广告和公共关系在吸引顾客注意时最有效，人员推销及销售促进在改变顾客态度和刺激顾客欲望时最有效，这种方法特别适用于促销昂贵的、复杂的商品或服务。

执行促销组合包括选择媒体、选择时机、决定传递何种信息、组建销售队伍、选择销售促进手段及分工协作。

4. 促销计划的检查并修订

根据促销目标，检查关于促销计划是否成功，分析计划实施情况，总结经验，并对未达到预定目标的促销手段做出修订。

三、零售服务

零售服务是零售经营活动的重要组成部分，也是零售企业与顾客直接接触的层面，服务质量高低直接影响零售经营的质量、效益，进而影响企业整体形象。因此，必须坚持以顾客为中心的核心理念，制定科学的服务流程和服务规范，运用先进的质量管理方法，确保服务的高质量和顾客的高满意度。

从广义的范围来说，零售服务包括售前、售中及售后服务的所有商品经营服务工作。

（一）售前服务

从服务的角度来说，售前服务是一种以交流信息、沟通感情、改善态度为中心的工作，必须全面、仔细、准确和实际。售前服务是所有企业赢得顾客良好印象的最初活动，所以零售企业的所有工作人员对待顾客都应该热情主动，诚实可信，富有人情味。

售前服务就是设身处地为顾客着想，发掘顾客求美的心理，从扬长避短、掩丑显美入手，有效地调动消费者的购买欲望。

尽管所有商家都明白售前服务的重要性，但并不是所有的商家都能够做好售前方面的工作。为了做好售前服务工作，一般从以下几个方面着手：

1. 提供综合咨询服务。顾客前往店铺时，或多或少会有一些有待于解决的问题。如果能够派几名有较高业务水平的人员，为顾客提供综合咨询服务，则对方便顾客购买会有很大的帮助。

2. 提供配套销售服务。就是将某些具有连带性的商品或者配套使用的商品，按照顾客的需要组合在一起，以方便顾客一次购买。比如一些店铺针对新婚夫妇的特点，推出了各种型号、各种价格档次的家具和电器设备的组合类型，打消了顾客的忧虑，促进了他们的购买决心。

3. 提供拆整卖零服务。对于有些商品，顾客的需求量可能会比较小，企业所提供的商品包装超出了顾客所能购买的需求量，这时就应该考虑到顾客的实际需求，将大包装的商品拆开来卖给顾客。

4. 提供缺货代购服务。一般来说，店铺比顾客掌握的商品信息要多，应该随时为顾客提供代购服务。为了做好这项服务工作，店铺可以建立一定的代购服务制度，例如缺货登记，将顾客需要购买而暂时没有的商品登记下来，代为顾客购买。

（二）售中服务

售中服务，又称销售服务，是指商品交易过程中，直接和间接为销售活动提供的各种服务。现代商业销售服务观念的重要内容之一，就是摒弃过去那种将销售行为视为简单的买卖行为的思想，而将销售过程看做是既满足顾客购买商品欲望的服务行为，又不断满足消费者心理需要的服务行为。

优秀的售中服务显然为顾客提供了享受，从而可以增强顾客的购买欲望。融洽而自然的销售服务还可以有效地消除顾客与营业员之间的隔阂，在买卖双方之间形成一种相互信任的气氛，营销专家认为这通常是最有利的成交时机。

营业员的服务质量是决定顾客是否购买的重要因素，一个成功的营业员所应具备的素质，是每一个企业都必须非常重视的问题。如果说售前服务只是使潜在顾客产生购买欲望，做出初步购买决定，那么售中服务就是使这种意向和决定转为购买现实。因此，对于售中服务来说，提高服务质量尤为重要。

（三）售后服务

售后服务，是指零售企业为已经购买商品的顾客提供的服务。传统的经营观念认为，企业只要把自己的商品卖给了顾客，也就完成了交易过程，这以后的事情，企业就不再有任何义务。其实，现在这种观念在任何企业中已经不复存在，所有企业都认识到了售后服务的重要性，早已将“商品出门，概不退换”改为“包退包换”，有的甚至还提供免费运送、安装、维修等。

事实上，售后服务作为一种服务方式，内容极为广泛。如果说售中服务只是为了让顾客买得称心，那么售后服务就是为了让顾客用得放心。

1. 售后服务的着眼点。为了做好售后服务，可以从以下方面着手：

①为顾客提供包退包换服务，解决顾客的后顾之忧。

②为顾客提供一定程度的免费安装和免费维修，对于某些零件只收取成本费用的维修，减轻顾客购买的忧虑。

③对于顾客准备购买的商品，可以按照顾客的要求进行部分改变，以满足顾客的要求。

2. 售后服务的内容。大体包括两个方面：

①帮助顾客解决搬运的难题，使顾客可以方便地购买商品。

②建立保修制度，使顾客产生安全感和信任感。

附表

表 8-2　　英国供应商对大型零售商的依赖

主要食品零售商排名	占供应商销售额的平均比例（%）	占英国零售额的比例（%）
1	38.4	32.2
2	56.9	46.8
3	69.7	56.4
4	79.1	63.3
5	86.2	68.5

表 8-3　　英国零售商自有品牌份额发展趋势

零售企业	自有品牌份额（%）				
	1980 年	1985 年	1990 年	1994 年	1998 年
特易购	20.8	36.2	39.4	50.0	55.2
Sainsbury	54.2	56.0	53.4	57.3	60.7
Asda	6.4	7.6	30.6	35.5	57.9
Safeway	27.6	35.7	33.1	42.0	53.2
Gateway	18.0	16.7	24.4	33.6	50.3
马莎百货	100.0	100.0	100.0	100.0	100.0

资料来源：Barrett（1995） and Burt（1992），base on AGB Superpanel data；KPMG（2000），based on A. C. Nielsen data.

案例与分析

沃尔玛的成功经营

为顾客提供平价服务是沃尔玛的最大特色。提到平价服务，人们往往首先想到的是价格低廉，但沃尔玛更看重服务的质量。沃尔玛认为，价格低廉是平价的重要内容，但降低价格的同时，不能降低服务。为顾客提供超值的服务，才是平价的精髓所在，在顾客花费一定的条件下，如能享受到超值服务，实际上就是获得了平价服务。

而要做到“价廉”，就只有在压低进货价格上下功夫。沃尔玛直接从工厂进货，商品的中间环节大大减少。同时，精明的采购员总是进行艰苦的讨价还价，力图把价格压至最低。以往的零售业都是由分店向各制造商订货，再由各个制造商将货发到各个分店。而沃尔玛推行的是“统一订货，统一分配”。各分店的订货都先汇总到总部，然后由总部统筹订货。商品成交后，就被直接送往公司的分销中心。再由分销中心送往各个分店。沃尔玛在全美共有超过二十个以上分销中心，每个分销中心楼板的面积加起来有二十几个足球场那么大，其装货月台可供30辆卡车同时装货，卸货月台有135个卸货位置。分销中心的地点选择经过仔细的研究，必须能确保产品由分销中心运出到各分店的时间不能超过一天。公司有专用的车队，拥有6000多辆卡车，平均每天发货4900箱。

沃尔玛的商店备有8万种以上的商品，而且其中有85%的货都是由公司的分销中心直接供应，而其他竞争者只能达到50%～60%的水平。结果，沃尔玛的零售商从在计算机上开出订单到货物上架平均只有两天的时间，而其他竞争者大约需要五天的时间，因为他们无法通过自己的分销网络运输更多的商品。高效的分销系统大大降低了沃尔玛的运输成本。沃尔玛的商品运往商店的成本只有3%，而竞争者则需要4.5%～5%。这就保证了沃尔玛能以低廉的价格出售自己的商品而获得与竞争者同样的利润。统筹订货不仅可以获得价格上的折扣，带来规模经济，而且资源的统一调配也大大缩短了商品从工厂到零售店的时间，大幅度的提高了工作效率。

案例思考题

1. 沃尔玛以什么样的原则确立其商品定价的基础？

2. 沃尔玛的低价政策是通过什么手段得以保障的？

3. 沃尔玛的分销中心有什么样的特点？

本章思考题

1. 4CS 的内涵是什么？

2. 以顾客为核心包含哪些内容？

3. 零售采购中如何做好供应商管理？

4. 商品配送对于零售活动有什么意义？

5. 零售定价方法有哪些？

6. 零售服务有哪些内容？

参考文献

1. 陈己寰主编．零售学．广州：暨南大学出版社，2004

2. ［美］迈克尔·利维，巴顿·维茨著．零售管理．北京：人民邮电出版社，2004

3. ［英］乔纳森·雷诺兹，克里斯廷·卡思伯森著．制胜零售业．北京：电子工业出版社，2005

4. 戢守峰．我国零售业竞争取胜的法宝——核心竞争力分析（上·中·下）．商业研究，2002（05，07）

5. 赖阳主编．连锁超市．北京：中国财经出版社，2002

6. 王成荣，赖阳等著．流通现代化新论．北京：中国经济出版社，2006

第九章 零售品牌

本章提要

随着零售业竞争的升级，品牌已经成为其竞争的主要工具和焦点，品牌所蕴涵的情感联结已经成为零售商吸引消费者和建立消费者忠诚度的基础，在本章中，我们将探讨零售品牌的含义、经营策略和零售自有品牌的开发问题。

学习目的

了解零售品牌的本质和分类；掌握零售品牌的价值构成、提升零售品牌顾客忠诚度和形象的策略；重点掌握自有品牌的开发与经营策略。

第一节 零售品牌分类

一、品牌的概念

"品牌"的英文单词"Brand"，原为"烙印"的意思。古代游牧民族用这种方式来标记自己拥有的牲畜，以便在交换时与他人的牲畜相区别。到了中世纪的欧洲，手工艺匠人用这种打烙印的方法在自己的手工艺品上烙下标记，以便顾客识别产品的产地和生产者，这就产生了最初的商标，并以此为消费者提供担保，同时向生产者提供法律保护。16 世纪早期，蒸馏威士忌酒的生产商将威士忌装入烙有生产者名字的木桶中，以防不法商人偷梁换柱。到了 1835

年，苏格兰的酿酒者使用了“Old Smuggler”这一品牌，以维护采用特殊蒸馏程序酿制的酒的质量声誉。

在《牛津大辞典》里，“品牌”被解释为“用来证明所有权，作为质量的标志或其他用途”，即用以区别和证明品质。随着时间的推移，商业竞争的加剧，品牌承载的含义也越来越丰富，甚至形成了专门的研究领域——品牌学。

目前，理论界对于品牌的定义的引用最多的是市场营销专家菲利普·科特勒的定义，即“品牌是一种名称、术语、标记、符号或图案，或是它们的相互组合，用以识别企业提供给某个或某群消费者的产品或服务，并使之与竞争对手的产品或服务相区别”。

其他有关品牌概念的解释主要包括以下几种：

1. 品牌是指组织及其提供的产品或服务的有形和无形的综合表现，其目的是借以辨认组织产品或服务，并使之同竞争对手的产品或服务区别开来。

2. 品牌是企业或品牌主体（包括城市、个人等）一切无形资产总和的全息浓缩，而“这一浓缩”又可以以特定的“符号”来识别；它是主体与客体，主体与社会，企业与消费者相互作用的产物。

3. 品牌是能为顾客提供其认为值得购买的功能利益及附加利益的产品。

4. 品牌就是产品、符号、人、供应商与消费者之间的联结和沟通，品牌是一个全方位的构架，牵涉消费者与品牌沟通的方方面面。

5. 品牌是通过极具差异化的产品、企业、个性、符号等来识别与营销且与企业经营活动有效对接，传递出丰富而又具有方向性的品牌信息，在消费者大脑中建立起清晰的、丰富的、个性化的品牌联想，为消费者带来所有心理体验的总和。

6. 品牌是在消费者心目中建立的产品与消费者之间的一种关系和纽带，品牌所囊括的内容包罗万象、错综复杂——品牌的属性、名称、包装、历史、声誉、价值、广告风格、文化、个性等组合形成了品牌。消费者自身的知识、体验和购买及使用的经验，也会影响品牌在他们心目中的地位。

虽然人们对品牌概念的表述不同，但归纳起来无非是从消费者和企业两个角度界定的。

从消费者角度看，品牌的价值和精髓代表着某种价值观，品牌是文化的象征，品牌有自己的个性、形象、风格。总体来看，品牌是消费者心理在产品上投射而形成的一种人格化的象征，而实现这种象征的过程，就是一种体验，所以也可以把消费者角度的品牌理解为一种消费体验。

从企业角度看，品牌被当成一种资产和可以建立资产的营销工具。如品牌对企业而言有财务上的价值，可以买卖和交换；同时品牌还是一种营销工具，它表明企业的形象、产品的质量和档次等属性、企业或产品的定位，品牌也可以帮助消费者进行有效的产品与服务识别。

综上所述，本书认为，品牌是一种与竞争者相区别的标识，它外在表现为一系列区别性的符号和标记，内在的实质则是消费者对产品或服务价值和利益的情感认同，体现了产品或服务对消费者物质和情感需求的满足。

二、品牌理论的发展

品牌理论的发展是随着产品竞争逐渐转向品牌竞争，在市场的推动下不断成熟和完善的，主要的品牌理论包括：

（一）品牌规范理论

1931 年 P&G 的麦克尔·罗伊提出品牌经理制，品牌开始成为提升企业竞争力的主要源泉。这方面的理论主要对品牌的内涵和外延（如品牌定义、品牌命名、品牌标识、商标等）作出了规范，推动品牌研究成为营销理论研究领域的热点。

（二）品牌战略理论

该领域的研究将品牌经营提到战略的高度，加之许多企业，特别是消费品企业开始尝试实施品牌管理系统，重塑品牌忠诚，品牌管理和品牌营销在市场营销中的地位和作用充分体现了出来，使这种理论得到发展。其中，战略性的品牌理论包括品牌形象论、品牌定位论、品牌延伸理论等。

（三）品牌资产理论

20 世纪 80 年代以来频频发生的品牌并购案、频繁的价格战压力使得企业更加重视品牌的市值和增值，从而带动了品牌资产理论研究热潮。该领域第一类的成果表现为 Interbrand 和 Finance World 的品牌资产评估模型，第二类的核心成果则是 Pitta 和 Katsanis 的《九十年代品牌资产管理计划》，第三类重要成果为 Aaker 的品牌资产五星模型、Keller 的基于消费者的品牌资产模型等。

（四）品牌管理理论

为保证品牌资产的长期发展，品牌必须设有专门的组织和规范的指南进行管理，因此出现了大量的论著，重要的理论成果包括 Aaker 的著作《管理品牌资产》和《品牌领导》、Kapferer 的著作《战略品牌管理》、Keller 的同名著作及论文《品牌报告卡》。由于品牌管理对企业有重要意义，因此在操作领域也出现了大量模式和方法，如奥美提出了“品牌管家”（brand stewardship），并在 20 世纪 90 年代末进一步提出了“360 度品牌”理论模式；萨奇提出了“全球品牌策略”；电通提出了“品牌传播”；达波思提出了“品牌轮”（brand wheel）；智威汤逊提出了“整合品牌建设”（total branding）；戴维森提出了“品牌冰山”理论和思想；TomDuncan 提出用“价值范畴”代替“价值链”的品牌关系研究新模式。

（五）品牌关系理论

在品牌管理理论发展的同时，品牌与消费者的关系也逐渐成为了品牌理论研究焦点，核心文献包括 Blackston 的品牌关系概念模型、Fournier 的品牌关系分析架构以及 Aggarwal 的品牌关系交往规范研究等。

（六）品牌生态理论

品牌生态理论是品牌理论领域的新热点。1998 年，David A. Aaker 明确提出了基于单个企业品牌系统的“品牌群”概念，首次将生态学的种群概念引入到品牌理论的研究中，并指出这是一个认识品牌的全新角度，之后，其又在 2000 年进一步提出了“品牌领导”的新管理模式，在该领域中，Agnieszka Winkler 也提出了品牌生态环境的概念，并指出品牌生态环境是一个复杂的、充满活力并不断变化的有机组织。

三、零售品牌的含义和分类

（一）零售品牌的含义

零售品牌是零售商所具有的标识、个性、形象、风格等因素的综合体，是某一零售商区别于其他竞争对手的标志，是零售商提供的零售活动服务给消费者带来的情感体验和满足。从广义上讲，零售品牌包括服务品牌和自有品牌（零售商产品品牌），这两类品牌都包含了零售商提供给消费者的价值，体现了零售商的区别性标识，因此都可归到零售品牌的行列中。而从狭义上讲，因为零售商最基本的功能是提供服务，服务方面的标志和体验是零售商最基本的区别性标识，零售品牌主要指零售商服务方面的品牌，这也决定了零售品牌的本质所在——服务。

服务品牌是零售企业及从业人员在提供商品和服务中，形成的被社会或消费者所认可和信赖的独特服务模式、服务方式、业务技能、接待艺术的总和，也是消费者对有形服务部分的感知和服务过程的体验的总和。其含义包括三个方面：

1. 服务品牌是一种服务标识，同商品品牌是商品标识一样，有外在形态，是看不见摸不着的。

2. 服务品牌是个性化的服务标识，是创牌人的特色服务，不是雷同化、一般化的服务。

3. 这种个性化的服务标识，是市场认可，社会认同的，在消费者中有一定的知名度、信誉度，不是自我标榜的商业炒作。

与有形商品生产和消费的分离性不同，服务的生产、分销与消费同时发生，其行为或过程的核心价值在买卖双方接触中产生，客户参与生产过程，但不可以储存并无所有权转让。服务有着不可储存、不易展示、定价困难的特征，而且异质性强。由于受人的因素影响，其控制困难，消费者从一个服务环节被转移到下一个服务环节时，存在更多的不确定性。因此服务品牌的核心价值是服务的功效，是服务过程中消费者对质量直接的体验，消费者对与服务对应的有形化标识也会有相应的品牌记忆。

零售品牌的"服务"本质决定了其给消费者的满足也是不同于普通的产品品牌的，但其与产品品牌相关联。不同的零售商提供给消费者的产品品牌及其定位组合是有差异的，这种差异性与其提供的服务方式是相适应的。实际上，零售品牌能够帮助消费者过滤生活中需要做出的选择；能够简化消费者的生活；还有助于提高消费者生活的个性化程度。零售品牌可以被看做是一种后现代的品牌，因为感觉上它们能够帮助消费者个体管理自身的生活目标。如欧尚希望成为"提高大多数人生活标准的方案的创造者"；燕莎希望为消费者提供高品质生活，使消费者享受精挑细选的高品质商品和精致的服务；Aldi 品牌则代表了为消费者提供"聪明"消费的机会，提供一种精细选过的、定价很低的商品系列。

（二）零售品牌的分类

零售品牌的分类没有一定的规律，从不同的角度可以将零售品牌分为不同的类别（图 9－1）：

1. 由于零售活动的商圈服务特性，零售品牌按照辐射地区的不同，可以分为国际零售品牌（如沃尔玛、家乐福）、国内零售品牌（如国美电器、王府井百货）、区域零售品牌（如大商）、当地零售品牌（如北京燕莎商城、翠微大厦）。

2. 由于业态的不同，零售品牌可以分为购物中心品牌、百货店品牌、超市品牌、专业店品牌等。

3. 由于定位和经营档次的不同，可以分为高档品牌、大众品牌和低档品牌。

4. 由于发展模式的不同，还可以分为连锁零售品牌和单店零售品牌。

5. 由于性质的不同，可以分为自有品牌和服务品牌。

6. 随着零售企业竞争实力的分化，不同零售企业的实力也有着显著的差别，按市场实力还分为强势零售品牌和弱势零售品牌。

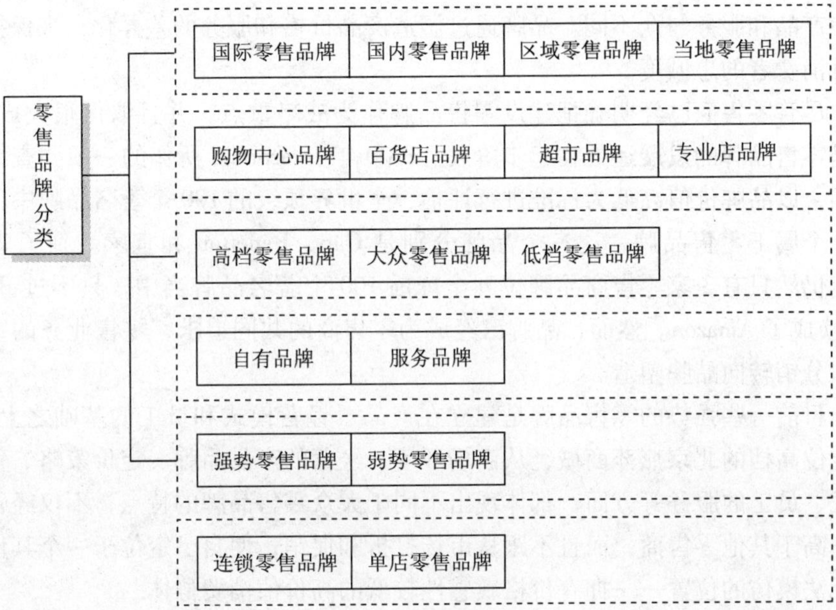

图 9－1　零售品牌分类

四、零售品牌的发展

与一般服务相比，由于零售品牌提供给顾客或潜在顾客的是一种优质服务的品牌承诺，是一般服务所不具备的，顾客愿意为零售品牌支付溢价。当此溢价部分与品牌投入相当时，品牌的建设确保了企业更好的生存；当此溢价部分超过了品牌投入时，企业产生了品牌利润。因此，面临激烈的市场竞争和生存的压力，零售品牌是零售企业获得顾客，与强大对手抗衡时赖以生存和发展的重要策略，也是零售品牌快速发展的动力所在。

尽管零售商进行品牌打造的历史还不长，但是品牌在今天已经成为零售经营战略的重要组成部分。对于零售商而言，品牌起的就是一个清楚表达零售商战略定位的标识作用。随着零售商对供应链的控制程度提高，越来越多且规模越来越大的公司制企业不断涌现，零售业的市场环境日趋成熟，竞争越来越激烈，零售商们开始着手发展更具连贯性并且专业化的市场营销功能和专门技术，品牌打造就清楚地说明了这一点。沃尔玛甚至能够通过“天天平价”的定位战略来突出自身“价格取胜”的品牌形象，同时，还能够把其他的非价格因素（通常都是无形的）一起融合到这种品牌形象之中。好的品牌战略可以使产品和服务与众不同。品牌通过塑造产品价格和服务的差异化，来保护并提升消费者的忠诚度。

尽管零售商已经明确把建设零售品牌作为战略重点，并且取得很大成效，但是零售品牌的发展还处在起步阶段。2000 年 Interbrand 所作的一项调查结果表明，以品牌价值高低为标准进行评估，全世界顶级的 100 个著名品牌中，只有 3 个属于零售品牌，这三个品牌分别是 Gap、Benetton 和宜家。到了 2002 年，仍然只有 3 家零售商品牌位列全球前 100 个著名品牌当中，只不过 Bnetton 换成了 Amazon。然而，品牌已经成为零售商的共同追求，零售业务的重点正从分销转向品牌塑造。

目前一些强势的零售品牌是建立在产品、经营模式和员工的基础之上的。如定位高档的北京燕莎商城，从商场环境、经营的产品品牌、定价策略、营销方式、员工的服务等方面，都体现出不同于大众零售品牌的特点，不仅经营的品牌高于其他零售商，而且不跟从市场打折和促销，使自己定位于一个其他品牌无法模仿的位置——拥有价格敏感性较低的高价值消费群体。

再如专业零售品牌的代表——H&M，其品牌的成功之道则在于拥有高效率、高效益的供应链做后盾，这使得他们能够实现低价格，以及快速的存货周转，从而强化了品牌实力。H&M 在全球范围内都使用这一品牌，各地商店看起来风格完全一样，自有标识也包括在内。它提供的都是引领时尚但绝不标新立异的服装，而且价格绝对对消费者有吸引力。H&M 将品牌一致性的保持视为一项关键的战略任务，尽管面对本土化市场采取了灵活机变的态度，但是整体的零售模式是绝对不变的，成本也处于严格的控制之下。对于 H&M 这样的零售商来说，关键是在控制大局的同时对当地管理层的建议给予充分的重视。决策制定人和组织结构的因素对成功都具有相当重要的影响。

但是对于一些区域性零售商，特别是对产品的区域性差异比较大的专业性区域零售商而言，其品牌的影响范围主要是区域性的（如北京的茶叶零售品牌张一元和吴裕泰），能否通过完全不同的产品系列，甚至可能是在不同地点采取不同的经营模式，来形成相似的品牌理念和定位是其打造品牌的关键问题。一个品牌的塑造，首先应当有一个单一的特性，有统一的定位和公共关系计划，有集中化的发展，还必须有适应不同区域的品牌策略，才能使区域性品牌不断延伸。

全球化品牌应当以全球消费者需求特征来制定自己的市场定位。近来的研究显示，许多地区的消费者需求都很类似：可提供的产品要多，更多更好的服务，以及更多的非食品类产品。全球消费者兴趣的集中，以及口味的趋同（这一特点在麦当劳身上得到了集中的体现）为零售商的全球化品牌战略提供了有利条件，沃尔玛、家乐福、麦德龙等全球化的零售品牌，就是通过类似的高效率、低价格、全品类商品等经营策略打造品牌，实现了全球性的扩张成功。

第二节 零售品牌经营

一、零售品牌经营的含义

品牌经营是企业针对市场需求的基本态势，并以企业理念为核心，以企业（产品）品牌为竞争手段，对各种资源进行运筹、谋划、整合和优化配置，培育品牌或加强现有品牌，通过创建出强势品牌，充分发挥品牌效应，从而实现企业价值最大化的一种超越产品经营的经营方式。

正如产品竞争与品牌竞争完全是两个不同层面的竞争方式一样，产品经营与品牌经营也是两种不同层面的经营方式，品牌经营是对产品经营的继承和进一步发展，是一种超越产品实体本身的经营方式，它们之间存在着本质的不同。

品牌经营可划分为品牌创立、品牌建设和品牌扩散三个部分，它们不是截然分开的，而是一个浑然一体的整体架构。三个部分的有机结合，构成了现代品牌经营的“金三角”架构。企业不断地进行品牌运作，使得品牌之势不断提升，如图 9 - 2 所示。

（一）品牌的创立

品牌的创立是进行品牌经营，以获得品牌竞争优势的基础和前提。

1. 战略重点——品牌识别系统

品牌创立的根本任务就在于品牌主体价值的创造，建立一套独特、深具识别性、以消费者为中心的价值系统。品牌创立的开端是识别体系的设计，包括理念识别 MI、视觉识别 VI、行为识别 BI 的设计，但这个过程不仅是创造品牌符号结构，更是建立品牌核心价值和理念的过程。从品牌的长期战略来看，品牌精神内涵是比视觉设计更长久、更另人崇拜的生命要素。就零售品牌而言，

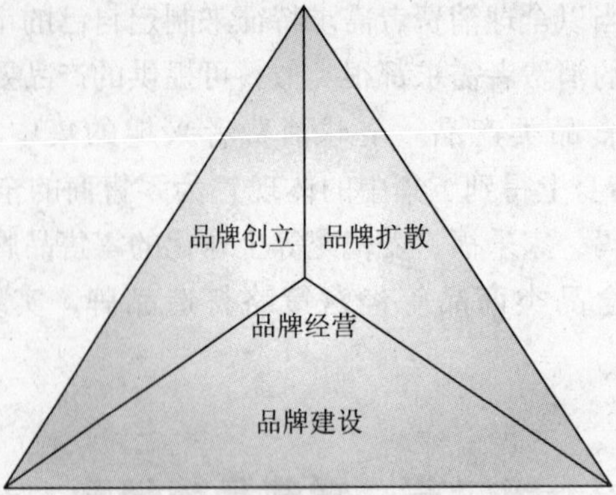

图 9－2　品牌经营的金三角架构示意图

其品牌的识别系统在视觉上承担着告知和吸引消费者的责任，在理念上则代表着其秉承的服务理念和定位。

2. 价值理念——价值承诺

品牌就是对消费者的承诺和保证，品牌的承诺建立起品牌与消费者的契约关系，承诺的稳定性和发展性是建立品牌关系、维护品牌忠诚永恒不变的主题，给予消费者持续一致的价值承诺是品牌之势逐步扩散的关键。品牌的承诺不是一句口号，它是一个完整的价值体系，例如更好的产品，更方便的包装，更周到的服务等。就零售品牌而言，对消费者的承诺需要在服务过程中体现，如沃尔玛代表着低价，赛特代表着尊贵等。

3. 组织关系——消费者

品牌的竞争力最终来自消费者的支持和认同。惟有与消费者建立稳固的关系，获得消费者对品牌的忠诚，才能获得品牌长久的竞争优势。因此，创立品牌应该以消费者为核心，聆听消费者的心声，洞察消费者的需求，跟踪目标市场的变化，确认不同目标市场的需求。为了随时对多变的市场状况与问题做出快速、准确的对策，一些零售品牌采取会员制，配备客户数据库和建立高效的客户管理系统，就是为了能够更好地经营、让客户满意。

（二）品牌的建设

品牌的创立只是搭建了一个基本的框架，更为重要的在于建设。

1. 战略重点——塑造品牌形象与驱动品牌资本

品牌经营成功的标志是消费者的良好心理感受，品牌资本价值永驻于消费者的心里。所以品牌建设的根本任务就是累积品牌资本。其重要的实现手段是依靠传播。传播不仅是信息沟通，而且也是价值传达，让消费者认识到价值的存在。传播使品牌对消费者产生积极的意义，品牌建设过程的传播有两大核心任务，传达品牌定位与建立品牌个性。品牌定位决定品牌的市场位置，它执行品牌识别，积极地传播品牌形象；而品牌个性使消费者对品牌产生认同和崇拜，深深地影响品牌与消费者的互动关系。

2. 价值理念——创新

品牌的塑造靠智慧，尤其在品牌的建设过程中要不断为品牌注入创新的智慧。创新智慧体现在产品、技术、传播、通路、组织管理等各方面具体的执行上，在迎合消费者日益求新的过程中，实现了创新智慧的价值。因此，作为品牌经营者，要适时适地地“推陈出新”，方能维护和提升品牌价值。零售品牌的创新主要体现在服务、营销和商品品类方面，尤其是零售品牌在主题方面不断适应消费者需求的变化进行的调整，如针对年轻消费者设计的青春主题商场的兴起，就代表了零售品牌对这一新兴市场采取的创新活动。

3. 组织关系——管理体系

品牌经营需要企业在组织上予以保证，设立品牌管理系统和团队，全面负责品牌经营和管理的各项工作，除了组织保证以外，更重要的是企业要树立“360 度全方位品牌管理”的理念，把品牌战略与业务流程紧密联系起来，广告、营销、业务、财务、人事，甚至包括后勤等，彼此形成网状组织，以品牌战略为中心，共同接受品牌管理的信息，统一协调地运转，在一致的“品牌即企业”的共同理念下，使品牌目标得以全方位落实。

在管理体系中，品牌的日常管理和保护是企业重要的功能。品牌管理是对品牌的全过程进行有机管理。品牌管理的主要内容包括：市场分析，研究市场边界和细分的市场结构；品牌情势分析，分析品牌面临的竞争环境；品牌实力分析，研究自身品牌的优劣势；品牌定位的确定，明确品牌未来的发展目标；品牌评估，设定一套目标及评价方法，进行品牌经营效果的评估和调整。品牌保护主要指对外界侵害或可能的侵害进行反击或防反击，使品牌免受侵害。其主要的是进行商标和知识产权的注册和管理，保护企业利益，识别可能对品牌造成损害的危机，防范和应对危机等活动。

就缺乏实体产品为载体的零售品牌而言，组织上的全面配合对于品牌的建设更是有着重要的意义。沃尔玛成功的打造低价品牌的形象，就是通过对整个组织进行严格的成本控制，并开发先进的物流系统来实现的。

（三）品牌的扩散

市场在发展，为了谋取更强的品牌竞争优势，品牌一定要真正走出企业，走向更广阔的天地。因此，品牌的扩散就是需要重点考虑的问题。

1. 战略重点——保持品牌的新鲜感和时代感

为了品牌的持续发展，品牌需要不断改善、保持品牌的新鲜感和时代感。为此，企业要在研究开发的基础之上不断寻找新的功能价值和利益点，通过改善营销组合，利用品牌杠杆进行品牌延伸，开拓新的市场。零售品牌面临的最大挑战是消费者生活形态的变化导致的零售业态变迁，当一种零售业态逐渐陷入低谷时，其品牌经营者就需要考虑消费者的需求变化，通过对品牌定位进行调整、开发新的经营业务，创新业态等方法来适应市场。如百货业受到超市的冲击后，西尔斯百货曾通过定位调整，由价格竞争转向购物体验的营造，获得了成功。

2. 价值理念——强化品牌竞争优势

品牌经营要始终坚持竞争导向，品牌必须具有较竞争者更多、更持久的优势，才能为企业创造更多的财富。坚持品牌的竞争导向，除了要对品牌进行不断投资、升级之外，更重要的是必须使品牌具有独特性和优越性，即打造品牌核心竞争力。它们是竞争对手难以效仿的资源，是强化竞争优势的根本。

3. 组织关系——利益关系者

品牌经营不仅是企业主体和消费者客体的互动过程，还是企业与其利益相关者共同运作、协力打造的过程。只有通过利益相关者的共同支持与保护，品牌的“羽翼”才能日益丰满，才有能力在市场上搏击风浪、应对竞争。有效的品牌经营手段是要以品牌为载体，以利益为纽带，打造利益共同体，使企业和利益相关者均因为拥有品牌而获利。这也是构建长期有效的组织关系的惟一途径。

零售品牌的经营也是与利益相关者的密切合作、互惠发展的过程：零售品牌的定位需要供应商和消费者的支持，品牌的传播需要广告和媒体的配合，服务质量的提高需要消费者的互动，促销需要入驻商户的配合。

二、零售品牌经营的核心

品牌经营的目的是提升品牌价值。一般认为，品牌价值是与品牌、品牌的名字和标志联系在一起的一系列的品牌资产和负债，品牌可以增加或削弱产品或服务的价值，进而增加或削弱企业或客户的价值。品牌价值代表一种产品（对某个消费者）的价值，该价值是没有品牌的同样一个产品所具有的价值之上的部分，它由品牌价值（品牌作为独立财产的全部价值）、品牌强度（衡量顾客对品牌依赖强度的指标）、品牌描述（顾客对品牌抱有的联想和信任感）综合构成。

尽管关于品牌价值的概念最初只是为了应用于品牌产品，但它们同样可用来评价零售商的品牌（形象）价值。图9－3在综合这些研究的基础上做了调整，描述了零售商积累起来的品牌价值是如何通过各种方式，为顾客和零售商自身创造价值。从图中可以看出，零售品牌经营的核心是品牌忠诚度和品牌形象的塑造。

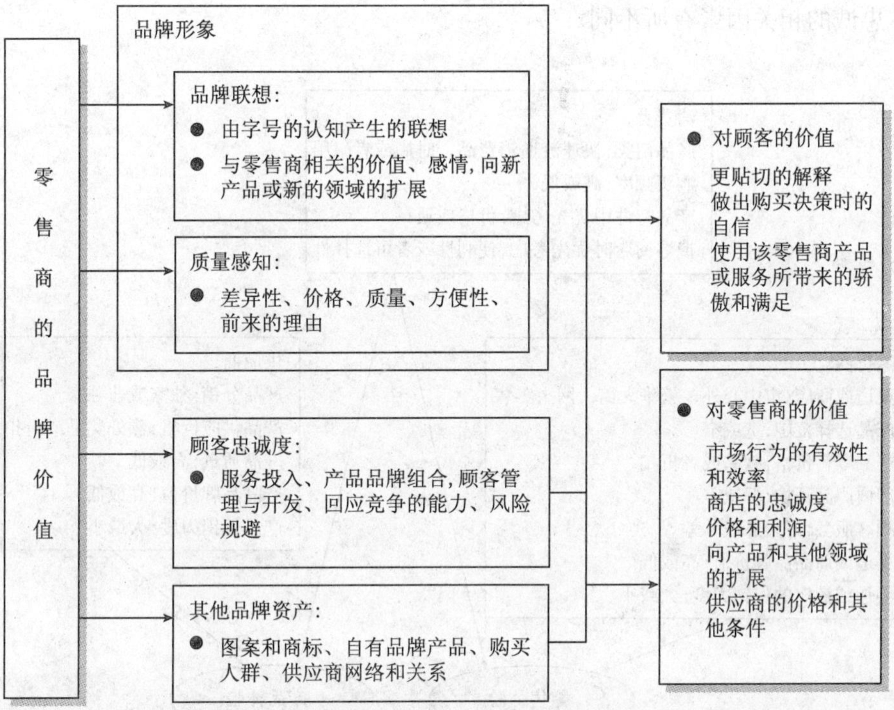

图9－3　零售品牌价值构成

从消费者角度看，一个强势的零售品牌可以向顾客传达清晰的价值感，这种价值感可能与价格、质量、方便性、道德观等多种因素有关。而通过对品牌价值的认同，消费者选择零售商或产品的自信心加强，经验也得以丰富。从零售商的角度来看，品牌价值的提升可以赢得更高的顾客忠诚度，市场营销活动会更加有效，利润空间也会更大。此外，它与供应商的谈判能力得到了加强，也更易于增加新的产品或向新业态延伸。因此，强势的品牌价值对获得零售竞争的优势具有关键性作用。

三、零售品牌的忠诚策略

（一）影响顾客忠诚的因素

零售品牌忠诚来源于一系列关联因素的复杂组合，这些因素包括：交易前的顾客要求，零售商和供应商的营销组合，交易后顾客对零售商和购买产品的体验等。其主要因素总结如图 9 - 4 所示。根据目标顾客群体的划分，影响顾客忠诚的相关因素有所不同。

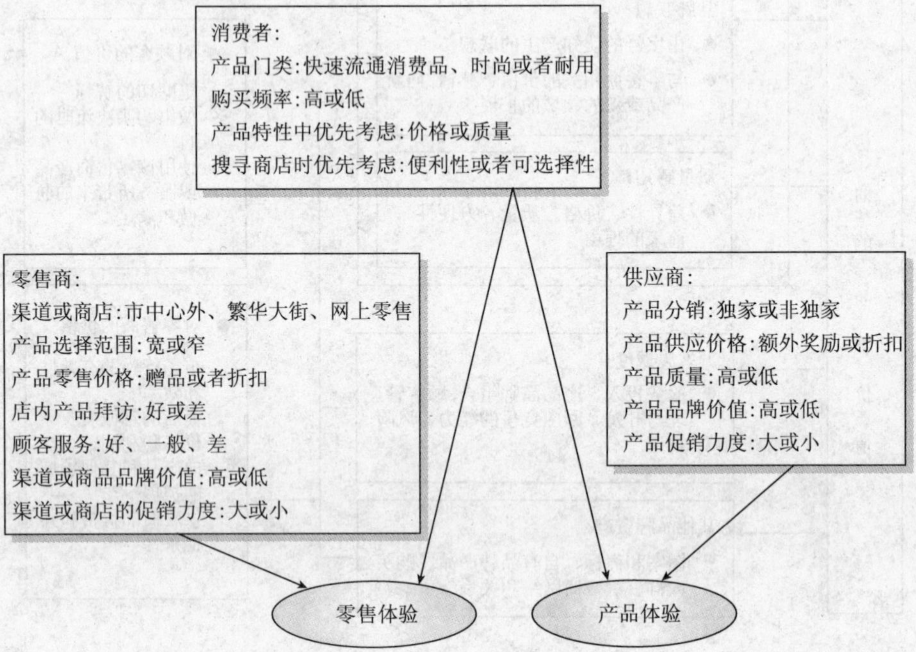

销售体验 \ 产品体验	满意	不满意
满意	忠诚于产品和零售商	忠诚于零售商
不满意	忠诚于产品	全无忠诚

图 9 - 4　影响转换性和替代性的主要因素

以价格和质量为基础可以确定四大类型的顾客群体：预算型、价值型、质量型和奢侈型，其各自的特点是：

1. 预算型顾客关注价格。锁定他们为目标顾客的零售商包括德国零售商Aldi、Netto 和 Lidl。

2. 价值型顾客关注性价比。这意味着零售商需要提供不同价格质量组合的产品供顾客选择。以这些顾客为目标的零售商包括大的日杂商品零售商和普通百货店商店如特易购、Alber Heijin、家乐福和沃尔玛。

3. 质量型顾客注重高质量的产品和服务。虽然价格对此类顾客不是首要的问题，但他们也不愿意支付“过高”的价格。以此为目标顾客的零售商包括一些更具特色的零售商，如王府井百货、法国的零售商 Sephora 等。

4. 奢侈型的顾客关注具有极高质量的产品和服务。对于此类顾客，价格不是问题，而且甚至可能会出现价格越高越会产生忠诚的情况。锁定这些顾客的典型零售商包括比一般商店更加与众不同的百货公司，如燕沙、赛特、柏林的 KaDeWe 或者伦敦的 Harrods。这些顾客的类型总结如图 9－5 所示。

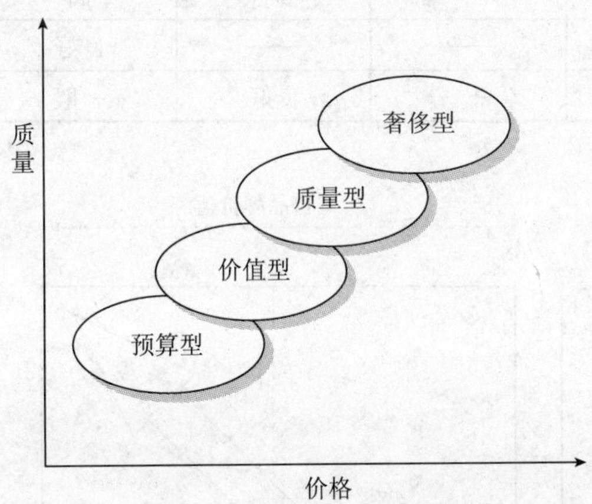

图 9－5　目标顾客分类

表 9－1 说明了获得每个目标群体顾客忠诚的关键因素。

（二）零售品牌忠诚策略及实施

根据里查德·卡恩伯森和里查德·贝尔的研究，在获得顾客忠诚方面，有四种因素至为重要：接触便利性、产品价格、品牌和商品种类搭配，如图9－6 所示。

表 9－1　不同顾客群体形成顾客忠诚的关键因素

影响因素 \ 顾客类型	预算型	价值型	质量型	奢侈型
渠道或位置	——	市中心外	——	繁华大街
范　围	——	宽	宽	宽
零售定价	打折	混合	——	——
店内摆放	——	良好	优秀	——
顾客服务	——	良好	一般	优秀
分　销	独家	混合	非独家	独家
制造商产品价格	低	混合	——	——
产品质量	——	混合	高	优秀
零售品牌价值	——	高	高	优异
零售商的促销力度	高	高	——	——
产品品牌价值	——	混合	高	优异
产品促销力度	——	混合	高	——
产品体验	——	——	良好	优秀
零售体验	——	良好	一般	优秀

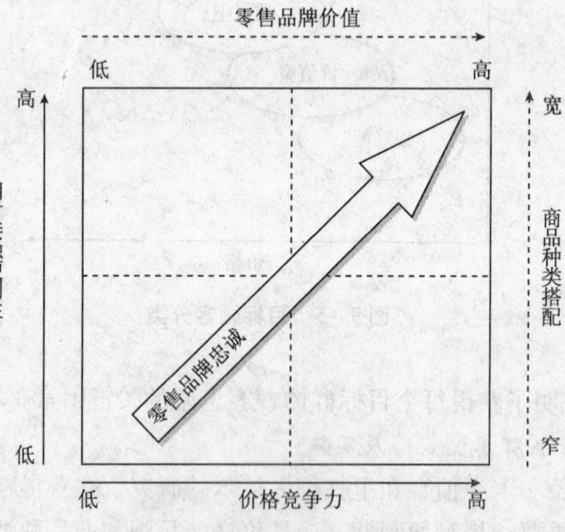

图 9－6　零售商忠诚策略

零售商能够通过商店分布、品牌营销、产品范围和商店环境的结合来直接影响消费者对品牌的忠诚度。他们也能够通过例如价格、促销、产品在货架上的位置和陈列等一些可变因素来直接影响顾客对产品品牌的忠诚。顾客会选择去一个而不是多个零售商业区购物，这使得处在这个商业区的零售商能够控制许多所需的关键要素来发展消费者对零售品牌的顾客忠诚。零售品牌忠诚是零售商实现顾客需求的直接结果，而它的形成也间接地依靠所经营的供应商产品。

零售品牌是顾客直接接触和感知的结果，因此零售商要有一个清晰的品牌战略，营销和运营工作才会稳定，而这一战略的基础就是对目标顾客群体的界定和针对性地实施顾客忠诚策略（如图9－11）。

目标是预算型顾客的零售商，首先关注价格竞争力，其次是接触便利性（如图9－7）。

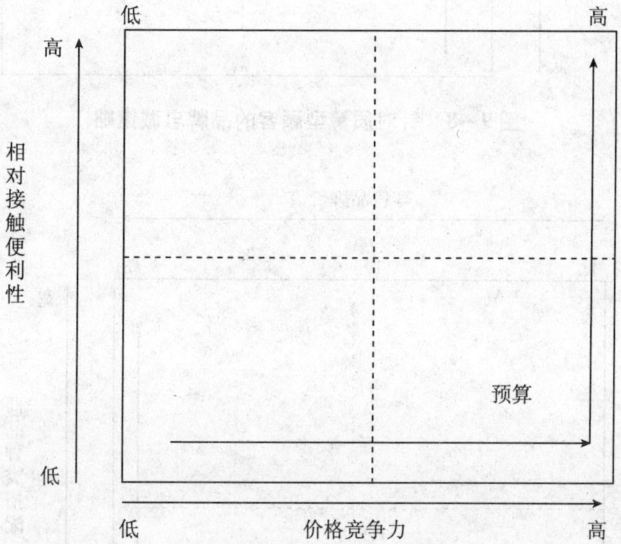

图9－7　针对预算型顾客的品牌忠诚策略

目标是质量型顾客的零售商，不仅关注接触便利性，而且还关注他们的零售品牌（如图9－8）。

目标是奢侈型顾客的零售商，首先关注零售品牌，其次是他们的产品类别搭配（如图9－9）。

目标是价值型顾客的零售商，则同时关注所有的要素，因为他们想要供应

"所有的东西给所有的顾客"，因此这类零售商打造品牌的难度最大，但他们也有着最大规模的潜在市场（如图 9－10）。

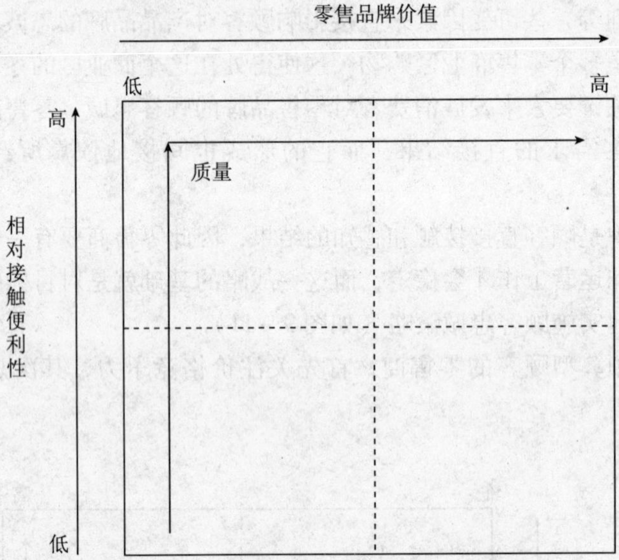

图 9－8　针对质量型顾客的品牌忠诚策略

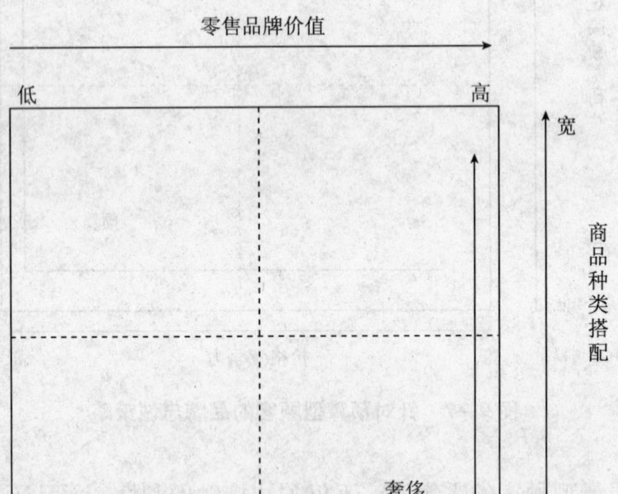

图 9－9　针对奢侈型顾客的品牌忠诚策略

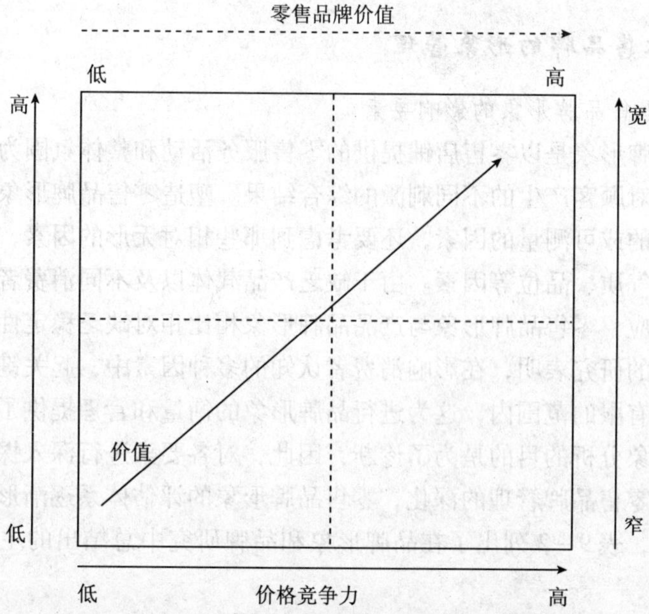

图 9－10　针对价值型顾客的品牌忠诚策略

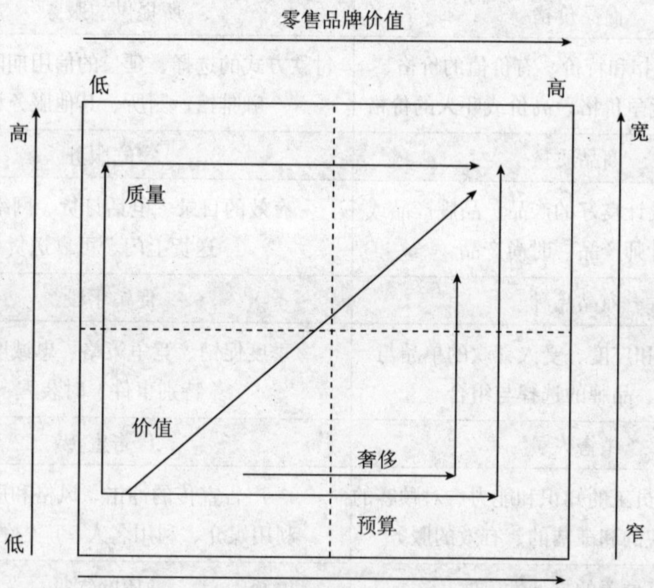

图 9－11　针对不同类型顾客的品牌忠诚策略总结

四、零售品牌的形象管理

（一）零售品牌形象的影响要素

零售品牌形象是以零售店铺提供的零售服务活动和整体氛围为载体的，是在某个时点对顾客产生的不同刺激的综合结果。塑造零售品牌形象不仅要考虑那些看得见的或可测量的因素，还要考虑到那些相对无形的因素，如商店的文化、个性、气质、品位等因素。由于缺乏产品载体以及不同消费者对环境及服务的不同反应，零售品牌形象与产品品牌形象相比相对缺乏稳定性，但有关零售品牌形象的研究表明，在影响消费者认知的多种因素中，起关键作用的因素往往局限在有限的范围内，这为进行品牌形象的衡量和管理提供了便利。

品牌形象分析的目的是为了诊断，因此，对各要素进行深入探究就显得很重要。随着零售品牌管理的深化，零售品牌形象的评估体系逐渐形成了一个多因素的系统，表 9－2 列出了在品牌形象和品牌研究中总结出的主要方面和特定元素。

表 9－2　　零售品牌形象的各个要素

商品价格	所提供的服务
低价格、折扣和特价、有价值的价格、公平价格或竞争价格、高价或吓人的价格	付款方式的选择、延长的信用期限、饭馆或咖啡馆、厕所、其他服务设施
商品质量	家庭服务
一般产品、设计良好的产品、品牌产品或设计师产品、时尚产品	有效的目录、电话订货、网络订货、送货上门、可靠送货
商品品种	促销手段
选择的深度和广度、受人喜欢的单品与礼品、品牌的选择与组合	季度促销、竞争策略、忠诚度计划、特别事件、时装秀
销售人员	广告宣传
员工的数量、员工的知识和能力、对顾客的关心、礼貌的和谦恭的、有效的服务	广告宣传的冲击、风格和质量、利用媒介、利用名人、广告的真实性
位置的方便性	商店的气氛
距家庭的距离、离工作地点的距离、公共交通的选择、良好的地理位置	内外部陈设、标志和颜色、部分或整体的格调

续表

其他便利条件	商店的陈列
方便停车、安全保障、营业时间、与其他商店的距离、便利性	通道的舒适性、拥挤的程度、电梯和升降梯、找到商品的容易程度、陈列的质量
老主顾	公平性方面的声誉
主要是老年人或年轻人、最时髦或赶时髦的、高收入或低收入的、高智商或低智商的、大部分是单身或是夫妇或是家庭	担保或保障、退货政策、方便退换、换货政策、公正的名声
商店的个性	社会形象
诚挚的、令人兴奋的、能干的还是世故的、粗野的	保守的或现代的，可靠的、值得信赖的、合乎道德的还是相反的
相关的联想	视觉形象
人、动物、政治团体、国家、文化	图片、圣像、场景、插曲、幻像

品牌形象各要素的相对重要性会在市场、行业、竞争形势以及细分客户群之间不断发生显著变化。尤其在地理上被分割开的市场存在着明显的差异。这主要是因为：第一，不同的地区会被不同的细分顾客群所主导，他们会不可避免地抱有不同的态度、需要和偏好；第二，每个市场的竞争都是不同的，消费者感知的区别性属性也就有所不同。因此，在品牌形象衡量的过程中，还需要根据具体环境的不同，对其中的要素进行加权和区别对待。

（二）零售品牌形象的提升对策

正如零售品牌形象评估是一个多因素体系一样，零售品牌的提升也是一个多方位共同作用的结果。具体而言，就是以消费者体验和管理者认知的差异为核心，通过改变不足之处，来实现零售品牌形象和消费者需求的一致。表9－3概括总结了区别一致性和不一致性的几个方面，并提出了建议采纳的管理对策。

但是，需要指出的是，单纯依靠衡量指标对品牌形象进行管理，往往容易忽视零售品牌形象中那些更感性的因素。但由于人们传递信息有两种主要方式——理性的说明和感性的交流，因此解析品牌时，人们通常会同时使用“大脑”（鉴定功能）和“心”（感知功能），从整体上体验品牌。完全依赖理性的东西来分析品牌就像分析一件艺术品一样，将会徒劳无功。因此，在进行品牌形象管理时，管理人员必须把握好理性结论和感性体验之间的平衡。

表 9-3　　管理者与顾客关于品牌形象认知的差异性分析和对策

形象评价 差异性	形象比平均水平差	形象比平均水平好
消费者评价集中度高	策略：容易遭受竞争，应快速性行动	策略：用于商店的推广
两者基本一致	策略：寻找有问题的领域并纠正不足	策略：保持这个地位，寻找提高
管理者评价集中度高	策略：在目标顾客支持下检查相关原因，并沟通已经完成的工作	策略：开展区域调查，分析消费者标准

第三节　自有品牌开发

一、自有品牌的分类及比较优势

（一）自有品牌的概念

自有品牌（private－lable brand），亦称商店品牌（store brand），是由零售商开发并销售的产品。通常来说，零售采购员或类别经理设计出商品的详细说明，然后联系供应商生产这种商品。但负责品牌促销的是零售商，而非制造商。

（二）自有品牌的分类

零售商的自有品牌多种多样，有模仿制造商品牌商业外观的商品，也有为了塑造品牌形象而产生的商品；有低质低价商品，也有高端商品；有从不做广告促销的，也有进行重点推广的商品。具体而言，自有品牌可分成以下四类：

1. 低价品牌。低价品牌是以低价格向价格敏感的目标市场提供的不加修饰的商品。这种商品的特征是具有非注册品牌或店内品牌，主要在食品店、杂货店和折扣店中出售，不做广告。这类商品一般被认为质量较低，其商业外观容易让人联想到零售商。零售商开发低价品牌主要是防御性的，他的主要作用只是防止竞争对手从打折和服务中获得利益。

2. 模仿性品牌。模仿性品牌是指在外形和包装上模仿制造商品牌的自有品牌，这类商品通常被认为是低质低价的。例如，香水市场上的仿制品，只要是消费者不注意品牌来源，模仿性品牌就能迷惑消费者。模仿性品牌的成本较低但风险也较大，因为太相似的模仿很可能违反包装法和专利法，而不相似的模仿则可能毫无效果。

3. 竞争性品牌。竞争性品牌是指那些产品质量和制造商品牌产品类似，但价格却不高的自有品牌。赛夫韦公司在食品行业的 Select 品牌和 J. C. 彭尼公司在女装方面的 Worthington 品牌是两个成功的例子。竞争性品牌的商品在质量上和同种的制造商品不相上下。竞争性品牌并不模仿制造商品牌的包装和设计，但消费者能够感受到零售商的竞争性品牌是和制造商品牌相竞争的。零售商的竞争性品牌在外观上具有可比性，直接与制造商的全国性品牌进行竞争。要使一个竞争性品牌获得成功，零售商必须在市场调研、产品开发、质量控制和市场促销方面投入其与制造商竞争对手相当的努力和资金。因此，许多小的零售商根本就无力开发竞争性品牌。

4. 类似品牌。类似品牌是指那些在商品产品特性和包装上模仿制造商品牌，但又在其商品标识上和促销活动中明确表示“欢迎比较”的自有品牌。就像模仿品牌一样，类似品牌的目的也在于通过模仿制造商品牌商品的产品特性和包装，吸引原来的制造商品牌的顾客。但由于有独立商品标识，又表明这是两种品牌的商品。因此，这并不构成商标侵权。但是，如果没有适当的区别标志的话，这仍可能触犯专利法。类似品牌是支撑零售商自有品牌的一种重要战略。两种商品在形式、标签、包装等方面越相似，它们就越会被视为替代商品。类似品牌试图在各方面模仿制造商品牌，两者之间惟一的显著区别只有价格。这向顾客传达这样一个观点，即类似品牌商品提供了更高的价值。制造商品牌为零售商吸引了顾客，而类似品牌则通过类似的包装、更好的柜台和展位把这些顾客转化为自己的销售额。

（三）自有品牌的优劣势分析

采用自有品牌对零售商有许多好处（见表 9－4）。如自有品牌标识的独有性提高忠诚度；如果自有品牌质量高且正流行，能提高商店形象；经营比重较大的自有品牌能吸引顾客到店内；零售商没有制造商品牌在陈列、促销或价格方面的限制；经营自有品牌的零售商在制造、质量控制和商品配送上也有更大的支配权，例如，Talbot’s 能与任何供应商签约生产他的自有标识的羊毛衣；同时，其获取毛利的机会也更大。

采用自有品牌也有缺陷。尽管与制造商品牌相比，自有品牌的毛利较高，但却有其他一些不太明显的费用。零售商必须在设计商品、创造顾客认知度、建立品牌形象上做出巨大投资。当自有品牌的生产地不在本国范围内时，情况也将更加复杂。销售人员或许还需要额外培训，以帮助售卖自有品牌。如果自有品牌产品销售不出去，零售商则不能把产品退给供应商。

表 9－4　制造商品牌与自有品牌的比较优势

对商店的影响	供应商类型	
	制造商品牌	自有品牌
商店忠诚度	?	+
商店形象	+	+
客流量	+	+
销售和促销费用	+	−
限制	−	+
与众不同的优势	−	+
利润	?	?

虽然有明显的益处，但是在过去，零售商仍很少运用自有品牌，这有几个原因：第一，全国性品牌在电视和其他媒体上大肆做广告已有较长的历史，并产生了强烈的消费情结；第二，零售商想要获得设计和生产的规模经济同制造商品牌竞争是很困难的；第三，许多零售商在与制造商品牌竞争时还不够精明；第四，自有品牌在名声上不及制造商品牌。

二、自有品牌的发展

（一）自有品牌的演变过程

零售商建立自有品牌的初衷是为了提高自己的边际利润，但伴随着零售商开发自有品牌实践的深入，自有品牌日趋复杂化，并真正同零售品牌整体战略意图紧密地联系在了一起（表 9－5）。

表 9-5　　自有品牌的演变过程

项目 \ 阶段划分	第一代	第二代	第三代	第四代
品牌类型	无品牌	"准品牌"	自有品牌	细分品牌，形象品牌
战略	一般性	最低的价格	趋同	增加附加值
产品	最基本的生活必需品	数量众多的单个产品	产品大类	企业形象产品
技术	基本技术，无制造障碍	落后于市场领先者	接近市场领先者	创新技术
质量/形象	比制造商产品低	中等，消费者感知低	齐平领先品牌，质量保证	相同或好于领先品牌
购买动机	价格	价格	产品性价比	产品更好
制造厂商	国内制造商，非专门的	国内制造商，部分专业	国内制造商，大部分专业	国内制造商，大部分专业

随着自有品牌价值的提升，其与制造商品牌的差异已经越来越小，特别是针对只信任"品牌"产品的顾客而开发的自有品牌产品，已经得到了很大的发展。根据消费者调查，许多 Marks&Spencer 的顾客认为自己从来不去购买自有品牌产品，只有品牌产品才会吸引他们，而事实是 Marks&Spencer 几乎只售卖自有品牌产品。

随着自有品牌向多元化和多层次化方向发展，其在零售企业战略框架中的作用也越来越重要，从简单的提高利润的工具，逐渐变为了企业实现竞争战略的关键元素。其品种、质量、受众也逐渐多元化，同制造商品牌的差异逐渐缩小。可以预见，其未来的发展空间和领域将进一步扩大，在企业战略中的地位也将进一步提升。随着零售商经验的积累和品牌价值的提升，自有品牌的竞争力将会不断提升，给零售商带来的利润也将不断增加，受到越来越多零售商的青睐。

（二）自有品牌的发展现状

自有品牌消费品领域正稳步提高其全球市场占有份额。AC 尼尔森公司的调查显示，根据从 38 个市场的 14 个产品领域、80 大品类所采集到的数据，截至 2005 年第一季度，自有品牌商品占销售总值的 17%，较 AC 尼尔森 2003

年公布的同类研究报告中15%的数字增长了两个百分点。就增长速度而言，自有品牌增长率为5%，是制造商品牌（2%）的2倍以上。

全球在自有品牌所占销售总额的份额方面，欧洲占据着主导地位，其在17个市场中的份额占到23%。根据AC尼尔森公司的调查显示，排在自有品牌市场份额前五名的国家均来自欧洲：瑞士（45%）、德国（30%）、英国（28%）、西班牙（26%）以及比利时（25%）。

目前，自有品牌平均占全美杂货店销售额的20%，占药店某些产品类别销售额的50%，超市、食品连锁店和量贩商店中自有品牌的商品销售额增长是全国性品牌增长率的3倍。

在诸多世界知名的大型零售企业中，自有品牌实施成功的典范莫过于英国的马狮百货集团，在该公司，所有的商品都使用公司自己的品牌——“圣米高”牌，被称为世界上最大的“没有工厂的制造商”。美国著名的西尔斯·罗伯特百货公司90%的商品用的是自有品牌，其经营的“工匠”工具、“顽强”电池、“肯摩尔”器具等在市场的知名度和销售额方面丝毫不逊于制造商的同类品牌。日本大荣连锁集团约有40%的商品使用自有品牌。特易购和Delhaize这样著名的零售公司都把自有品牌产品作为它们在国际市场上实现战略成长的手段之一。

我国的零售企业历来也有生产和销售零售商自有品牌商品的传统。以北京为例，同仁堂药店销售的中成药、张一元茶庄销售的花茶、内联升鞋店销售的布鞋，都是自产自销的商品，其本质就是零售商的自有品牌。创建于1937年的上海开开百货商店（现为开开集团股份有限公司）设计生产的“开开牌”衬衫获得“中国名牌产品”的殊荣。北京燕莎友谊商城也注册了“燕莎”商标，开发了燕莎牌衬衫、箱包等自有商品。2006年4月，永乐电器自有品牌“YOLO”系列小家电产品也正式在家电卖场上市。此外，我国的一些大型的连锁超市业也在价值较低的生活用品等方面开发了自有品牌。如深圳人人乐创建的“好唯乐”和“乐丝”两大自有品牌；武商量贩店开发的“武商量贩牌”、“百盛牌”大米、卫生纸、净菜等多种商品；中百仓储拥有的涉及针棉、服装、粮油等二十多种商品的“玲珑”、“恒黛”等多个自有注册品牌。

自有品牌已经成为我国零售企业重要的经营突破点。但是从总体上来看，由于起步较晚和自身经营能力的限制，中国大部分零售企业仍以代销制造商品牌商品为主，其开发的自有品牌比例较低，还无法像一些国外某些零售自有品牌那样成为企业经营的核心业务。

三、自有品牌的经营战略

（一）自有品牌对零售品牌的推动作用

自有品牌产品对打造零售品牌有着重要的意义，是零售品牌战略中十分重要的组成部分。在所有的市场上——电器、DIY、百货商店、食品、药店等——都存在着一个共同的趋势，那就是零售商更多的利用自有品牌商品、开发更具差异化的商品系列来实现自己的战略意图。

1. 自有品牌提升零售品牌形象。如盖普和力美特之类的零售商把他们自己的品牌当做是公司形象的一个组成部分。其他的一些零售商，如 J. C. 彭尼和西尔斯成功地把制造商品牌和他们的自有品牌结合起来，建立起独有的形象。

2. 自有品牌促进零售品牌差异化。这方面的经典案例有 Hennes and Mauriz（H&M）、Marks&Spence、Aldi 等，这些零售商的商品全部或者几乎全部都是自有品牌产品。他们还带动了一批商店销售一部分他们拥有的自有品牌产品，并且获得收益。

3. 自有品牌提高零售品牌的顾客忠诚度。零售商根据自己的市场定位和目标顾客的需求，提出新产品的开发设计要求，设定质量标准，选择合适的生产企业进行生产，能够准确地满足消费者的需求，引导他们将对分散的生产商的品牌认知转化为对集中的零售品牌的认知，认店购买，提高顾客对零售品牌的忠诚。为建立对零售品牌的忠诚，许多零售商选择使用商店品牌作为他们的自有品牌产品。这样制造了商品名称和产品名称的协同营销。商标上的零售商名称能增加顾客对产品的信任并且鼓励顾客去购买。例如英国的沃尔玛阿斯达（Wal－Mart Asda）将阿斯达这一品牌名称印在了其自有品牌的系列商品上，用以增加顾客对这一系列产品的信任并强化沃尔玛阿斯达的价格定位。

（二）自有品牌战略分析与实施

一般而言，零售商在他们整体战略和价格定位的框架内十分强调他们自有品牌产品的质量，其目的并不是为销售最便宜的商品，而是为选择价格和质量最佳组合的产品以适应其整体营销战略。因此，像德国的折扣百货零售商 Aldi，虽然他们有非常高比例的自有品牌产品，但也会经营一些经过挑选的制造商品牌产品系列，例如玛氏巧克力棒。

为使品牌忠诚最大化，对一个零售商来说，管理全部的自有品牌的质量是很重要的。尤其在产品品牌是商店品牌的情况下更是这样，因为自有品牌和零售品牌之间有很强的联系。如果零售商的每一样产品有着不同的名称，就如

Aldi 所为，那么就不利于表现具有独创性和稳定性的价值。但是因为产品开发不利、销售额降低所造成的影响会减少，同时也会降低随之而来的品牌忠诚风险。

零售商通过调整自有品牌商品和消费者选择范围，在其整体的营销战略框架内实现品牌忠诚最大化（见图 9－12），这点可以用图中所示的自有品牌战略调整模型加以说明。随着零售商之间经营策略的差异化程度提高，其目标市场的区分更加明显，品牌忠诚也趋于增加，尽管相关的潜在市场可能会减少。

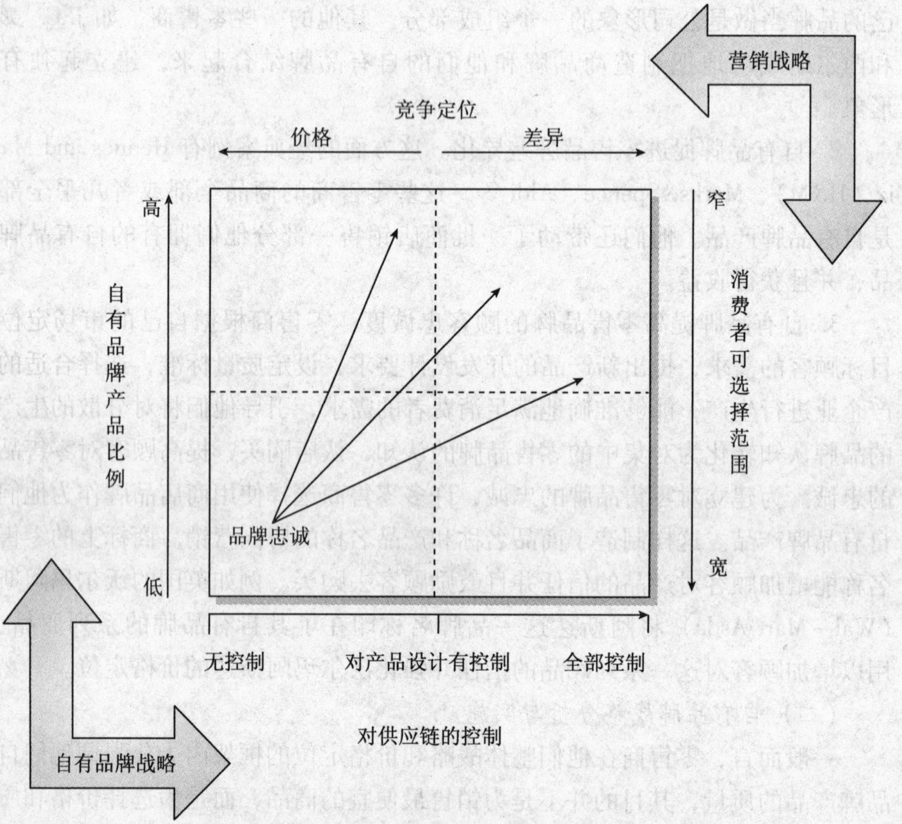

图 9－12　自有品牌战略分析框架

应用这种分析框架可以评估一个零售商的自有品牌战略的稳定性。具有稳定性的战略看起来应是这个框架内很小的一个区域，而非稳定性的战略则覆盖了大部分区域。例如，一个整体营销战略建立在高度差异化产品系列（并因此提供有限的顾客选择余地）基础上的零售商，如果对其很大一部分自有品牌的设计和制造在很大程度上加以控制，那么零售商就有一个稳定的自有品牌战略（见图9－13）。

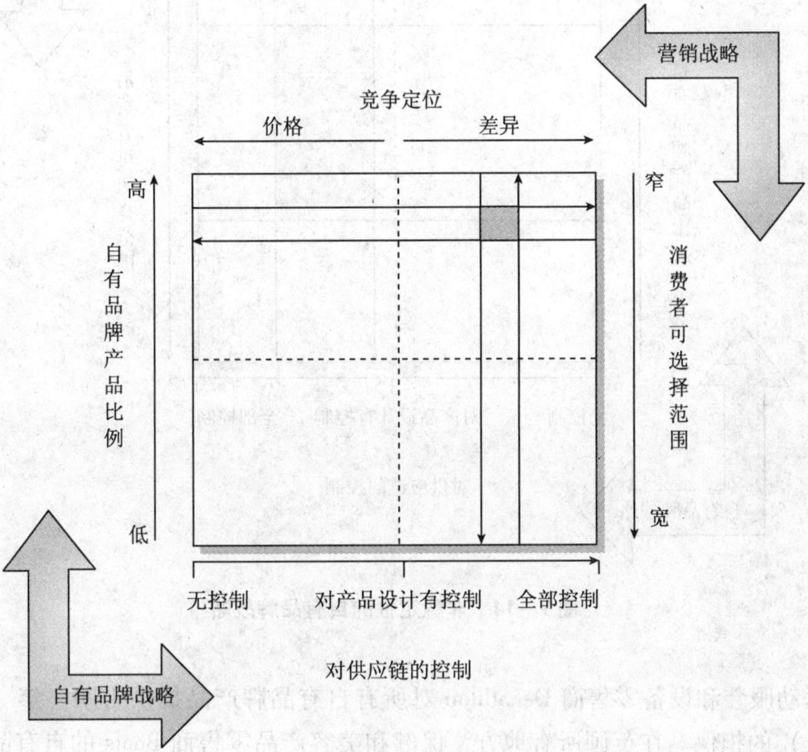

图9－13　稳定性的自有品牌战略

而当自有品牌的目标与整体营销战略不一致时、自有品牌开发失误或整体营销战略发生变化时，非稳定性就会发生（见图9－14）。

自有品牌战略的成功实施依赖于能否获得顾客对零售商和自有品牌产品本身的信任。自有品牌产品可以使顾客更加确信零售商有能力稳定满足其需求。因此，自有品牌与零售品牌的良性互动、严格的质量控制、与制造商品牌合理地组合以及高质量的顾客服务，就成为关键因素。

此外，零售商有多种方法来加强顾客信任并因此获得顾客对其自有品牌产品的忠诚。针对质量保证的退货政策现在是比较常见的。如Marks&Spencer的“无条件”退货政策和Aldi的“无条件担保”（NO Quibble Guarantee）。法国

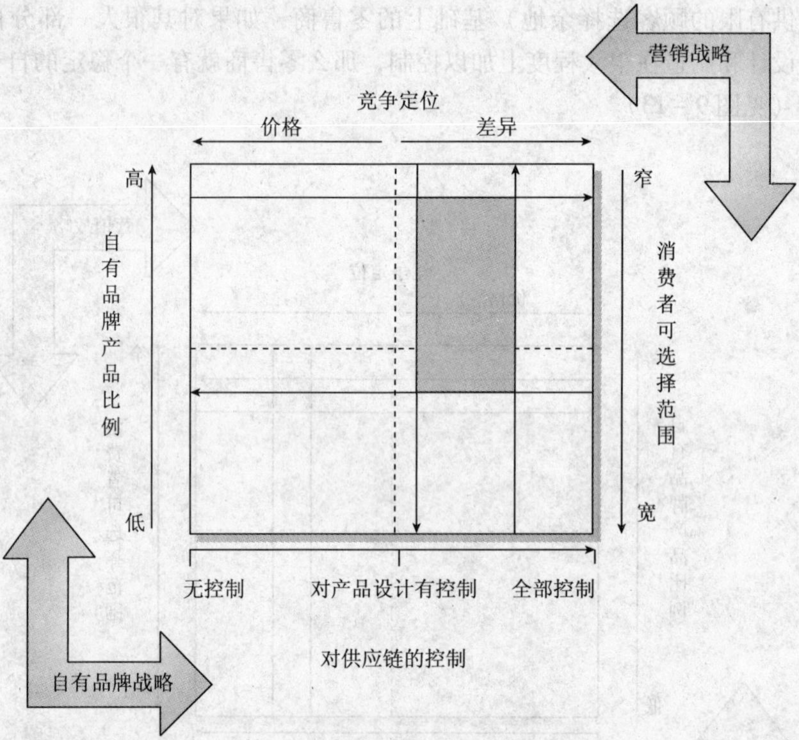

图 9－14　非稳定性的自有品牌战略

的运动服装和设备零售商 Decathlon 对所有自有品牌产品提供为期一年（甚至更长）的担保。在英国所有地方，保健和美容产品零售商 Boots 的自有品牌产品都有为期两年的退换保证。特易购在它的自有品牌产品上印有“任何特易购产品若低于您的高标准期望，我们愿意为您退换，任何一名店员都可以为您效劳”字样。写在包装上的或者店内展示的自有品牌产品信息，例如营养信息，常常比法定的要求更为详细，而且可能比制造商品牌的内容更为宽泛。许多零售商印刷一些突出他们自有品牌产品信息的小册子，例如特易购的健康饮食指南、Boots 的药品指南等。自有品牌在增加顾客信任方面具有的另外一个潜在优势是：比起大批量的、制造商品牌产品，小批量的、自有品牌产品的生产通常能更容易、更迅速地进行调整，以适应不断变化的消费者偏好。例如，英国的许多食品零售商的经营自有品牌，比起采购制造商品牌，能更迅速的将基因改良成分从他们的产品中剔除，以解除消费者的忧虑。

单价和零售商竞争能力影响着顾客做出购买决定时的信任程度，并与零售商的核心竞争能力相关。在单价低的地方，顾客更愿意尝试购买自有品牌产品，因为即使决策被证明不能让人满意，它造成的影响也是有限的。自有品牌的新产品如果更贴近零售商的核心竞争力，那么它成功的可能性就更大，借此，零售商还可以转移进入到新的产品领域。例如，零售商可以先提供忠诚卡或信用卡服务，然后转向提供更广泛的金融服务，正如我们所看到的一些大型零售商所为。对于某些产品，在技术因素方面不存在什么问题，问题主要是这些小规模市场的社会认同度，尤其在高度时尚的市场中更是如此。在此类和类似的高端市场产品里，一个普通零售商的惯用商店品牌可能会被认为过于大众化。

案 例 与 分 析

案 例 1

梅西公司的自有品牌策略

I. N. C 是梅西公司于20世纪90年代早期引入的一个妇女服装自有品牌，也是联邦百货公司收购梅西后悄悄开发的几个品牌之一。I. N. C 商店在联邦百货店中的出现，标志着联邦百货公司正进入一个垂直的零售领域。

联邦百货并不是第一家引入自有品牌商品的公司，J. C. 彭尼已经成功的经营了好几年了。但J. C. 彭尼没有开办联邦百货之前就开办了设计师商店。联邦百货公司开办I. N. C. 商店就等于直接和它的供应商竞争，如卡尔文·克莱恩、Tommy Hilfiguer、拉尔夫·劳伦和唐娜·卡兰在梅西中的商店都开在I. N. C. 店旁边。

I. N. C. 商店所提供的质量和设计师品牌差不多，但却便宜20% ~30%。这是联邦百货直接超过中间商所能节省的费用。

案例思考题

1. 梅西采取这种自有品牌策略的前提是什么?
2. 请讨论梅西的自有品牌策略对其经营可能造成的影响?

案 例 2

专业零售商 HMV 谈品牌建设问题

HMV 媒体集团创建于1998年3月，旗下包括 HMV 音像店，以及 Waterstone’s 书店，其市场主要分布在英国、加拿大和日本。同时，HMV 还是中国香港和新加坡两地同行业的市场领先者，其业务量在澳大利亚同行业中名列第二，在美国和德国的市场上也占有一席之地。在美国图书销售中堪称佼佼者的 Waterstone's 从根本上说是个英国品牌。2002年5月，HMV 集团正式在英国伦敦股票交易所上市。

Alan Giles 先生曾经先后受教于 Blandford、Dorset、Merton、牛津，以及斯坦福等名校，并曾经供职于 Boots 和 WHSmith 两家公司。1998 年，Alan Giles 先生被任命为 HMV Media 公司的首席执行官。同时，Alan Giles 先生还担任着 Somerfield 公司的非执行董事一职。本次访谈涵盖了许多主题和内容，Alan Giles 先生详细介绍了在当今的市场环境下作为一家专业零售商在管理方面所面临的挑战。

HMV 和 Waterstone's

二者都是颇负盛名的品牌，因为它们同有价值的消费者群体之间存在着很强的直接联系。这两个品牌对于那些忠实的、具有一定文化层次的并经常购买音像制品和书籍的消费者群体尤其具有吸引力。购买音像制品的消费者似乎都会对其个人兴趣表现出一种强烈的狂热和执著。来自消费者的这种“忠实性”在某种程度上能够为品牌带来一定的保护作用，因为对音乐和书籍充满热爱的人是不会停止对音像制品和图书的购买的，他们宁愿放弃其他的东西也不愿丢弃这个爱好。那么又是什么使得这两个品牌如此著名呢？广告造势和提升消费者自身体验都是可取的途径之一，然而比较起来，显然后者起到了最为关键的作用。店堂的布局设计，商品系列的范围及其相关性都对消费者体验的提升具有非常重要的影响作用。

我们确实在积极地进行音像制品和书籍的宣传、编辑、选择和推介工作，不论是图书还是音像制品，可供消费者选择的余地都是绰绰有余的。我们的经验是，即便是非常有见解的、非常忠实的消费者在面临选择的时候也会希望从店方得到一些建议和帮助。消费者的这种需求一部分可以通过店面布局，以及商店管理加以实现，也可以藉由员工的专业意见和热情服务得以满足。

品牌和员工

品牌与组织文化（包括员工的态度和性格）之间具有不可分割的联系。HMV 和 Waterstone's 的魅力之大还表现在为其工作的员工同时也是它们的忠实消费者这一点上。因为在 Waterstone's 和 HMV Media 工作的人对于音乐和书籍也具有超乎寻常的钟爱。我们的员工和消费者在许多方面志趣相投，同时我们所做的最重要也是最有力的一件事就是：为消费者提供和他们一样有见地、有热情的店员。

两大品牌的相通之处

HMV 和 Waterstone's 这两大品牌具有许多相通之处。首先，两大品牌经营的商品系列都非常广泛。一家普通规模的超市很少有经营超过 30000 种商品的，而最大的Waterstone's和HMV商店却有25万种商品，并且其中的20%在一年之内予以更换，因此对于产品生命周期的管理就显得尤为重要了。在这方面，即使是非常专业的零售商（例如食品零售商）也显得有所欠缺，因为他们不习惯管理生命周期预期非常短的商品。很明显，虽然食品日杂店中的许多商品都是容易腐烂变质不易保存的东西，但是过期的香蕉只需用更多新鲜的香蕉替换就可以了（即食品零售商所面临的商品生命周期管理问题相对简单得多，只需以新易旧就可以了），然而对于经营音像制品和书籍的零售商来说，他们的商品更换和食品零售商的商品更换完全是两个不同的概念。

经营音像制品和书籍的零售商在很大程度上需要根据消费者喜好的流行趋势做出相应的应对措施（他们也能够在某种程度上对消费者喜好的流行趋势起到一定的引导作用）。尤其是书籍，它们能够反映大多数人的兴趣所在，以及整个社会的流行趋势。因为人们只喜欢阅读那些他们感兴趣的书。于是我们又可以总结出HMV和Waterstone's这两大品牌的又一个相通之处，那就是它们都深受那些高端的、忠实的、经常性购买音像制品和书籍的消费者所喜爱。

两大品牌的另一个相通之处在于，它们对消费者的认同是一致的，那就是购买音像制品和书籍的行为并不等同于一般意义上的购物，而是一个令人愉快的体验过程。它是一种休闲活动，更像是去画廊欣赏艺术或者去饭店品尝美味，而不是单纯的购物行为。这就暗含着一层要求，要求我们为消费者营造一个适合这种休闲心理的店面环境。

品牌的发展进程

诚然，品牌总是处于一个不断变化的过程之中，但品牌的许多核心特征应当是保持不变的。不过，品牌需要不断适应、发展的领域，就是能够使其到达消费者的销售渠道。举例来说，目前我们为两个品牌都发展了在线销售渠道。有明显证据表明，知名品牌、消费者了解的品牌、具有一定的知名度并具实物形式存在的品牌，以及消费者信任的品牌为消费者带来的放心和安全的感觉能够使消费者在线购物时感觉更为舒适满意。在音像制品和书籍市场上（也许整个社会也是如此），都存在着一种趋向主流的趋势——那就是“容易理解的”变得越来越重要。只消看看过去两三年的音乐市场你就能深刻体会这一点——流行音乐明显复苏，占据主流，而那些过分苛求的音乐类型则越来越难以在市场上立足。书籍市场上也是如此，需求呈现向少数的、更为流行的图书集中的明显趋势。同样，那些较为艰涩的、过于苛求的文学作品就比较难卖了。

这种变化是消费者引导的。我们需要面对的一个困难的抉择是，我们究竟应当在多大程度上跟随这种潮流。从战略角度上讲，这些潮流、趋势对于一个专业零售商来说，可以不被看成是特别有用的东西。HMV 和 Waterstone's 这两个品牌深受广大消费者的喜爱，因此那些较为犹疑的、（对音乐和书籍）较为缺乏了解的消费者在我们的店里购物时感觉会很舒服，不用害怕缺乏相关的知识。与此同时，我们还得小心做到不能降低那些（对音乐和书籍）非常熟稔的消费者的体验的质量——这是个很难把握好的问题。

我们的员工对进货决策也有一定的影响力。在时刻注意保持规模经济的同时（因为我们拥有200 家书店），我们也不得不将一些决策留给员工来做。迄今为止，在 Waterstone's 书店的书架上，所有书的存在都有店员意见的参与。在大多数店中，大部分在该店工作的员工都享有一个特定的购买权限领域。市面上有超过100 万种书籍已经出版销售，不管公司的信息系统多么精密复杂，要想让公司总部在即将投放到牛津地区的15 万种书籍中做出最优化的选择都不啻是天方夜谭。更为有效的方法是把决策权下放到在牛津地区书店中工作的一线员工手中，同时确保他们拥有足够的技巧和专业知识。

这种做法带来一个很好的后果，就是员工工作内容的丰富。它能给人一种受到重视的感觉，使得我们能够招聘到并保持素质更高的员工，消费者也能够接触到更高水准的服务。因此，尽管零售业的薪酬水平普遍不高，但是80%以上工作在 Waterstone's 书店的员工都是大学毕业生。这是一个很有说服力的数字。

很多喜欢读书的人同时也对电影和音乐颇感兴趣，因此，这里存在着一个很重要的交叉市场。我们之所以能够认识并测量到这一点，是因为我们的两个品牌的优惠购物赠券都是可以兑换成现款的，事实证明，交叉购买（音像制品和书籍）的现象是很普遍的。

案例思考题

1. HMV 品牌的构成因素有哪些？
2. HMV 品牌建设的决定力量是什么？
3. HMV 品牌建设过程中的参与者和相关者包括哪些？
4. 哪些措施在你看来对 HMV 的品牌建设有决定作用？

案例3

易初莲花的自有品牌策略

易初莲花的自有品牌商品统一注册为“易初莲花牌”。其目的在于：一是可以节省一笔可观的品牌注册费用，二是可以借易初莲花良好的社会形象让顾客更容易认可自有品牌商品，缩短其被接纳的时间，从而起到公司形象与产品形象互相促进、共同提升的作用。

在具体实施中，易初莲花非常重视商品品类的选择。为此，易初莲花制定了选择商品品类的几条原则：其一是该类商品不应是具有很高品牌忠诚度的商品。对于高品牌忠诚度的商品，顾客已经建立了强消费认知，让其改变对品牌的看法，建立对一新品牌的好感需要花费很大的资源投入。因此，该类商品不合适做自有品牌；其二是该类商品应该是具有高消费数量和高购买频率的商品。该类商品由于周转速度快，可以实行大批量订货，从而降低生产成本和进货成本，保证自有品牌低价格的实现。其三是价格敏感度大的商品。超市开发自有品牌商品，由于省略了中间流通环节，因而具有极大的价格优势。选择开发价格敏感度大的商品，利用价格杠杆，可以形成对同类产品很大的竞争优势，而且能利用消费者对商品的价格敏感度，培养消费者对自有品牌的品牌忠诚度。

本着稳健发展的原则，易初莲花在启动自有品牌计划时首先选择一些质量容易控制，消费金额不大的商品种类进行试验，以点带面，逐步开发，形成良性发展的格局。

在实际运作中，对供应商的选择以及对产品质量的控制是个很大的难点。在自有品牌发展的初期，由于订单量相对较少，大供应商往往不愿意接单生产，而选择小供应商又往往要冒品质不合格的风险。特别是一些供应商担心为易初莲花生产同类商品会对自己品牌商品的销售造成冲击，更是增添了谈判的难度。为了能够有效把握自有品牌商品的质量控制，公司特别成立了质量部。对于质量的控制分为两个层面，第一个层面是在宏观上对供应商整体生产水平和质量控制能力的评价，这一点在对供应商进行甄选时就予以进行。易初莲花会要求该供应商提供其工厂品质控制标准，该标准一般都高于国家对该产品制定的品质控制标准。在合同文本中易初莲花会要求供应商明确按工厂品质控制标准进行生产。第二个层面是具体到每个供应商的每个订单、每批货的质量状况的检查。易初莲花采取派专业技术人员到供应商处定期检查其生产状况、有无违规操作等来确定其生产的正常进行和产品质量的稳定性。同时对每批送来的订单，根据不同的产品要求、产品特点和供应商的状况以及产品质量历史记录进行比率不同的抽检甚至全检。对于产品性能稳定、对产品质量要求不是特别严格且拥有良好历史记录的可以安排少检甚至免检。而对于产品性能缺乏稳定性，质量忽好忽坏，特别是新品，要安排比率较多的抽检甚至是全检。

案例思考题

1. 请列举几个与易初莲花采取不同自有品牌策略的零售商。
2. 请讨论易初莲花的自由品牌策略的适用业态和商品范围。

本章思考题

1. 什么是品牌？零售品牌与产品品牌的产别是什么？
2. 零售品牌经营三角构架的主要内容是什么？
3. 零售品牌经营的核心是什么？
4. 如何有效实施零售品牌忠诚策略？
5. 自有品牌有哪些比较优势？
6. 联系实际，试论如何成功实施自有品牌战略。

参 考 文 献

1. ［美］迈克尔·利维，巴顿·维茨著．零售管理．北京：人民邮电出版社，2004

2. ［英］乔纳森·雷诺兹，克里斯廷·卡思伯森著．制胜零售业．北京：电子工业出版社，2005

3. ［英］彼得·J·麦戈德瑞克著．零售营销．北京：机械工业出版社，2004

4. 周朝琦，侯文龙编著．品牌经营．北京：经济管理出版社，2002

5. 陈建华．现代企业品牌经营及其评价研究．武汉理工大学，2002

6. 朱勇，张宗益，吴俊．基于顾客忠诚度的零售企业竞争策略．消费经济，2005（2）

7. 肖海，何仲．品牌经营体系之构建．企业经济，2004（1）

8. 谢凤华．中国零售商自有品牌战略研究．湘潭大学，2002

9. 朱瑞庭．零售商自有品牌的功能和市场定位．北京工商大学学报（社会科学版），2004 年第 2 期，39

第十章 零售文化

本章提要

零售文化是商业文化的重要组成部分。零售文化既为零售发展提供价值动力、道德规范，也充分展示零售经营与服务的特色以及精神风貌。零售文化包括两个层面，一是从行业角度讲的零售业文化，即商业文化在零售业整体经营活动中的具体体现；二是从微观角度讲的零售企业文化，它是商业文化在具体零售企业经营活动中的反映。

学习目的

了解商业文化与零售业文化的关系；掌握零售业文化的内容；重点掌握零售企业文化的构成与培育步骤。

第一节 零售业文化

一、商业文化与零售业文化

（一）商业文化的概念

商业文化这一概念最早是原国家商业部部长胡平于1989年首先提出来的。他认为，所谓商业文化，是指商业发展到一定程度，商品流通各行各业、各个过程、各类商品中所反映、创造、传播的具有商业特质的文化现象。

正确认识商业文化的概念，应把握以下要点：

1. 商业文化是社会文化的亚文化。它既受社会文化的制约，同时又对社会文化的发展起到影响作用。在现代市场经济条件下，一个国家或地区的商业文化的主脉、风格，要受到该国或该地区市场发育程度、消费水平、竞争状况以及社会文化环境、法制环境等全方位的影响；同时商业文化的优劣，也在某种程度上决定或影响一个国家或地区的经济繁荣程度、市场秩序、消费文明、生活方式以及社会整体道德风尚等。

2. 商业文化本质上是一种经济文化。即是一种市场经济的文化，是与市场经济相适应的价值观念、行为准则和道德规范的反映。作为市场经济的文化，它涉及的领域不仅是传统意义上的“商业部门”，而且是与商品生产者乃至消费者都有关系的“商业”（或流通业）。比如，竞争作为市场经济的一条规律，同时也是渗透在商业文化中的一个基本理念，这个理念不仅商人有，涉及流通过程的每一个环节都有，很难说这是一个“部门”特有的一种文化。当然，这里并不否认商业文化更多地体现在商品交换活动当中。市场是一个大舞台，商业在这个舞台上联结生产和消费。商业文化是伴随着商品交换的发展而产生、传播和发展的；商业经营活动比较集中地反映了商业文化的特色和主要内容。

3. 商业文化的发展水平决定于商业的发达程度。自然经济以自给自足为特征，没有或较少有交换，商业不发达，谈不到商业文化；完全的产品经济实行社会产品的分配，商业不存在，也就没有商业文化可言。只有以商品交换为基本特征的市场经济，才有与此相适应的商业文化。商业文化的发展水平决定于商业的发达程度，但并不是说，商业文化是被动的，是商业发展的被动反映。一个国家或地区的商业文化，受到社会先进文明的引导，以及外来优秀商业文化的影响，在一定条件下，可以超越商业发展水平。

（二）商业文化与零售文化的关系

商业文化与零售文化的关系，具体分析，涉及商业文化与零售业文化的关系，也涉及商业文化与零售企业文化的关系。因为，零售文化也是一个复合概念，它包括两个层面，一是从行业角度讲的零售业文化，即商业文化在零售业整体经营活动中的具体体现；二是从微观角度讲的零售企业文化，它是商业文化在具体零售企业经营活动中的反映。所以，厘清商业文化与零售文化的关系，必须厘清其与零售业文化及零售企业文化的两个方面的界限。

1. 商业文化与零售业文化的关系。总体来讲是种属关系，商业文化包含零售业文化，决定着零售业文化；零售业文化反映着商业文化的水平和特征。

应该说，在整个商业中，零售业处于流通过程的终端，直接面对和服务于消费者，经营技术含量高，经营业态多，经营形式复杂多变，是最具活力的商业窗口行业。因此，零售业文化能最快速反映商业文化的变化，最直接反映商业文化的鲜明个性。看一个国家或地区商业文化发展的水平及特色，一般通过考察与分析其零售业文化发展状况，即能得到比较准确的结论。

还应该看到，零售业的经营理念革新与技术进步，往往会推动商业整体文化的繁荣与进步。我国近十几年来，伴随着零售业的快速增长，外资进入中国零售市场引发的竞争升级、管理变革与经营创新，使我国的零售文化产生很大飞跃，进而为整个商业文化注入活力，带动了我国整体商业文化的繁荣与进步。

2. 商业文化与零售企业文化的关系。总体来说，商业文化和零售企业文化是一般与个别的关系，商业文化寓于零售企业文化之中。商业文化的相当一部分内容是通过企业的行为表现出来的。但是，不能认为商业文化是企业文化的简单相加，二者是有区别的。商业文化——在零售业具体表现为零售业文化——作为一种非组织性社会群体文化，本质是经济文化，反映一定时期内一个国家或地区从事商品流通特有的观念、道德、伦理、规划、信誉、形象、精神风貌等。这种文化的可塑性、引导性与约束力，因为对象的非组织化而受到一定限制。而零售企业文化作为一种具有独立性的组织群体文化，既是一种经营文化，也是一种管理文化，它是零售企业所创造、遵从并展示的价值观、伦理道德、行为准则、传统习惯以及品牌形象等的集合，既体现着市场经济规律，又体现着管理规律。零售企业不仅是从事销售活动的单纯经济组织、承担着向国家纳税的基本经济责任，而且还是育人的学校、现代文明的传播者、社会和谐的维护者以及各种社会责任和政治责任的承担者。这就决定了零售企业文化内容的多元性和功能的多样性，也反映出零售企业文化具有较强的可塑性、引导性与约束性。

二、零售业文化的特征与功能

（一）零售业文化的特征

零售业文化作为商业文化的重要组成部分，具有传承性、创新性和开放性的鲜明特征。

1. 零售业文化作为一种历史过程文化，具有传承性。任何文化现象的产生与发展都是一个历史过程，零售业文化也是如此。自从零售业诞生，就与之相适应逐渐形成了零售业文化。今天的零售业文化不是一朝形成的，而是伴随着零售业的发展、社会的进步和市场的发育，逐步积淀的结果。中华民族在历史上形成了以诚信为核心的商业文化传统，这种文化传统传承至今，与市场经济的信用机制相融合，就形成了以消费者为中心，诚信经营、公平竞争的现代零售业文化理念。

2. 零售业文化作为不断发展的文化，具有创新性。零售业文化的创新性来源于零售业的竞争和发展。市场经济是一种竞争经济，各个经济利益主体相互竞争的过程即是各自创新的过程，因为只有创新才能取得竞争优势。历史上每一次零售革命，即零售业文化的创新，都是经济和科学技术发展，消费推动，引起零售业内部竞争所带来的。零售业文化的创新性是零售业发展的根本动力。近几年来，我国零售业的快速发展，是零售业在竞争中不断创新的必然结果。

3. 在世界经济一体化的条件下，零售业文化具有开放性。在开放性的零售市场上，零售业文化冲破国别和区域限制，在全球范围内得到传播。随着零售资本和商品的流动，一个国家或地区的零售业文化，不可避免地要受到外来文化的影响；尤其是比较落后的零售业文化，必然要受到外来比较先进的零售业文化的冲击。我国实行改革开放政策以来，尤其是零售业全面对外开放以来，众多国外大型零售商在中国开店，不仅给我国带来了先进的业态、经营方式和零售经营技术，同时带来了先进的经营管理理念，从而推动了我国零售业文化的进步。

（二）零售业文化的功能

零售业在流通中的终端地位，决定了零售业文化功能的多元性，既作用于自身、作用于市场，也作用于社会。

1. 激励与约束功能。零售业文化首先表现为一种商业精神和商业伦理道德。在实践中，这些商业精神和商业伦理道德，有些注入零售企业文化中，成为零售企业所奉行的一种价值观和行为准则，对零售企业的经营行为起到激励或约束作用；有些转化为行业规范和道德标准，对整个零售业的经营活动起到引导、激励或约束作用。

2. 传递与引导功能。零售业在运行过程中，把众多供应商（厂商、批发商等）和众多消费者联结起来，形成巨大的商品流和信息流。这种商品流和信息流的流动过程也是文化传递与传播的过程。零售业处于这些商品流和信息流的枢纽地位，一方面起到促进供应商与消费者文化沟通的作用，另一方面，可以把供应商与消费者的文化价值整合起来，经过加工、提升，形成自身的文化价值，然后传递给供应商和消费者，对生产行为和消费行为起到了引导作用。

3. 展示与辐射功能。零售业是一个窗口，它可以展示一个国家、地区、城市物质文明和精神文明的整体状况，展示经济与科学技术的发展水平，展示消费趋势，展示流行时尚。但零售业不是被动地发挥“展示”功能。零售业中的各种不同企业，在零售业文化引导下，通过不同的市场定位，采用不同的业态和经营方式，有针对性地进行商品组合、品牌组合与服务组合，营造有个性的购物环境，从而展示零售业先进的文化价值，影响消费者的行为。同时，零售业作为流通生产力的直接组织者，在经营和服务过程中，形成很多先进的价值观念和文明习惯，直接辐射社会，对社会风气的改善、社会文明的进步与道德的提升起到促进作用。

4. 创新与创造功能。零售业文化的创新与创造功能，与其特有的地位息息相关。零售业在经营服务过程中，能够从生产者那里及时捕捉到科学技术进步的最新信息，能够从消费者那里及时捕捉到有关消费方式变革的前沿信息，对这两种信息有机整合，从而创新与创造出形成很多新的文化观念。零售业文化的创新与创造功能，主要体现在对商品文化、营销文化和消费文化变革的推动上。

5. 增值与增誉功能。零售业文化的增值功能主要体现为两个方面：一是零售业秉承先进的文化理念和道德规范，科学合理地组织商品经营活动，能够加速流通过程，降低流通成本，提高流通效率，因而提高行业的经济效益和社会效益；二是通过零售业文化的“包装”，增加商品的艺术附加值、环境的文化附加值和服务的满意附加值等，进而实现零售业文化的增值。零售业的增誉功能与增值功能紧密相联。先进的零售业文化，体现在零售企业的形象上，渗透在经营与服务过程中，使消费者、生产者以至所有社会公众都可以看到零售业良好的精神风貌，体验到零售业的诚信经营和高质服务，这自然会提高零售行业的商誉，提高零售企业的无形资产价值。

三、零售业文化的内容

文化一般分为精神、行为、制度和物质等几个层面。完整的零售业文化也是由这几个层面构成，融汇在商品流通过程之中，具体表现为零售基本价值观、零售伦理文化、零售制度文化、营销文化、商品文化和零售环境文化六个方面内容。

（一）零售基本价值观

零售基本价值观反映零售行业对自身经营活动目的与意义的总体看法，也是这一行业从事经营活动的基本出发点和判断是非的基本标准。零售基本价值观是零售业文化的内核，为零售业发展提供精神支柱，也决定着零售业的基本特性和发展方向。

现代零售价值观同一般竞争性行业与企业的价值观在本质上具有共同之处。美国兰德公司花了20多年的时间，跟踪了500多家世界大企业，最后发现，其中百年不衰的企业的一个共同特点是：它们不仅以追求利润为惟一目标，而且有超越利润的社会目标。具体来说，它们遵循以下三条原则：人的价值高于物的价值；共同价值高于个人价值；社会价值高于利润价值；用户价值高于生产价值。这几条原则也是现代零售业的至高价值追求。现代零售业更加强调以人为中心，重视顾客价值和员工价值；强调社会责任感，重视环保和勇于承担各种社会责任。

（二）零售伦理文化

零售伦理文化是调解零售业各企业之间、零售企业与供应商之间、零售企业与消费者之间以及零售运行过程中所涉及的所有利益关系的道德准则与行为规范。其中商业道德是零售伦理文化的核心。我国零售商业道德源于中国传统文化和市场经济伦理，传统文化赋予商业道德“诚信无欺”的内涵，市场经济伦理赋予商业道德公正公平、自由民主、等价交换的原则。零售伦理文化中还包含商人道德。商人道德是商业道德的人格化，通过企业家、企业员工个人的言行体现出来。商人道德的内涵中除了诚信内涵外，还包括商人在处理人际关系时对他人的尊重与情谊等内涵。

（三）零售制度文化

零售制度文化是零售业各种法律法规、规范标准中所体现出来的文化。毫无疑问，零售制度文化的载体是零售制度。广义的零售制度大体分为三类：第一类是国家为了保护消费者利益、保持公平竞争与良好的零售市场秩序所颁布的各种法律法规；第二类是零售行业监管部门或协会组织为了建立公平公正的经营环境、规范零售企业的行为、协调好经营环节各主体之间的利益关系所制定的各种规范与标准；第三类是零售企业为了确保经营活动的科学化和高效化、确保为顾客提供高质量的服务所制定的各种流程、标准、制度和服务规范等。制度具有刚性特征，因此制度文化也具有较强的约束性。先进的零售制度文化，表现出两个特点：一是各类零售制度能够比较一致地反映出当代比较先进的零售价值观和零售伦理文化；二是零售企业具有执行制度的高度自觉性。

（四）营销文化

营销文化是零售业文化的基本内容，也是其中最活跃的部分。营销是零售活动的中心，零售业文化的所有内容最终都通过营销文化体现出来。营销文化主要包括以消费者为中心的营销理念和与供应商共赢的营销理念，以及在这种理念指导下所形成的营销谋略、策略、艺术和在服务层面体现出来的各种文化特色。营销文化建设的主体是零售企业。

（五）商品文化

商品是零售经营的主要对象，其中蕴含着丰富的文化内涵和文化附加值，人们在商品的设计、造型、工艺技术、商标等各个要素，商品制造、运输、分类、组合、包装、展示、销售、售后服务等各个环节中，都不同程度地为商品注入文化价值。商品文化是生产者、零售商以及消费者共同创造的。零售商通过向生产者反馈消费者的需求信息和提出建议，参与商品的设计，通过合理的商品包装、组合与陈列等增加或放大了商品文化的含量，通过创造与商品特性及消费者需要相适应的服务，提升了商品的文化附加值。因此，零售业既是商品文化的创造者，也是商品文化的传播者。

（六）零售环境文化

零售环境文化主要是零售业内外经营条件的文化品位和文化风格。零售环境文化可分为宏观零售环境文化和微观零售环境文化。宏观零售环境文化主要指一个城市、地区、国家零售业所面对的技术环境文化、市场环境文化、消费环境文化、政治与法律环境文化等；微观零售环境文化是指零售业内部环境文化，主要是指从零售业的店铺建筑、内部设施、设备、装潢、装饰、商品陈列以及各种功能区的设计等方面体现出来的文化特色。一个文化个性鲜明的零售建筑，在建筑文化上能成为一个地区或城市的地标；一个有文化品味的店铺装修、装饰与商品陈列，加上先进的设施、设备和独到的功能区设计，会提高顾客的满意度和体验度，树立良好的企业形象，创造更多的附加利益。

第二节　零售企业文化

一、零售企业文化的含义和作用

（一）企业文化与零售企业文化

企业文化理论起源于美国。从20世纪80年代企业文化研究的热潮在世界上兴起以来，人们从不同的角度给企业文化下过很多定义，概括起来大体上可分为五类：

1. 群体说。认为企业文化是一种群体文化，是企业内在文化特质、外在文化环境和群体文化素质的综合体现，是企业形成的价值观念、行为准则和在人群中、社会上产生的文化影响，也是某个行业的企业群体在实践中形成的公共企业文化。

2. 广义、狭义说。从广义上讲，企业文化是社会文化的一个子系统，企业文化通过企业生产经营的物质基础和生产经营的产品及服务，不仅反映出企业的生产经营特色、组织特色和管理特色，更反映出企业在生产经营活动中的战略目标、群体意识、价值观念和行为规范。从狭义上讲，企业文化体现为人本管理理论的最高层次，其重视人的因素，强调精神文化的力量，希望用一种无形的文化力量形成一种行为准则、价值观念和道德规范，引导企业员工为企业和社会的发展而努力。

3. 总和说。认为企业文化是逐步形成并为全体员工所认同、遵循、带有本企业特点的价值观念、经营准则、经营作风、企业精神、道德规范、发展目标的总和，是企业管理硬件和软件的结合，作为企业物质财富和精神财富的总和，是一种外显文化和内隐文化的复合体。

4. 构成说。从要素构成的角度，认为企业文化是由企业的行为文化、心理文化和物质文化构成的。或者认为企业文化是经济意义和文化意义的混合，认为企业文化不是指知识修养，而是指人们对知识的态度；不是利润，而是对待利润的心理；不是人际关系，而是人际关系所体现的处世哲学；不是社交活动，而是社交方式；不是企业管理活动，而是造成那种管理方式的原因。

5. 观念说。认为企业文化是一种观念形态的价值观，是企业的经营哲学，也是企业信仰，是企业生产经营和管理活动中逐步形成的观念形态、文化形式和价值观念的总和。

虽然对于企业文化的定义有着多个角度，但是综合起来可以看出，企业文化本质上是一种人本管理理论，它强调人的精神和理念在企业经营中的核心作用，对内其表现为一种团队共享价值，对外表现为行业文化特色。因此，本书对企业文化作如下定义：企业文化是在社会文化和行业文化背景下形成的企业管理哲学和企业精神，它以理念和价值观为核心，以企业规章制度和物质现象为载体，对内能够凝聚与激励企业员工，增强其归属感，并发挥其积极性和创造性，对外则体现为企业对待社会和经济环境的价值观和行为方式。

就零售企业而言，其企业文化是基于零售文化和行业特征的价值观和理念。它是零售企业对待行业竞争、消费者需求和企业运营管理的哲学和理念，在零售企业中起着凝聚员工精神、统一意识，使其能够积极地应对竞争、创造更好的服务环境和实现企业更有效率地运转的作用。对外其表现为零售企业对自身价值的定位和服务方式。

（二）零售企业文化的作用

零售企业文化作为零售企业的一种核心竞争能力，对企业的经营绩效有着至关重要的影响。优秀的零售企业文化从以下三个方面促进企业经营绩效的提高：

1. 有效凝聚企业精神，提高零售企业应对激烈竞争环境的能力。零售企业提供的价值是以员工提供的服务为载体的，而员工个性、层次和素质的多样性，使零售企业在有效的凝聚员工方面面临较其他行业更大的挑战。通过企业文化的核心所体现出的企业共同价值观和企业精神，可以促使企业领导层与企业员工在企业经营目标上达成共识，在企业经营理念的指引下，通过对企业目标的一致认同，从而凝聚成一股巨大的竞争能力，最终达到企业经营目标，实现企业价值最大化。

2. 扩大零售企业的品牌辐射范围，促进连锁化发展。良好的企业文化通过多种传达体系最终塑造出优秀的企业品牌，并扩大企业的辐射力和感召力。在跨区域经营和竞争的现代零售竞争中，品牌效应可以有力地支持零售企业进行连锁经营，使企业得以滚动式发展，实现良性循环，取得最佳效益。

3. 有利于实现零售企业社会价值和经济价值统一。具有良好企业文化的零售企业，在其经营过程中能够有意识地抵制假冒伪劣商品和维护消费者权益，从而体现出一种良好的经营道德和伦理意识，这不仅可以使零售企业争得外部公众的认同，创造出良好的经营环境并吸引更多顾客，还可以实现零售企业服务民众、便利消费者的社会功能，使企业经营效益和社会效益都得到提升。

二、零售企业文化的构成

零售企业文化的结构，可分为精神文化、制度文化、行为文化与物质文化四个层次。其中精神文化位于核心层、制度文化处于中层、行为文化在浅层、物质文化则属于表层。

（一）零售企业精神文化

零售企业精神文化是其在长期的经营和服务过程中形成的价值观念和精神成果。企业精神是企业价值观的核心。企业精神是广大员工在长期的生产经营

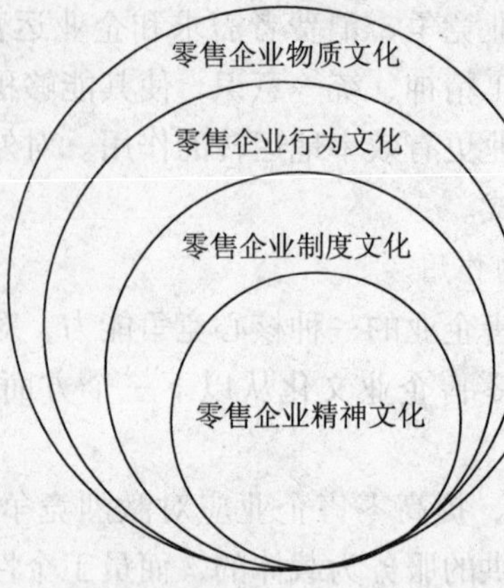

零售企业文化的构成

活动中逐步形成的，并经过企业家有意识的概括、总结、提炼而得到确立的思想成果和精神力量，它是企业优良传统的结晶，是维系企业生存发展的精神支柱。本来只有人才具有精神，企业精神这一概念的自身就是把企业人格化了，它是由企业的传统、经历、文化和企业领导人的管理哲学共同孕育的，集中体现着一个企业独特的、鲜明的经营思想和个性风格，反映着企业的信念和追求，也是企业群体意识的集中体现。企业精神具有号召力、凝聚力和向心力，是一个企业最宝贵的经营优势和精神财富，它不是可有可无，而是必不可少。

例如，王府井百货鼓励奉献和创新为核心的一团火精神，是其老一辈创业者和新一代建设者用智慧和汗水共同铸就的企业精神文化。它不仅凝聚了王府井百货的传奇历史，也代表了其对自身价值和发展理念的定位，成为了推动其发展的重要精神力量。

具体而言，零售企业的精神文化还可分为企业价值观、企业经营哲学和企业精神等方面。

企业价值观是指企业在追求经营成功过程中所推崇的基本信念和奉行的目标。从哲学上说，价值观是关于对象对主体有用性的一种观念。而企业价值观是企业全体或多数员工一致赞同的关于企业意义的终极判断。零售企业作为联结社会生产和消费之间的桥梁存在，因此其企业价值观集中反映了零售企业在服务于生产企业和消费者过程中对于自身定位和价值意识。

企业经营哲学是指企业在经营管理过程中提升的世界观和方法论，是企业在处理人与人、人与物关系上形成的意识形态和文化现象。处理这些关系中形成的经营哲学，一方面与文化传统有关，另一方面与特定的行业背景相关。东方文化本就强调人性的概念，而就零售企业而言，由于其提供的是以个人行为为基础的直接面对消费者的服务，因此在其经营哲学中更强调人性和人本的理念。这不仅是为了形成一种和谐的服务氛围，更是为了强化员工的主人翁意识，发挥其服务的主动性。

企业精神是现代意识与企业个性相结合的一种群体意识，是企业全体或多数员工共同一致、彼此共鸣的内心态度、意志状况和思想境界。它可以激发企业员工的积极性，增强企业的活力。零售企业提供的每一个接触点都直接对消费者产生影响，因此在其企业精神中更加强调合作和集体观念，保证服务的整体氛围。

（二）零售企业制度文化

零售企业的制度文化是由企业的法律形态、组织形态和管理形态构成的外显文化，它是企业文化的中坚和桥梁，把企业文化中的物质文化和精神文化有机地结合成一个整体。

在企业文化的建设过程中，必然涉及与企业有关的法律和法规、企业的经营体制和企业的管理制度等问题。企业的法律形态体现了社会大文化对企业的制约和影响，反映了企业制度文化的共性；企业的组织形态和管理形态则体现了企业各自的经营管理特色，反映了企业制度文化的个性。如在沃尔玛的制度机制中，就体现了其“尊重个人”的企业文化。在沃尔玛内部，虽然各级职员分工明确，但很少有歧视现象。在沃尔玛公司里，员工是最大的财富，他们有一套特殊的对待员工的政策，不称员工为雇员，而称之为合作者、同事，一线员工可以直接与主管以至总裁对话，而不必担心报复。员工以佩戴“我们的员工与众不同”的胸牌而自豪，充分体现了沃尔玛的独特文化内涵。

（三）零售企业行为文化

零售企业行为文化是指零售企业员工在经营、服务、学习、娱乐中产生的活动文化。它包括零售企业在日常经营、宣传、人际关系活动、文娱体育活动中产生的文化现象。它是企业经营作风、精神面貌、人际关系的动态体现，也是企业精神、企业价值观的折射。从人员结构上划分，企业行为中又包括企业家的行为、企业模范人物的行为、企业员工的行为等。

企业的经营决策方式和决策行为主要来自企业家，企业家是企业经营的主角。成功的企业家在经营决策时总会当机立断地选择自己企业的经营战略目标，并一如既往地贯彻这个目标直到成功。实现这一目标并非一件易事，它要求企业家在制定决策时必须体现宏观性、预见性、创新性、联想性和韧性的统一。一些成功的零售企业中，企业家起到了决定性的作用。如沃尔玛的创始人山姆·沃尔顿，其提出的“顾客是上帝”、“尊重每一个员工”和“每天追求卓越”，成为了沃尔玛企业文化的精髓，其战略性的低成本运营方式更是使沃尔玛在与竞争对手的战斗中占尽了优势。

在具有优秀企业文化的企业中，最受人敬重的是那些集中体现了企业价值观的企业模范人物。这些模范人物使企业的价值观“人格化”，他们是企业员工学习的榜样，他们的行为常常被企业员工作为仿效的行为规范。如王府井的张秉贵，其集中体现了企业的价值观和理念，成为企业甚至整个零售业的行为规范典型。

企业员工是企业的主体，企业员工的群体行为决定了企业整体的精神风貌和企业文明的程度。对于零售企业而言，员工是其经营理念的直接载体，因此其更加强调对员工服务理念的教育。零售业强调的“顾客是上帝”的理念，就是为了使员工明确其与顾客之间的关系定位，在服务中更好地表达零售企业以消费者为中心的价值观。

（四）零售企业物质文化

企业文化作为社会文化的一个子系统，其显著的特点是以物质为载体，物质文化是它的外部表现形式，零售企业物质文化也是零售业内部环境文化的表现。优秀的零售企业物质文化对外是通过产品和服务组合的质量和创新、信誉保证、卖场环境、配套设施等物质现象来体现企业的服务理念，对内则是通过以为员工服务的生活、文化和娱乐设施为载体，体现企业对待员工的价值观和态度。

1. 外在服务环境的改造。外在服务环境和容貌是零售企业物质文化的重要组成部分，它包括零售企业的空间结构、布局、名称、企业象征物和广告等。服务环境的好坏直接影响消费者的情绪与心理，并直接影响消费者的购买决策。此外，良好的外在服务环境还可以激发员工的自豪感和凝聚力，而且可以直接影响员工的工作效率。因此，优秀的零售企业特别注重创造优美的服务环境，并把它作为企业文化建设的重要内容。

2. 内在设施建设。人有多种需要，不仅仅是物质需要，更重要的是精神需要。在物质生活水平不断提高的今天，人们对精神需要的追求愈加强烈，求知、求美、求乐等心理迅速发展，构成企业文化建设中不可忽略的课题。零售企业员工的工作强度和压力很大，但同时还必须保持良好的精神状态以维护企业形象，因此建立和完善员工的生活、工作和文化设施，积极开展健康有益的文体活动，对于零售企业的物质文化建设尤为重要。

3. 企业的核心技术建设。企业的文明程度与技术、设备的现代化密切相关。从一定意义上说，企业文化的形成取决于企业内外多种因素，其中企业外部的技术环境、企业内部的技术条件、企业职工的文化技术水平对企业文化的塑造有重要影响。零售企业技术、设备的发展水平决定着企业的竞争力。新技术、新设备的开发和应用，服务过程的自动化、电子化都直接关系到零售企业物质文化发展的水平及其对企业精神文化发展的影响程度。

在现代零售企业中，凭借先进的技术、设备提高经营效率，对企业文化进行支持的例子也很多。如沃尔玛利用卫星等现代科技手段，引进现代化的信息管理系统，形成了更有效率的规模化物流和配送体系，大大降低了运营成本，对其"天天平价"的企业文化形成了有力支持。

三、零售企业文化的构建

(一) 零售企业文化培育的关键要素

有效的企业文化不是天然而成的，也不是顷刻可就的，它需要企业有意识地去引导、推动和培育。培育有效的企业文化是一个永无止境的过程，在这个过程中，有四种要素是最重要的，即企业文化的理念力、贯彻力、执行力和创新力。

1. 理念力。指的是企业价值理念系统的确立和共识。企业文化建设的切入点应该是形成自己的理念系统，没有企业价值观的表述，没有一套高度概括、形象生动的文字符号，就谈不上是有意识的企业文化建设。一个企业理念力的要求切合企业实际、凸现企业个性、具有企业特色，这是其生命力之所在，而不应在提炼企业的价值观时，过于看重文字的震撼力、表述的新奇感、力求出奇制胜、一鸣惊人。新奇不等于个性，差异不等于特色。一些企业在花了大量人力、物力、财力，形成被人"称颂"的理念系统后，并没有走上兴旺之路，原因就是形成的理念脱离企业现实，结果"文字系统"十分漂亮，却难以付诸行动，不能成为"力"。

2. 贯彻力。就是企业能在多大程度上向内向外扩张自身文化的作用域。在企业理念和价值观正确优秀的前提下，企业文化的贯彻力越强，企业文化的有效性就越容易形成。有效企业文化的形成需要企业去推动、引导，而这种推动力和引导力的大小是与推动主体（企业管理者）的权力和能力分不开的，推动主体权力越大、能力越强，企业文化的贯彻力也就越强。在企业文化贯彻过程中，权力主体还需要把他们的工作重点放在企业文化的贯彻和推动上，要把企业文化的贯彻和推动当做企业的一项长期的战略任务来对待，要把企业的一切经营管理活动都纳入有效企业文化运作之中，否则，企业文化的培育极易形成一阵风现象。在权力主体的推动下，企业文化的贯彻要求由近及远、由小到大，要不断地加强已有的作用域，而且还需要不断地扩张有效企业文化的作用域，不断地将价值共同体外的成员纳入企业的文化作用域之内，以此将更多的资源纳入本企业的势力范围，将更多的价值共同体成员的能力导入本企业的竞争能力范围，从而大幅度提升企业的竞争能力。

3. 执行力。主要指企业对有效企业文化培育的调控能力和企业文化作用对象的执行能力。执行力的提出，凸现了员工在企业文化建设中的主体作用，即不仅在理念系统形成中要求员工积极建议、出谋划策，更要求员工队伍凭借丰富的知识和灵敏的意识，在企业经营、服务和管理过程中发挥能力和优势。在企业文化建设中，员工不能仅仅处在“被动参与”的地位，而是应该积极激发全体员工的创造性，推动企业文化培育工作。

4. 创新力。包括企业文化理念的创新、企业制度的创新、企业行为的创新和服务的创新。随着社会的发展，企业文化中的有些价值观和经营理念可能不适应环境而逐渐失效，这就需要企业根据经营环境的变化而及时创新企业的经营理念、价值观、企业内部市场链机制等。企业制度、行为和产品的创新，也是随着企业生存环境的改变，随着企业经营理念和价值观的改变而必须做出的创新，否则，没有创新，就没有企业文化的有效性，就没有企业的强势竞争能力。特别对于零售企业而言，其经营的地域性强，当区域环境发生变化时，对企业文化相应方面进行创新和调整是企业保持竞争力的必然要求。

(二) 零售企业文化培育的步骤

具体而言，零售企业文化的培育应包括以下九个步骤：

1. 确保领导者全力投入。如果领导者确信有必要进行文化转变，那么领导者应果断地采取措施，以便推动企业的更新。企业变革要想取得成功，领导团队中的每个人都必须认真审视他们个人的价值和行为，并在必要的情况下进行调整，以便适应新的企业文化，因为企业的变革，实质上不是企业自己会发生变革，而是企业中的人在变革，没有领导者个人的投入，企业文化的转变不会发生。

2. 进行企业文化评估。领导团队一旦决定全力建设企业文化，下一步要做的工作是对目前的企业文化进行详细的评估，以找出企业最重要的若干价值以及弄清楚企业内部价值观和理念的现状，并评估企业目前的文化现状与企业理想的文化发展状况的匹配程度。通过评估，能够搞清楚企业文化目前的状况，并订立明确的目标，以便对企业文化的转变进行监控。

3. 在领导团队内部培育和凝聚企业文化核心。文化变革必须从最高层开始，并自上而下地在整个企业中推行。领导团队的所有成员都必须全力投入文化的转变，在企业文化分析的基础上形成关于企业文化核心价值的共识。在企业文化的建设中，领导团队要乐于解决它们自身的管理问题，如果领导团队作为一个整体无法为新的价值和行为做出表率，那么下面一层的管理人员将不会主动地接受转变。

4. 树立整个企业对愿景、使命、价值的认同。文化变革要想取得成功，企业中的每个人都必须认同和实践新的愿景、使命和价值。因此，要让所有员工参与全过程。开展员工参与的第一步，应该是向员工通报领导团队对目前情况的评估以及进行文化转变的原因。应将愿景、使命和价值宣言的草案交给员工并征求他们的观点和意见，只有完成了这一过程才能将宣言定稿。但员工的参与需要在深层次下进行，需要在企业的愿景和使命与每个工作部门及每位员工的使命之间建立驱动关系。如果不能建立这种驱动关系，员工就无法通过工作实现他们的个人价值。

5. 建立协调和监督企业文化培育工作的管理机制。实施阶段中的一个重要步骤是在企业内部成立跨部门的文化管理委员会，以便对新的企业文化的实施和维护进行监督，并使创新观念的采集制度化。委员会的目的是营造一种能够激发创造力的氛围，以便将所有员工的智慧集中起来，用于解决企业所面临的关键问题，并通过建立一定的机制，将新观念、新想法转化为流程和产品的改进，从而促进企业内部的创新。

6. 将企业信奉的价值纳入人力资源管理体系和程序。成功实施并能长期保持文化培育结果的最有力的工具是将企业文化的价值观引入到人力资源管理中。企业所信奉的价值观必须完全反映在员工的提拔或降级、聘用或解雇的标准上。只有具备企业所信奉的价值观的员工才能得到提升或聘用。

7. 实施培训项目，为企业文化培育提供支持。企业文化的培育需要两种培训，一是为员工提供培训，帮助他们通过将个人的工作使命与企业的愿景、使命和价值相联系，在工作中找到他们人生的意义，二是为管理者提供培训，帮助他们成为企业文化的表率。

8. 对企业文化的变化进行鉴定评估。现代企业用于确定战略更新方向的依据是企业内部和外部环境提供的反馈。作为对企业文化进行审核工作的一部分，文化委员会应对内部文化进行鉴定评估，分析实际企业文化培育情况与企业所信奉的价值的差距，并制定下一步工作的目标和方案。

9. 检视或调整愿景、使命和价值。在对企业文化发展状况进行评估的基础上，文化委员会需要对外部经营环境进行鉴定评估。对企业目前经营的领域、社会价值的主要发展趋势以及教育、政治、环境和科技等因素进行分析。研究这些趋势对企业的使命和愿景的影响，并根据评估结果，决定是否对企业文化的相应方面进行适应性的调整。如果需要调整，则应在领导团队最后确定所应做的调整方案之后，通过会议、培训项目和公告栏等形式向所有员工进行通报。

案例与分析

案例 1

沃尔玛企业文化的四大原则

沃尔玛公司重视企业文化建设，体现在企业上下实实在在的行动之中，最著名的就是其企业文化的几条原则：

一、日落原则。这是沃尔玛公司的标准准则，它指的是今日的工作必须在今日日落之前完成，对于顾客的服务要求要在当天予以满足，做到日清日结，绝不延迟，不管该要求是来自小乡镇的普通顾客，还是来自于繁华商业区的阔佬。日落原则起源于公司创始人山姆·沃尔顿的名言："如果你今天能够完成的工作为什么要把它拖到明天呢?"今天，日落原则已成为沃尔玛公司企业文化的重要组成部分，也是沃尔玛在顾客服务方面倍受赞赏的重要原因。

二、"比满意更满意"原则。许多年前，山姆·沃尔顿就对其员工提出了一个颇为苛刻的要求，即要向每一位顾客提供比满意更满意的服务，一项服务做到让顾客满意还不够，还应努力想方设法加以改进，以期提供比满意更好的服务。山姆·沃尔顿认为："让我们成为顾客最好的朋友，微笑着欢迎有心光顾本店的所有顾客，提供我们所能给予的帮助；不断改进服务，给予他们更好的服务，这种服务甚至超过了顾客原来的期望。沃尔玛应该是最好的，它应能提供比任何其他商店更多更好的服务。"沃尔玛公司真的做到了这一点。顾客对公司提供的"超过期望"的服务赞不绝口。

三、"十步服务"原则。所谓"十步服务"，就是沃尔玛公司要求员工：无论何时，只要顾客出现在你十步距离范围内，员工就必须看着顾客的眼睛，主动打招呼，并询问是否需要帮忙。这一成功的原则是创始人山姆·沃尔顿提出的。在密西西比大学，山姆·沃尔顿决定要竞选校学生会主席。他认为自己找到了一条迅速提高知名度、成为学生领袖的捷径，就是对在校园里遇到的每一位学生，在他们开口之前，先跟他们打招呼，尽可能与他们交谈。他说："如果我认识他们，我会主动叫他们的名字打招呼，即使我不知道他们的名字，我也主动打招呼，这样，久而久之，我几乎成了大学里认识人最多的人，这些人后来在竞选中认出了我，把我当做他们的朋友，我如愿击败了所有对手而当选了。”山姆·沃尔顿把这一成功经验带入了他的商业帝国，并加以完善，逐步使之成为具有鲜明公司特征的企业文化的一部分。

四、“薄利多销”原则。在早期的经营生涯中，山姆·沃尔顿发现，如果每件商品进货是80美分的话，标价1美元卖出的货的数量是标价1.2美元的3倍。这时，虽然每件商品的利润可能会减少，但由于卖出的数量很多，因而整体利润要高很多。这个道理很简单，但蕴含着折扣销售的精髓：降低价格，刺激销售量，进而提高整体赢利水平。薄利多销是山姆·沃尔顿的新发明，事实上早在沃尔顿进入商界之前，这一原则已被广泛应用，但像沃尔玛公司这样实行力度之大，范围之广，持续时间之久，运用之成功，倒很难找出第二家。（案例来源：李敏：《沃尔玛企业文化及其对中国零售企业的启示》，http：//www.chinahrd.net）

案例思考题

1. 从以上案例中分析沃尔玛企业文化的核心理念。
2. 沃尔玛的四个原则分别属于哪些层面？
3. 请分析沃尔玛企业文化的特点。

案 例 2

万豪企业文化

万豪国际公司是全球最大的酒店管理公司之一，在全世界拥有6大著名旅店品牌、1000多家旅馆。虽然其已经成为业内的大玩家，它仍认为人际关系是公司目标中不可分割的一部分。公司致力于加强同合作伙伴、客户、特许经营商和其他人士间的关系。为做到这一点，他们在每个经营点都建立了开放、积极的环境，使合作伙伴受到重视与尊重。他们文化和思维的多样化得到合作伙伴的鼓励，并有机会学习与发展。公司期望开放的环境会为客户带来不同寻常的服务，其自身也因此而成长，兴旺发达。

万豪留住员工并提高顾客满意度的方式之一，是通过“客户服务助理”（也称GSAS）。客户服务助理能够在客人登记入住旅馆时向其提供所有可能的帮助。一般的程序是：客户服务助理在车旁迎接客人，为他们取房间钥匙，送客人进客房。如果房间有问题，客户服务助理会马上解决，而不是找前台办事员帮助。客户服务助理还承担前台职员的工作，可以按客人的要求购票或订票。

这种服务的好处在许多方面体现出来。客户服务助理在客人停留期间一直与他们打交道。客户服务助理认识到自己有责任让每个客人愉快，并有机会从客人那里得到更多的小费。客人从客户服务助理那得到特殊照顾，这对今天的消费者来说确实不同寻常。始终如一的、良好的客户服务几乎很难找到了。当客人受到个人接待时总是心怀感激，并大大提高了对万豪企业的好感度和忠诚度。

案例思考题

1. 万豪企业文化体现了怎样的行业特点?
2. 万豪企业文化通过什么样的载体向外传达?
3. 以上案例体现了万豪企业文化的哪些理念?

本章思考题

1. 零售业文化与商业文化的关系是什么?
2. 零售业文化的特征与功能是什么?
3. 零售业文化的内容有哪些?
4. 零售企业文化的内涵是什么?
5. 零售企业文化由哪几个部分构成?
6. 零售企业文化培育的关键要素是什么?
7. 联系实际，谈谈如何培育有特色的零售企业文化。

参考文献

1. 胡平．魅力·活力·动力——再论商业文化．北京：中国商业出版社，1992

2. 贺名仑主编．商业文化精品文库．北京：商业文化杂志社，2001

3. 芮明杰主编．管理学——现代的观点．上海：上海人民出版社，2002

4. 胡付照．略论企业文化．http：//www. globrand. com

5. 庄培章编著．现代企业文化新论——迈向成功企业之路．厦门：厦门

大学出版社，1997

6. 罗玉宏．商业零售企业的企业文化建设研究．中国科技信息，2005（12）

7. 张根海．企业文化剖析．长沙大学学报，2006（1）

8. 李晓健．基于竞争价值模型的企业文化比较研究．电子科技大学，2004

9. 谭群鸣．现代企业文化的构建．华中师范大学，2004

10. 贺名仑．商业文化与现代营销管理讲座．中国商业出版社，1992

第十一章 零售理财

本章提要

资金是企业的血液，特别对于零售业这样一个资金流动性和周转率极高的行业，理财尤为重要，其决定着零售管理的成败。零售理财围绕资金的运转进行。资金运转具有周期性，它始于资金预算，然后以预算为依据进行日常资金管理，在经营周期末根据评价结果改进经营行为，循环往复，重新修订下一周期的资金预算。

学习目的

了解零售理财的主要内容；掌握零售资金预算的作用、内容和编制方式；掌握零售日常资金管理的要点，特别是现金管理和应收账款管理的主要内容；重点掌握零售企业经济绩效评价的主要方法。

第一节 零售资金预算

对于一个零售企业来说，零售资金运转始于资金预算，即首先在一个经营周期的开始时做资金预算，然后以预算为依据进行日常资金管理、绩效评价，最后重新修订下一个经营周期的资金预算。

由此看来，零售资金运转是有周期性的，其是随着经营周期而循环往复、滚动调整的。零售理财便是围绕资金的运转活动展开的零售资金管理活动。

因此零售理财主要包括三方面内容：零售资金预算；零售资金日常管理；绩效评价。如图 11 －1 所示。

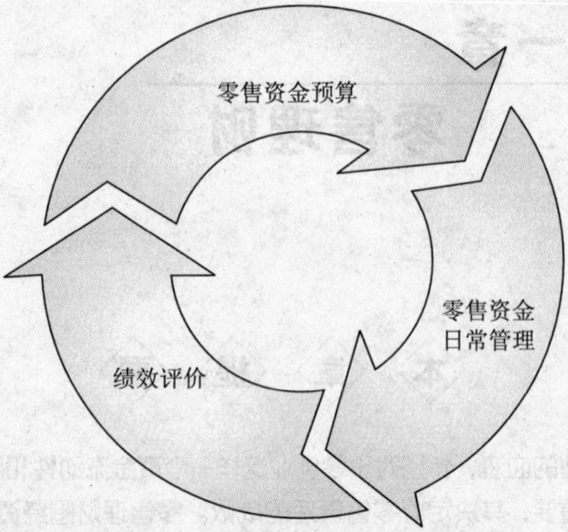

图 11 －1　零售理财的主要内容

本节主要阐述零售资金预算。

一、零售资金预算的概念和作用

（一）零售资金预算的概念

零售资金预算是在每个经营周期初，零售企业根据经营周期内的企业目标安排资金收入和支出的财务计划，是一项关于完成企业目标和计划所需资金的来源和用途的书面说明。

（二）零售资金预算的作用

凡事预则立，不预则废。零售资金预算是零售企业常用的内部控制手段，其作用主要表现在以下四个方面：

1. 预算是管理者的计划工具。一切经营活动都在财务上有所体现，制订资金预算有助于管理者贯彻企业战略，合理配置资源和控制组织中各项活动的开展。

2. 预算是管理者的控制工具。通过制订资金预算并监控其执行实施，管理者可以掌握企业经营全局，通过对企业资金的运筹，把握企业的整体情况。

3. 预算是管理者的评价工具。资金预算是下一阶段零售企业运营管理的标杆，通过预算和实际执行情况的比较，有助于管理者对各个部门的工作进行评价、分析。

4. 预算是企业部门和员工的行动指南。一切经营活动以资金预算为指针，有助于培养企业员工勤俭节约、运筹优化的工作作风，为企业控制成本、提高效益创造条件。

（三）预算与管理责任

为了真正发挥零售资金预算的作用，使资金预算落到实处而非流于形式，零售企业必须有一个完整的预算管理体系。所谓预算管理体系，即除了零售资金预算本身外，还要有与其相配套的管理体系，特别是预算管理责任。

一般说来，零售企业与预算相关的管理责任包括以下七个方面：

1. 预算制订责任者，即明确负责各类零售资金预算制订的具体部门或人员；
2. 零售资金预算的审核和审批程序；
3. 一旦预算通过，经理人应遵守预算的管理责任；
4. 经常性的预算执行检查机制、反馈机制和修正机制；
5. 预算外经营行为的审批机制；
6. 预算违规的调查机制和处理办法；
7. 预算检讨机制。

只有将预算同时用于管理控制时，预算的作用才能实现。当然，预算的执行也不是僵化的。实际工作当中如果产生与预算明显的冲突都应该认真分析研究，如果经营情况发生明显或预算以外的变化，预算也应当及时做出调整。另外，需要注意，管理人员不应对其不能控制的事件所造成的预算超支负责。

二、零售资金预算的主要内容

（一）总预算和单项预算

零售资金预算可以分为总预算和单项预算。单项预算是关于销售、人员、存货、投资等方面的单项预算。将单独预算综合成零售经营的整体预算，也就是所谓的总预算。总预算和单项预算，以及各单项预算之间需要协调。例如，如果销售预算大幅度增加，就要求对存货和员工成本预算进行调整。

常见的单项预算包括以下三类：

1. 日常经营预算，包括销售预算、库存预算和成本费用预算等；
2. 现金预算；
3. 资本预算。

（二）日常经营预算

1. 销售预算

对于零售企业而言，最重要的预算是销售预算。销售预算是整个预算的编制起点，其他预算的编制都以销售预算作为基础。销售预算的主要内容是销量、单价和销售收入。销量是根据市场预测或销货合同并结合企业经营能力确定的；单价是通过价格决策确定的。销售收入是两者的乘积，在销售预算中通过计算得出。

销售预算通常要分品种、分月份、分销售区域、分推销员来编制。销售预算中通常还包括预计现金收入的计算，其目的是为编制现金预算提供必要的资料。制订销售预算要以下述几个方面为基础：管理者的历史经验和知识，即管理者根据其长期经验对于销售预算的主观预测；销售趋势情况，包括过去的销售报表、近期的销售变化趋势、基于科学方法的预测等；售货员的经验，对销售环境的判断，包括对顾客信心和销售情况的预测等。

2. 库存预算

零售企业为了供应日常销售，必须有一定的库存商品。企业库存不能太少，需要尽可能避免无货可售的情况；企业库存也不能过多，以免造成资金浪费和库存损失。另外，市场可能会发生季节性的变化，需要提前进行计划，确保有适量的库存，这也需要制订库存预算。

制订库存预算一般要以销售预算为基础。常用的方法是使用库存/销售的比率，计算出保持某种商品销售水平时所需的库存保有量。例如，如果预算每月销售额为 20000 元，假如可以从过去的经验中获知你需要相当于半个月销售量的库存商品，那么就可以计算出需要 10000 元的库存商品，以确保完成销售计划，并且还要为下个月准备初期存货。

3. 成本费用预算

零售企业的成本费用主要包括销售成本和费用，相应地，成本费用预算也可以分为销售成本预算和费用预算。

销售成本预算，主要是对采购成本的预算，它以销售预算为基础，分析销售收入、销售成本和销售利润的关系，力求实现销售成本的最有效使用。在安排销售成本时，要利用本、量、利分析法，成本的支出应能获取更多的收益。在草拟销售成本预算时，要对过去的销售成本进行分析，考察过去销售成本支出水平和效果。销售成本预算应与销售预算相配合，应有按品种、按地区、按用途的具体预算数额。

成本费用的“费用”主要包括营运费用、管理费用和财务费用。营运费用是在企业经营过程中发生的费用，主要包括运输费、装卸费、包装费、展览费、广告费以及员工工资等。管理费用是为组织和管理企业运营所发生的费用，包括企业董事会和行政管理部门在经营管理中所发生的各项费用，及应由企业统一负担的工会经费、咨询费、业务招待费等。财务费用是为筹集资金等所发生的费用。随着企业规模的扩大，其相关费用也相应增加。在编制费用预算时，要分析企业的业务成绩和一般经济状况，务必做到费用合理化。费用一般是以过去的实际开支为基础，按预算期的可预见变化来调整，必须充分考察每种费用是否必要，以便提高费用使用效率。

为了更好地进行预算控制，零售企业的费用可以分为固定费用和可变费用，相应地，应进行固定费用预算和可变费用预算。固定费用是指那些不随销售量变化而变化的费用，如保险费、店铺租赁费用、日常管理费等。可变费用是随销售量或经营情况的变化而变化的费用，可以进行适当的控制，这种费用包括销售人员工资、销售提成、市场推广费、盗损费、运输费、耗损费等。

（三）现金预算

零售企业必须制订现金预算，因为现金对零售企业的运营至关重要。零售企业要保持一定的现金支付能力，用以支付货款、日常开支和今后发展的费用等，以免产生流动性困难。另一方面，过多的现金留存又可能降低企业经营效率。

因此，零售企业要不断地预测现金流量（或现金预算）。这种预测可以提前预示什么时候现金将到企业的账户上，什么时候必须动用现金进行支付，也包括有多少现金从企业进出。现金预算由三部分组成：现金收入、现金支出、现金多余或不足。

1. 现金收入

现金收入由销售、应收账款的收集和其他业务收入等决定。“现金收入”部分包括期初现金余额和预算期现金收入，销货取得的现金收入是其主要来源。期初的“现金余额”是在编制预算时预计的，“销货现金收入”的数据来自销售预算，“可供使用现金”是期初余额与本期现金收入之和。

2. 现金支出

“现金支出”部分包括预算期的各项现金支出，取决于预期的营业费用。“直接人工”、“销售及管理费用”的数据分别来自前述有关预算。此外，还包括所得税、购置设备、股利分配等现金支出，有关的数据分别来自另行编制的专门预算。

3. 现金多余或不足

“现金多余或不足”表明现金收入合计与现金支出合计的差额。差额为正，说明收入大于支出，现金有多余，可用于偿还过去向银行取得的借款，或者用于短期投资。差额为负，说明支出大于收入，现金不足，要向银行取得新的借款。

（四）资本预算

在零售业中，资本预算主要包括投资预算和固定资产预算。

1. 投资预算

投资预算一般是指为了企业未来的发展而做出的预算，包括需要时整修翻新店铺、建立新的店铺等。

投资预算需要以企业的发展战略为基础，并要进行详细的可行性分析和投资收益分析，估计企业的长期利润和机会成本。

评估投资方案有三种主要方法：

①投资回收期法。该方法强调收回投资支出所需的时间长短。

②会计收益率法。该方法通过计算出平均预计年净现金流占净投资支出的百分比，以估计建议投资方案的收益率。

③贴现现金流量法。该方法试图通过比较投资周期内产生的现金流量的净现值和投资资金的现值，来评估投资方案。

另外投资预算需要考虑到可能的资本来源，通常这些资本的来源可以是零售商的利润、股东、银行、投资者和风险资本等。

2. 固定资产预算

固定资产预算是指更换或者添加有用资产，包括经营设备、办公设备等。添置固定资产本质上也是一种投资，也需按投资预算的方法，对固定资产添置方案进行评估。

三、零售资金预算的编制

零售资金预算应与企业经营目标相一致，其编制应建立在科学预测的基础上，做到制度化、定量化。

（一）预算的编制与企业经营目标

编制预算是零售企业根据预期的业绩编制一定时期的开支计划，预算一定要以企业经营目标为导向，通过编制预算，使企业的支出与目标市场、员工以及管理层目标保持一致。例如，零售企业假如想使顾客服务达到一定水平，如顾客交款时等待的时间不超过 3 分钟，应如何配备收款台、如何配备收银人员、如何调整薪酬预算；再比如，如何计划销售人员的报酬水平才能对其进行有效的激励；如何计划费用支出总额才能产生令人满意的收入水平并达到利润目标。

（二）预算的编制与科学预测

预算必须切合实际，必须基于对企业经营形势和趋势的科学预测，对企业战略的准确把握。对企业的经营前景过度乐观可能导致资本支出增加，以致后期产生资金困难；另一方面，过度保守的预测可能导致对新项目或商品投资不足，从而错失市场机会。

但是，由于许多经营要素和市场环境因素超出零售商的控制，具有不确定性，因此科学方法的采用更为重要，这样才能最大限度地科学决策、减小风险。制订科学合理的资金预算必须建立在以下三个方面的预测或判断基础上：

1. 关于企业零售环境（包括竞争对手）的未来预测；

2. 对未来可能影响零售绩效的因素的预测和评估；

3. 对企业经营战略和经营方向的科学判断，未来企业的战略举措。

（三）预算编制方法

预算编制方法的采用取决于零售企业的财务决策方法，常用的有自上而下、自下而上和参与性预算制订三种方法。

如果企业采用“自上而下”的方法，则企业高层管理人员直接进行预算决策，然后向下层层分解进而执行。采用这种预算方法，高层管理人员有必要事先和下属充分沟通，尽可能地避免主观性。

当企业采用“自下而上”的方法时，由中层管理人员分别制订部门相关的单项预算，最后由最高管理层进行平衡协调，对各个单项预算进行调整，并在其基础上制订总预算。采用“自下而上”的方法时，需要特别注意下级人员经常会故意制造松弛预算和采取其他的一些对策，夸大困难或设立“钓鱼工程”等。

此外，还可以采取参与性预算方式。在编制参与性预算时，高层管理人员负责设立总的目标，企业的中层管理人员准备详细的预算。参与性预算有助于调动企业各级管理人员的积极性、增强他们的责任感，减小预算执行时的困难。参与性预算制订有一定的挑战性，但是经过努力能够实现。

（四）预算编制的常用策略

在零售资金预算编制中，有以下常用策略：

1. 将预算细分到较短的时间和各个责任中心，有利于预算的执行、监控和评估；

2. 由于各个单项预算的相关性，预算编制可以从最重要的限制性因素开始，其他预算以此为准绳；

3. 为了应对环境和未来发展的不确定性，预算的编制最好保持一定的弹性，留有一些余地。

（五）弹性预算

弹性预算，是企业在不能准确预测业务量的情况下，根据本、量、利之间有规律的数量关系，按照一系列业务量水平编制的有伸缩性的预算。只要这些数量关系不变，弹性预算可以持续较长时期，不必每月重复编制。弹性预算主要用于各种间接费用预算，有些企业也用于利润预算。

编制弹性预算的基本步骤是：选择业务量的计量单位；确定适用的业务量范围；逐项研究并确定各项成本和业务量之间的数时关系；计算各项预算成本，并用一定的方式来表达。

第二节　零售日常资金管理

一、日常交易管理

（一）收付款管理

零售企业的货款管理非常重要。收银员必须确保收款机在无人看管的情况下，总是处在上锁的位置，并且收款机的钥匙总在收银员的手中。

在销售交易中，收银员必须将所有销售商品的价格或者商品编号输入收款机中，并将所购买的商品放入购物袋里，同时告诉顾客应付的总金额，确保每位顾客都支付了正确的金额。另外，在顾客付款时重复顾客的付款金额，并准确地进行找零。

假如收银员需要换班，下一个上岗的人要接管销售交易的职责，在交接工作前，要确保两个人相互清点完现金，并签字确认。

（二）防止信用卡欺诈行为

目前以信用卡为代表的非现金交易正变得越来越普遍，这也给利用信用卡进行欺诈的行为提供了更多机会，零售商必须采取措施，对收银员处理信用卡交易进行培训，减少和防止信用卡欺诈行为的发生。

1. 确保收银员能够识别和处置所有类型的信用卡交易。例如能识别 VISA 卡、万事达卡（Master Card）、银联卡等，同时能识别假的信用卡。

2. 确保收银员完全掌握信用卡使用程序。信用卡使用程序是：检查信用卡的有效期；要求顾客当着收银员的面在信用卡发票上签字；核对在信用卡背面上的签字与发票上的签字是否一致；如果信用卡上没有签字，要求顾客出示相关证件，例如驾驶证、护照或者身份证；如果顾客出示了证件，要求顾客当面在发票上和信用卡上签名。

3. 建立例外情况处理机制。例如，授予监督员或经理批准大宗金额交易的权利，或当收银员对交易有疑问时予以帮助。

（三）小额现金和零钞管理

1. 小额现金管理

每天至少清点小额现金两次，开始营业前点一次，营业结束时再点一次，点完后，将准确的金额记录在"小额现金费用账簿"上，并签上名字。

如果有损失或多出，就需要重新核查和核对一下误差，在核对时将损失金额或多出金额记录在"小额现金费用账簿"上，向负责人汇报小额现金误差的情况。

将小额现金支出金额记录在"小额现金费用账簿"上，并将购买商品正式收据交给委任的负责人。记录小额现金和上交正式收据的工作可以每日执行或每周执行。

在每个月末，负责人应该结清本月小额现金账户，将费用清单记录在"小额现金费用账簿"上，将小额现金的余额记录在为下月准备的新页上，偿还小额现金存款箱中差额部分。

2. 备用零钱

每天清点备用零钱两次，开始营业前一次，营业结束时再一次。当收银员有事要离开收银台时，要指定另外一个人来接替，该收银员必须在离开之前与被指定的人一起清点好备用零钱和销售金额。

将金额记录在"现金备用金账簿"上，并签字确认金额。如有误差，将其记录在"现金备用金账簿"上，马上向负责人汇报误差情况，要确保整个营业日都有充足的小额零钱提供。

二、现金管理

现金是可以立即投入流动的交换媒介。它的首要特点是普通的可接受性，即可以有效地立即用来购买商品、货物、劳务或偿还债务。因此，现金是企业中流动性最强的资产。属于现金内容的项目，包括企业的库存现金、各种形式的银行存款和银行汇票。

(一) 现金管理的目标

零售企业置存现金的原因，主要是满足交易性需要和预防性需要。

1. 交易性需要。指满足日常业务的现金支付需要。企业经常得到收入，也经常发生支出，两者不可能同步同量。收入多于支出，形成现金置存；收入少于支出，需要借入现金。企业必须维持适当的现金余额，才能使业务活动正常地进行下去。

2. 预防性需要。指置存现金以防发生意外的支付。企业有时会出现意想不到的开支，现金流量的不确定性越大，预防性现金的数额也应越大；反之，企业现金流量的可预测性强，预防性现金数额则可小些。此外，预防性现金数额还与企业的借款能力有关，如果企业能够很容易地随时借到短期资金，也可以减少预防性现金的数额；若非如此，则应扩大预防性现金额。

零售企业缺乏必要的现金，将不能应付业务开支，使企业蒙受损失。企业由此而造成的损失，称之为短缺现金成本。短缺现金成本不考虑企业其他资产的变现能力，仅就不能以充足的现金支付购买费用而言，内容上大致包括：丧失购买机会（甚至会因缺乏现金不能正常开展经营活动而造成的损失）、造成信用损失和得不到折扣好处。其中失去信用而造成的损失难以准确计量，但其影响往往很大，甚至导致供货方拒绝或拖延供货，债权人要求清算等。但是，如果企业置存过量的现金，又会因这些资金不能投入周转，无法取得赢利而遭受另一些损失。

一般来说，在市场正常的情况下，流动性强的资产，其收益性较低，这意味着企业应尽可能少地置存现金，即使不将其投入本企业的经营周转，也应尽可能多地投资于能产生高收益的其他资产，避免资金闲置或用于低收益资产而带来损失（若如此，企业便面临现金不足和现金过量两方面的威胁）。企业现金管理的目标，就是要在资产的流动性和赢利能力之间做出选择，以获取最大的长期利润。

(二) 现金管理的有关规定

按照现行制度，国家有关部门对企业使用现金有如下规定：

1. 现金的使用范围。这里的现金，是指人民币现钞，即企业用现钞从事交易，只能在一定范围内进行。该范围包括：支付职工工资、津贴；支付个人劳动报酬；根据国家规定颁发给个人的科学技术、文化艺术、体育等各种奖金；支付各种劳保、福利费用以及国家规定的对个人的其他支出；向个人收购农副产品和其他物资的价款；出差人员必须随身携带的差旅费；结算起点（1000 元）以下的零星支出；中国人民银行确定需要支付现金的其他支出。

2. 库存现金限额。企业库存现钞，由其开户银行根据企业的实际需要核定限额，一般以3～5天的零星开支额为限。

3. 不得坐支现金。即企业不得从本单位的人民币现钞收入中直接支付交易款。现钞收入应于当日终了时送存开户银行。

4. 不得出租、出借银行账户。

5. 不得签发空头支票和远期支票。

6. 不得套用银行信用。

7. 不得保存账外公款。包括不得将公款以个人名义存入银行和保存账外现钞等各种形式的账外公款。

（三）现金管理的原则

现金管理的目的在于提高现金使用效率，为达到这一目的，应当注意做好以下四方面工作：

1. 力争现金流量同步。如果企业能尽量使它的现金流入与现金流出发生的时间趋于一致，就可以使其所持有的交易性现金余额降到最低水平，这就是所谓现金流量同步。

2. 使用现金浮游量。从企业开出支票，收票人收到支票并存入银行，至银行将款项划出企业账户，中间需要一段时间。现金在这段时间的占用称为现金浮游量。在这段时间里，尽管企业已开出了支票，却仍可动用在活期存款账户上的这笔资金。不过在使用现金浮游量时，一定要控制好使用时间，否则会发生银行存款的透支。

3. 加速收款。主要是指缩短应收账款的时间。发生应收款会增加企业资金的占用，但它又是必要的，因为它可以扩大销售规模，增加销售收入。问题在于如何既利用应收款吸引顾客，又缩短收款时间，这要求在两者之间找到适当的平衡点，并需实施妥善的收账策略。

4. 推迟应付款的支付。推迟应付款的支付，是指企业在不影响自己信誉的前提下，尽可能地推迟应付款的支付期，充分运用供货方所提供的信用优惠。如遇企业急需现金，甚至可以放弃供货方的折扣优惠，在信用期的最后一天支付款项。当然，这要权衡折扣优惠与急需现金之间的利弊得失而定。

（四）最佳现金持有量

现金的管理除了做好日常收支，加速现金流转速度外，还需控制好现金持有规模，即确定适当的现金持有量。确定最佳现金持有量的方法包括成本分析模式、存货模式和随机模式，这里我们只介绍成本分析模式。

成本分析模式是通过分析持有现金的成本，寻找持有成本最低的现金持有量。企业持有的现金，将有机会成本、管理成本、短缺成本三种。

1. 机会成本

现金作为企业的一项资金占用，是有代价的，这种代价就是它的机会成本。例如，假定某企业的资本成本为10%，年均持有50万元的现金，则该企业每年现金的成本为5万元（50×10%）。现金持有额越大，机会成本越高。企业为了经营业务，需要拥有一定的现金，付出相应的机会成本代价是必要的，但现金拥有量过多，机会成本代价大幅度上升，就不合算了。

2. 管理成本

企业拥有现金，会发生管理费用，如管理人员工资、安全措施费等。这些费用是现金的管理成本。管理成本是一种固定成本，与现金持有量之间无明显的比例关系。

3. 短缺成本

现金的短缺成本，是因缺乏必要的现金，不能应付业务开支所需，而使企业蒙受损失或为此付出的代价。现金的短缺成本随现金持有量的增加而下降，随现金持有量的减少而上升。

上述三项成本之和为最小的现金持有量，就是最佳现金持有量。如果把以上三种成本线放在一个图上（图11－2），就能表现出持有现金的总成本（总代价），找出最佳现金持有量的点：机会成本线向右上方倾斜，短缺成本线向右下方倾斜，管理成本线为平行于横轴的平行线，总成本线便是一条抛物线，该抛物线的最低点即为持有现金的最低总成本。超过这一点，机会成本上升的代价又会大于短缺成本下降的好处。这一点横轴上的量，即是最佳现金持有量。

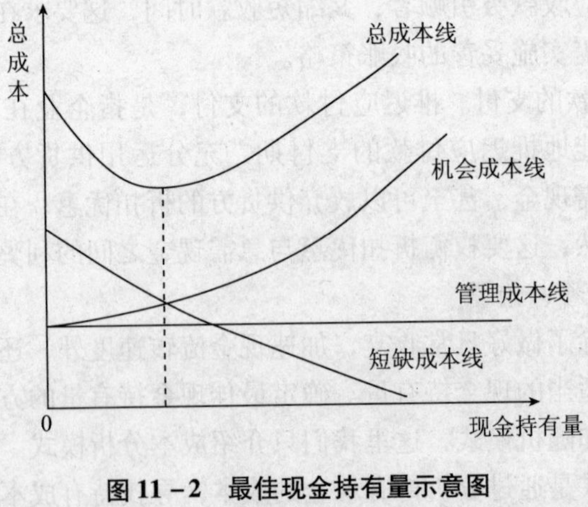

图11－2　最佳现金持有量示意图

最佳现金持有量的具体计算，可以先分别计算出各种方案的机会成本、管理成本、短缺成本之和，再从中选出总成本之和中最低的，即为最佳现金持有量。

例如，某企业有四种现金持有方案，它们各自的机会成本、管理成本、短缺成本，以及四种方案的总成本计算结果见下表。将以上各方案的总成本加以比较可知，丙方案的总成本量最低，也就是说当企业持有60000元现金时，各方面的总代价最低，对企业最合算，故60000元是该企业的最佳现金持有量。

表11－1　现金持有方案及总成本　单位：元

方案 项目单位（元）	甲	乙	丙	丁
现金持有量	20000	40000	60000	80000
机会成本	2500	4500	6500	10000
管理成本	10000	10000	10000	10000
短缺成本	10000	6000	2000	0
总成本	22500	20500	18500	20000

三、应收账款管理

对于零售企业来说，应收账款管理尤为重要。这里的应收账款是指因对外销售产品，应向购货单位收取的款项，包括应收销售款、其他应收款、应收票据等。

（一）产生应收账款的原因

产生应收账款的原因，主要有以下三个方面：

1. 商业竞争。在市场经济的条件下，存在着激烈的商业竞争。竞争的压力迫使企业以各种手段扩大市场份额。除了传统的依靠商品质量、商品价格、售后服务来取得竞争优势以外，赊销也逐渐成为扩大销售量的重要手段，特别是对集团客户而言。一般说来，如果两个零售商商品价格类似、质量水平和售后服务相当，采取更为优厚赊销政策的商家将无可置疑地占得上风。因此，出于扩大销售的竞争需要，企业不得不以赊销或其他优惠方式招揽销售对象，于是产生了应收账款。所以说，应收账款管理的基本目标，就是在充分发挥应收账款作用的基础上，通过降低应收账款投资的成本，使提供商业信用、扩大销售所增加的收益大于相关各项费用，进而使企业获得利益。

2. 销售活动和收款活动的时间。商品成交的时间和收到货款的时间常常不一致，这也会产生应收账款。特别是在以下两种情况下会出现应收账款的情况：

①对于团购或集团客户，通常不会采用现金结算，而是采取定期结算的办法，在结算前自然会出现应收账款。

②由结算手段滞后造成的，货款结算需要一定的时间，因此导致零售商发货的时间和实际收到货款的时间往往不同。由于时间差不可避免，零售商只能承认这种现实并承担由此引起的资金垫支。这种应收账款，不属于商业信用的范畴。

3. 赊销。赊销具有减少零售企业库存的功能，因此也会出现主动产生的应收账款。零售企业有时不可避免地会出现库存，特别对于管理手段相对落后的零售企业而言。这时的存货要产生管理费用、仓储费用，占用仓储空间，这时采用较为优惠的信用条件进行赊销，把较多的存货转为应收账款，可以有效地减少现实存货成本，节约费用。

当然，企业发生应收账款的主要原因是扩大销售，获得利润。因此，我们可以把应收账款视为企业的一项资金投放，即为了扩大销售和赢利而进行的投资。投资肯定要有成本，这就需要在应收账款信用政策所增加的赢利和这种政策的成本之间做出慎重的权衡。只有当应收账款所产生的赢利超过所支付的成本时，才应当实施应收账款赊销；如果应收账款赊销有着良好的赢利前景，成本较低，企业可以适当地放宽信用条件、增加赊销量。

（二）应收账款管理中的信用评估

零售企业在产生赊销行为之前和应收账款管理过程中，最重要的工作是对赊销对象的信用情况进行评估，即根据其历史信用记录，衡量其赖账的可能性。

信用标准是指销售对象获得企业的交易信用所应具备的条件。如果销售对象达不到要求的信用标准，便不能享受企业的信用或只能享受较低的信用优惠。“5C”系统是一种常见的信用评估方法。所谓“5C”系统，是评估销售对象信用品质的五个方面，这五个方面的英文首字母都以“C”打头：品质、能力、资本、抵押和条件。

1. 品质（Character）

品质指的是销售对象的信誉，即履行偿债义务的可能性，这是评价销售对象信用的首要因素。品质主要依靠销售对象的历史记录来进行评估。零售商必须千方百计地了解销售对象过去在本店和其交易行为中的付款记录，看其是否有按期如数付款的长期表现，及与其他供货商的关系是否良好。

2. 能力（Capacity）

能力指的是销售对象的偿债能力，特别要看其流动资产的数量和质量以及与流动负债的比例。一般而言，销售对象的流动资产越多，其转换为现金支付款项的能力越强。此外还应注意销售对象流动资产的数量，评估其是否影响其变现能力和支付能力。

3. 资本（Capital）

资本指反映销售对象的财务实力的财务状况，特别是其注册资本和重要的财务比率，表明销售对象可能偿还债务的实力。

4. 抵押（Collateral）

抵押指当销售对象拒付款项或无力支付款项时可以被用作抵押的资产，这对于信用状况不明或有违约风险的销售对象尤为重要。一旦收不到这些销售对象的款项，便可以用抵押资产抵补。如果这些销售对象能够提供足够的、可信的抵押，就可以考虑向它们提供相应的信用。

5. 条件（Conditions）

条件指评估可能影响销售对象支付能力的宏观经济环境。例如，宏观经济萧条或行业不景气时，可能会对销售对象的付款产生影响等，这时一方面需要对宏观经济形势的把握，另外也需要了解销售对象在类似情况出现时的历史信用记录。

（三）应收账款回收监督

应收账款发生后，企业应采取各种措施，尽量争取按期收回款项，否则一旦拖欠时间过长就会发生坏账，使企业蒙受损失，因此必须加强对应收账款回收情况的监督和评估。

如果零售企业采取赊销政策，普遍会有多笔应收账款。应收账款的赊销时间有长有短，有的尚未超过收款期，有的则超过了收款期，应收账款的数量也会有大有小，这些情况都要区别对待。一般来讲，拖欠时间越长，款项收回的可能性越小，形成坏账的可能性就越大。对此，企业应实施严密的监督，随时掌握回收情况，通过编制账龄分析表和重点款项表，对应收账款回收进行重点监督。

（四）应收账款的收账政策

零售企业如果采取赊销政策，必须有对坏账损失的事先准备和制定适当的收账政策。所谓收账政策，就是企业对各种不同的过期账款的催收步骤、方法或手段，包括准备为此付出的代价和事后的补救措施。

区别对待过期长短不同的应收款项，常见的收账政策是：

1. 对过期时间较短的销售对象，不必过多地打扰，以免将来失去这一市场。

2. 对过期时间稍长的销售对象，可致函催款，注意措辞的婉转。

3. 对过期时间较长的销售对象，可以采取较频繁的信件催款并通过电话催询。

4. 对过期很长的销售对象，在催款时措辞要严厉，必要时提请有关部门仲裁或提起诉讼等。

催收账款不可避免地要发生费用，如人力成本、差旅费用和函电费用等，如果出现诉讼，索款的费用还会大幅度提高。一般说来，收账的决心越大、花费越大、收账措施越有力，可收回的账款就会越多，坏账损失也就越小。

制定收账政策时，必须在收账费用和减少坏账损失之间做出权衡。有效的收账政策的制定在很大程度上取决于有关人员的经验；从财务管理的角度，也有一些定量化的方法可以采用。只要立足于应收账款总效益——成本最大化的原则，再注意收集各种催收账款方式成功率的历史数据，就可以对各种可能的收账政策或方案进行评估比较，最终确定企业的最佳收账方案。

第三节　零售经营绩效评价

一、零售经营绩效评价的意义

为了提高零售企业经营效益，必须对其经营活动业绩进行认真的分析评价，这是零售企业改善经营管理和提高经营效益的主要手段，也是预算管理的需要。

零售绩效评价是指通过考核、考查和评比的方法，对零售企业经营活动过程中的经济效益、服务效益和管理效益进行综合的考评与客观的分析，通过总结经验教训，促使企业不断发展，实现最佳的社会经济效益。进行零售绩效评估的意义在于：

1. 有助于改进和调整零售企业的计划和预算活动。对零售企业经营状况进行定期的考核和评估，除了能对企业已执行的上期计划的情况和结果进行全面的分析，总结经验和教训以外，还能够发现影响企业计划执行的相关因素，便于企业以后采取相应的改进措施，更科学合理地制订计划和预算。

2. 有助于检讨零售企业的经营战略和思路。零售绩效评估的实质是对零售企业的市场表现和管理表现做出信息反馈，可以使企业经营者及时掌握和了解企业经营的实际状况，检验企业经营战略、经营目标和经营决策是否正确，以便及时调整经营策略，为改进零售企业经营管理提供重要依据。

3. 有助于提高企业管理水平。零售管理必须围绕零售经营活动这个中心而开展活动。只有对零售经营活动情况进行科学分析，把问题、得失反馈给管理部门，才能使管理部门及时采取相应的对策，这是管理水平提高的重要保证。

4. 有助于零售企业发现潜力、挖掘潜力。零售企业通过对资源利用情况和经营情况的全面回顾和考评，可以分析各种资源的利用程度，及时发现薄弱环节和潜力点，为以后的完善和改进打下基础。此外，通过经营绩效考评，能够以评促建，调动企业员工积极性，激发其参与企业经营管理的热情，最终增强企业活力。

二、零售经营绩效评价的内容

零售企业的经营活动，除了要满足消费者的物质需求，并取得合理利润，还应该在经营活动过程中确保服务质量。因此，评估零售的经营绩效，不仅要评价其经济效益，而且还应注意评价其为消费者提供的服务效益和保证最佳经营成果的管理效益。

（一）评价经营效益

零售经营效益主要是通过组织商品流转、资金的占用与费用的开支等情况的各项经济指标反映出来的，对这些经济指标的完成情况分别进行考评，就可以发现问题，改进措施，不断提高零售企业的经营业务水平。考核经营状况的经济指标主要有商品销售额、利润率、人均劳动效率、资金周转次数、流动资金利润率、资金利税率等。在经营效益的评价中，一般以考核资金利税率指标为核心。

（二）评价服务效益

零售企业销售的不仅是商品，同时还有向顾客提供的各种服务，可以说商品经营和提供服务的统一是现代零售企业的主要特征。通过服务不仅可以方便消费者的日常生活，还有助于保持企业与顾客良好的关系。衡量零售企业服务状况的效益指标主要有：服务项目、服务态度、便民措施、品种数量、投诉处理率、顾客满意程度等，在这些指标中一般以考核顾客满意率为核心。

三、零售经营绩效评价的原则

零售业经营绩效评估是一项既重要又复杂的工作。进行经营绩效评估时，要把握好以下四方面的基本原则，使绩效评价尽可能地做到全面、准确。

（一）采用完整的指标体系

完整的指标体系是指评价的全面性。绩效评价针对现代零售企业在经营管理上的特点和需要，既要评估企业经营指标完成状况，又要评估企业服务指标状况，还要评估企业经营活动中各种资源的合理使用情况。因此评估指标要成为相互联系、相互补充的完整体系，对零售企业效益进行综合全面考评。评价指标体系中除了包括经济效益指标，还应包括服务效益指标和管理效益指标，这样才能做出科学合理、全面系统的评价。

（二）定量评价与定性评价相结合

评价零售企业经营活动过程中有关指标，能够定量的都要尽可能“量化”。用数据说话，才能更具体、客观、准确地反映实际状况。对一些难以或不能做出量化的规定的评价内容，应该尽可能地做出明确具体的定性要求，运用检查表、评价准则等工具进行定性评价。

（三）外部评价与自我评价相结合

自我评价是零售企业自己组织开展的绩效评价，外部评价是由第三方组织的评价。为了评价的公正全面，零售企业的绩效评价可采取外部评价与自我评价相结合，以自我评价为主的评估办法。只有将内、外评价结合起来，才能使评估比较符合客观实际，有利于企业加强管理，提高经济效益。

（四）评价指标标准化和多样性相统一

绩效评价的某些指标有普适标准，只有坚持评价的标准化，才能对同类型、同规模的零售企业经营业绩做出比较和优劣评判。当然，对不同类型、不同规模的零售企业要视具体实际情况用不同标准来衡量，要注意评价指标的多样性，这样才能做到公平合理。

四、零售经营绩效评价的主要方法

绩效评价的分析方法有很多，常用的方法主要有比较分析法、因素分析法、趋势分析法、比率分析法等。

（一）比较分析法

比较分析法是绩效评价分析常用的方法之一，它是指通过具有可比性的经济指标之间的对比，来说明某一经济现象的成绩或差异的方法。运用这种方法进行经营评价分析，可以通过经济活动中指标的对比，找差距，挖潜力，提高经济效益。比较分析法一般有以下四种：

1. 实际完成指标与计划指标比较。这种比较方法可以揭示实际与计划或定额之间的差异，了解该项指标的计划完成情况，为进一步查明产生差距的原因提供依据。

2. 实际完成指标与上期指标比较。通过实际完成指标与上期指标比较可以确定前后不同时期有相关指标的变动情况，了解企业经营活动的发展趋势和管理工作的改进情况，可以揭示经营企业的发展方向和发展趋势，从而探索其发展的变化规律，为未来改善经营管理、制定经营策略提供依据。分析时一般可以剔除季节性商品对经营成果的影响。

3. 实际完成指标与企业历史最优指标比较。这种方法可以激励企业不断进取，再创佳绩，将企业的经济效益推向最优化，为未来企业制定战略决策提供依据。

4. 实际完成与国内外先进单位指标比较。这可以找出与领先企业之间的差距，吸取其他企业先进经验，推动企业改善经营管理，提升企业经营管理水平。

比较分析法可运用绝对数和相对数两种指标，前者反映差异的数量，后者反映差异的程度。

$$绝对数指标 = 实际数 - 参照数 = 差异数$$

$$相对数指标 = \frac{差异数}{实际数} \times 100\% = 差异程度$$

比较分析法的主要优势是应用范围广。不但可以进行有联系的经济指标之间静态的横向对比分析，而且可以在某一经济指标之间进行动态纵向对比评价分析。此外，计算方法简单，便于理解和掌握也是其主要优点。

在使用比较分析法时，应注意：

1. 比较指标间的可比性。即指标在内容、计算方法、计价标准、时间单位等方面的一致性，必要时，可对所用指标按同一口径进行调整。

2. 业务和经营的规模、范围的基本一致性。比较不同企业之间的同类指标时，应考虑其在技术经济特点上的可比性和不同的社会经济条件。

（二）因素分析法

因素分析法，也称因素替代法，是根据经济现象内部指标的关联性，来确定各个指标对某个经济指标的影响程度的一种方法。

因素分析法是在有若干因素对分析对象发生影响作用的情况下，假定其他各个因素都无变化，按顺序确定每一因素单独变化所产生的影响。

因素分析法的具体应用可以有不同的形式，差额计算法是较常见的一种，它是利用各因素实际数与标准数的差额，来计算各因素脱离标准对分析对象的影响。

因素分析法的计算程序可分为三步：首先列出关系式，确定某一经济现象的影响因素及总体变动程度和变动方向；其次按一定顺序逐项进行替代，计算各个影响因素的影响程度和影响方向；再次将各因素影响程度相加，以便进行检验。

若某指标 T 由 A、B、C 三个因素的乘积组成，则计划指标与实际指标同有关因素的关系如下：

计划指标：

$$T_0 = A_0 \times B_0 \times C_0$$

实际指标：

$$T_n = A_n \times B_n \times C_n$$

以实际指标与计划指标的差异 $T_n - T_0$ 为分析对象，其同时受 A、B、C 三个因素的影响。运用差额分析法可以确定各因素的影响程度如下：

A 因素变动的影响：

$$(A_n - A_0) \times B_0 \times C_0 = T_1 - T_0$$

B 因素变动的影响：

$$A_n \times (B_n - B_0) \times C_0 = T_2 - T_1$$

C 因素变动的影响：

$$A_n \times B_n \times (C_n - C_0) = T_n - T_2$$

影响合计：

$$T_n - T_0$$

式中，下标 0 为计划数，下标 n 为实际数，下标 1、2 分别为第一、第二个因素变动后的结果。

例如，某连锁店四季度毛利完成情况如表 11－2 所示，今年的毛利额比上年增加 2 万元，这一经济现象变动的基本影响因素是销售额和毛利率两个指标。通过因素分析法就可以分别确定销售额和毛利率对毛利额的影响程度和影响方向。

表 11－2　　　　　　　　毛利率影响因素分析表　　　　　　　　单位：元

项目	计划	实绩	差异
销售额	280000	300000	20000
毛利率	10%	11%	1%
毛利额	28000	33000	5000

$$毛利额 = 销售额 \times 毛利率$$

实际比计划毛利额增加：33000－28000＝5000（元）

毛利额的增加受以下两个因素的影响：

由于销售额影响而增加的毛利额：（300000－280000）×10%＝2000（元）

由于毛利率影响而增加的毛利额：（11%－10%）×300000＝3000（元）

上述两个因素的变动对毛利额的综合影响：5000 元＝2000 元＋3000 元

在使用因素分析法时应注意下述问题：

1. 各个因素必须能够反映零售企业经营管理工作中存在的问题，否则，评价分析无效。

2. 分析某一因素变动对分析对象的影响程度时，必须假定只有这一个因素变动，而其他因素不变，排除其他因素的影响，以便有效地进行评价分析。

3. 各个因素的替代必须按照一定的顺序排列并逐项进行替换，由于各因素的变动是在相互关联中发生作用的，千万不可将其相互孤立或割裂，否则将得不到符合要求的结果。一般情况下，应以数量指标在前、质量指标在后的原则来排列各个因素。

4. 已替换的因素用实际指标，未替换的因素用计划指标。

（三）趋势分析法

趋势分析法是将不同时期同类指标进行对比，研究经济现象在时间上的变动情况、发展方向及变动趋势的方法。采用这种方法可以揭示企业经营情况的变化，分析引起这种变化的原因、变动的性质，并预测企业未来的发展前景。发展速度分析法是常用的一种趋势分析法。

发展速度分析法常用的指标有：发展速度、平均发展速度和平均增长速度。

发展速度是两个时期水平指标的对比。

$$发展速度 = \frac{报告期发展水平}{基期发展水平} \times 100\%$$

平均发展速度表明经济现象在一定时期内发展速度的一般水平，它是各期发展速度的平均值，一般采用几何平均法计算。

$$平均发展速度 = \sqrt[期数]{\frac{报告期发展水平}{基期发展水平}} \times 100\%$$

平均增长速度表明经济现象在一定时期内增长速度的一般水平。

$$平均增长速度 = 平均发展速度 - 100\%$$

例如，某连锁店2000年销售额为200万元，2005年为320万元，则5年的发展速度为：$320 \div 200 \times 100\% = 160\%$

平均每年发展速度为：$\sqrt[5]{1.6} \times 100\% = 109.9\%$

平均每年增长速度为：$109.9\% - 100\% = 9.9\%$

(四) 比率分析法

比率分析法是通过计算经济指标的比率，根据经济活动之间的关联性和变动程度，说明企业经营状况的一种分析方法。零售企业常用的比率有变现能力比率、营运能力比率、负债比率和赢利能力比率。

1. 变现能力比率

变现能力是企业产生现金的能力，它取决于可以在近期转变为现金的流通资产的多少，同时它也可以反映企业偿付日常到期的短期债务的能力。反映变现能力的指标主要有流动比率和速动比率。

①流动比率（Current Ratio）

流动比率是在某一时点上，流动资产总额除以流动负债总额的比值，即用以清偿每一元短期负债企业所具有的流动资产额。

流动比率的计算公式是：

$$流动比率 = \frac{流动资产}{流动负债} \times 100\%$$

流动比率可以反映短期偿债能力，企业能否偿还短期债务，要看有多少短期债务，及有多少可以变现偿债的流动资产。一般情况下，流动比率越高，企业短期偿债能力越强，流动性越好；流动比率越低，则表示企业短期偿债能力越差，可能难以如期偿还债务，流动性越差。一般认为，2∶1的比例比较适宜，企业财务状况较稳妥可靠。但是流动比率也不能过高，过高，则表明流动资产占有较多，会影响资金的使用效率和企业的获利能力。同时，也可能产生闲置资本，会影响企业的创利能力。

②速动比率（Quick Ratio）

速动比率是在某一时点上，速动资产总额与流动负债总额的比值，即用以清偿每一元流动负债企业所具有的速度资产额。速动资产包括货币资金、短期投资、应收票据、应收账款、其他应收款项等。能立即或在较短时期内变为现金的流动资产，存货、预付账款、待摊费用等则不应计入。

速动比率用以衡量企业流动资产中可以立即用于偿付流动负债的能力，它比流动比率更能表明企业的变现能力和短期偿债能力。

速动比率的计算公式是：

$$速动比率=\frac{速动资产}{流动资产}\times 100\%$$

$$速动资产=流动资产-存货-预付账款-待摊费用$$

通常认为正常的速动比率为1∶1，低于1的速动比率被认为是变现能力和短期偿债能力偏低。因行业的不同，速动比率会有很大的差别，没有统一标准的速动比率。例如，采用大量现金销售的商店，应收账款很少，速动比率大大低于1是很正常的。而一些应收账款较多的企业，速动比率则可能要大于1。

2. 营运能力比率

营运能力比率是通过经营资产周转速度的有关指标反映的企业资金利用效率，是分析和考察营运资金使用和控制情况的比率。

常用反映营运能力的指标有存货周转率、应收账款周转率和总资产周转率。

①存货周转率（Inventory Turnover）

存货周转率是一定时期内的销售成本与存货平均余额之比。可以反映企业销售能力和流动资产流动性，而且可以衡量企业经营中各有关方面运用和管理存货的工作水平。

存货周转率的计算公式是：

$$存货周转率=\frac{销售成本}{平均存货}$$

$$平均存货=（期初存货+期末存货）\div 2$$

一般情况下，存货周转率越高，说明存货的周转速度越快，资金的利用效率越高；反之，存货周转率越低，说明存货的周转速度越慢，资金的利用效率越低。但必须注意，不同类别的企业，因经营的商品或经营方式的不同，存货周转率在客观上存在着一定的差异；在同一企业有不同经营时期，存货周转率也有可能在客观上存在着差异；存货周转率较高也有可能是存货水平太低或库存量时常中断所致。因此，应根据实际情况分析存货周转率。

存货周转率也可以用天数表示，即：

$$存货周转天数=\frac{1}{存货周转率}\times 360\text{ 天}$$

②应收账款周转率（Receivable Turnover）

应收账款周转率是一定时期内销售净额与应收账款平均余额的比值。它反映企业应收账款的管理水平和应收账款的平均变现速度。

应收账款周转率的计算公式是：

$$应收账款周转率=\frac{赊销净额}{应收账款平均余额}$$

$$应收账款平均余额=（期初应收账款+期末应收账款）\div 2$$

一般来说，应收账款周转率越高，说明应收账款的收回速度越快，资产的流动性越好，坏账损失的可能性越小，反之企业的营运资金欠款过多地呆滞在应收账款上，会影响资金的正常周转。

应收账款周转率也可以用天数表示，即：

$$应收账款平均周转天数=\frac{1}{应收账款周转率}\times 360天$$

③总资产周转率

总资产周转率是企业一定时期销售收入净额同平均总资产的比值，是用以综合评价全部资产经营质量和利用效率的重要指标。

总资产周转率的计算公式为：

$$总资产周转率=\frac{销售收入净额}{平均总资产}\times 100\%$$

总资产周转率反映全部资产的周转速度，周转越快，反映销售能力越强。企业可以通过薄利多销的办法，加速资产周转，增加企业收益。

3. 负债比率

负债比率是反映债务、资产、净资产的关系。反映企业偿付到期长期债务的能力。

从偿债义务看，包括偿还本金的义务和支付利息的义务，分析企业的长期偿债能力，主要是为了确定企业偿还债务本金与支付债务利息的能力。

从偿债资金来源看，则应是企业经营所得的利润，在正常经营情况下，企业是不可能变卖资产还债的。

①资产负债率（Debt Ratio）

资产负债率是企业某一时点上负债总额与资产总额之比，反映在企业资产总额中，债权人提供资金所占的比重，以及企业资产对债权人权益的保障程度。

资产负债率的计算公式是：

$$资产负债率=\frac{负债总额}{资产总额}\times 100\%$$

资产负债率高说明企业的举债较多。一般来说，在经济情况较好，企业经营稳定发展的情况下，可以利用财务杠杆原理，开拓经营，得到较多的收益。但如果经济环境不景气，企业的经营状况不稳定，增加负债就会给企业经营带来很大的风险。另一方面资产负债比率也反映了债权人的风险程度，资产负债率越高，债权人的风险也就越大。

②产权比率（Debt to Equity Ratio）

产权比率是负债总额与所有者权益之间的比率，反映企业投资者对债仅人的保障程度。

产权比率的计算公式是：

$$产权比率=\frac{负债总额}{所有者权益总额}\times 100\%$$

产权比率越低反映企业的长期偿债能力越强，债权人权益的保障程度越高，承担的风险越小。

③已获利息倍数（Times Interest Earned）

已获利息倍数，又称利息保障倍数，是息税前利润与利息费用的比率，用以衡量企业偿付借款利息的能力。

已获利息倍数的计算公式是：

$$已获利息倍数=\frac{利润总额+利息费用}{利息费用}$$

已获利息倍数越高，企业偿付负债利息的能力越强，确定企业合理的已获利息倍数，应比较本企业连续几年的该指标值，选择最低指标值，作为标准，可以保证最低的偿债能力，但如遇特殊情况，需结合实际确定。

4. 赢利能力比率

赢利能力是企业赚取利润的能力，反映企业赢利能力的指标很多，零售企业常使用的主要有销售利润率、销售毛利率和净资产收益率。

①销售利润率（Rate of Return on Sales）

销售利润率是在一定时期内的利润总额与销售收入净额的比值，它反映每百元销售能获得的利润总额。

销售利润率的计算公式是：

$$销售利润率=\frac{利润总额}{销售收入净额}\times 100\%$$

销售利润率趋高，表示企业赢利能力越强，企业在增加销售收入的同时，必须相应地获得更多的利润，才能使销售利润率保持不变或有所提高，通过分析销售利润率可以促使企业在扩大销售的同时，注意改进经营管理，提高赢利水平。

②销售毛利率

销售毛利率是毛利占销售收入的百分比。

销售毛利率的计算公式是：

$$销售毛利率=\frac{销售毛利}{销售收入}\times 100\%$$

$$销售毛利=销售收入-销售成本$$

销售毛利率是企业赢利的基础，没有足够大的毛利率便不能赢利。

③净资产收益率（Rate of Return on Equity）

净资产收益率是企业一定时期内利润总额与平均净资产的比值，它反映企业自有资金投资收益水平的指标。

净资产收益率的计算公式是：

$$净资产收益率=\frac{利润总额}{平均净资产}\times 100\%$$

该指标是企业赢利能力指标的核心，一般情况下，该比率越高，表明自有资金获利能力越强，企业经营管理水平越高，对企业投资人、债权人的利益保障程度越高。

案例与分析

案例 1

某零售企业目前的经营情况和信用政策

表 11－3　　目前的经营情况和信用政策

项　　目	数　据
现在信用政策情况下的销售收入（万元）（全部为赊销）	100
现在信用政策情况下应收账款投资（万元）	12.5
现在利润（万元）	20
销售利润（%）	20
信用标准［预期坏账损失率（%）的限制］	10
平均坏账损失率（%）	6
信用条件	30 天付清
平均收现期（天）	45
应收账款的机会成本（%）	15

假设该企业改变信用标准，提出甲、乙两个方案，信用标准变化情况见表 11－4。

表 11－4　　信用标准变化情况

甲方案（较紧的信用标准）	乙方案（较松的信用标准）
信用标准：只对那些预计坏账损失率低于 5% 的企业提供商业信用	信用标准：对那些预计坏账损失率低于 15% 的企业提供商业信用
由于标准变化减少销售额 10 万元	由于标准变化而增加销售额 15 万元
减少的销售额平均收现期为 90 天，其余 90 万元的应收账款平均收现期降为 40 天	增加销售额的平均收现期为 75 天，原 100 万元的平均收现期仍为 60 天

续 表

甲方案（较紧的信用标准）	乙方案（较松的信用标准）
减少的销售额平均的坏账损失率为8.7%，其余90万元的平均坏账损失率由6%降为5.7%	新增加销售额的坏账损失率为12%，原100万元销售额的平均坏账损失率仍为6%

根据表11－3和表11－4的信息，财务经理李先生测算了以下几个项目的变化：①销售量变化对销售利润的影响；②坏账成本的变化；③应收账款机会成本的影响。然后，李先生向总经理办公室提交了分析报告。

案例思考题

你认为李先生会选择哪一个方案？说明原因。

案 例 2

某零售企业资产负债表分析

表11－5　　某企业资产负债表

2005年12月31日　　单位：万元

资产	年初	年末	负债及所有者权益	年初	年末
流动资产	500	450	流动负债合计	1750	1500
货币资金	600	900	长期负债合计	2450	2000
应收账款			负债合计	4200	3500
存货	920	1440			
待摊费用	230	360			
流动资产合计	2250	3150	所有者权益合计	2800	3500
固定资产净值	4750	3850			
总计	7000	7000	总计	7000	7000

同时，该公司2004年度销售利润率为18%，总资产周转率为0.5次（年末总资产），总资产利润率为9%（年末总资产），2005年度主营业务收入净额为4200万元，利润总额为940万元。

案例思考题

1. 计算2005年年末的流动比率、速动比率和资产负债率。

2. 计算2005年总资产周转率、销售利润率和净资产收益率（资产、净资产均按期末数计算）。

3. 计算2005年产权比率。

4. 通过差额分析法，结合已知材料和问题1、2分析销售利润率、总资产周转率和权益乘数（权益乘数 $=\frac{\text{资产总额}}{\text{所有者权益总额}}$）变动对净资产收益率的影响（假设按顺序分析）。

本章思考题

1. 零售理财的三个主要内容是什么？
2. 零售资金预算编制有哪三种方法？
3. 如何用成本分析模式确定最佳现金持有量？
4. 信用评级的“5C”系统是什么？
5. 绩效评价的主要方法有哪些？

参考文献

1. 林正修著．零售业——大小店面全程全面管理指南．广东世界图书出版企业，2004

2. [美] 肯特等著，爱丁等译．什么是零售．电子工业出版社，2004

3. 金永生，王正选著．零售企业经营与管理．北京工业大学出版社，2004

4. [新加坡] 安吉·唐，莎拉·林著．零售店日常经营管理．中国人民大学出版社，2006

5. 曾庆均主编．零售学．中国商务出版社，2005

6. 中国注册会计师协会编．财务成本管理．经济科学出版社，2006

7. 栾庆伟，迟国泰主编．财务管理．大连理工大学出版社，1998

8. 中国注册会计师教育教材编审委员会．财务管理．经济科学出版社，1995

第十二章 零售自动化

本章提要

零售自动化主要体现在运营自动化和交易自动化两个方面，即零售商借助现代信息技术手段，通过构建管理信息系统（MIS）及商业智能（BI）、客户关系管理（CRM）等运营管理系统，实现运营自动化；通过销售时点系统（POS）、电子订货系统（EOS）等技术实现交易自动化。现代零售自动化的发展趋势是向供应链整合的方向发展。

学习目的

了解商业智能、电子标签技术的趋势；掌握客户关系管理和高效率消费者反应系统的基础知识；重点掌握现代零售管理信息系统、销售时点系统、电子订货系统的流程。

第一节 零售运营自动化

一、零售管理信息系统（MIS）

信息是指经过加工整理，被人们理解和认识的，对企业经营管理有影响的数据和资料。信息是与企业经营管理并存的，是企业经营管理活动的神经。企业的经营管理过程同时是一个获得信息、处理信息和传递信息的过程。可以说，企业的经营管理过程是商品流通过程和信息流动过程的统一，其高效的运行体制和规模效益的实现，很大程度上依赖于有效健全的管理信息系统。

（一）MIS 的概念

1. MIS 的定义

MIS（英文 Management Information Systems 的简称），即管理信息系统，是一门覆盖信息科学、系统科学和管理科学等领域的横向交叉学科。

1985 年美国明尼苏达大学的戴维斯在其经典著作《管理信息系统》一书中，将 MIS 定义为：一个利用计算机软硬件、手工作业、分析计划、控制和决策模型以及数据库技术的人—机系统。

2. MIS 的基本思想

①集成化。即系统内部的各种资源设备统一规划，以确保资源的最大利用率。

②人—机系统。在这个系统中，人是真正起到自行管理命令，对组织的人、财、物资源以及商流、物流、信息流，以及资金流和消费流信息进行管理和控制的主体，计算机始终是一个辅助工具。

③强调分析、计划、预测、控制功能。

（二）MIS 的功能与结构

1. MIS 的功能

MIS 能提供信息，支持企业或组织的运行、管理与决策功能，具体包括：

①数据处理功能。MIS 的数据处理功能包括；数据的收集、输入、存储、加工、检索、传输、输出等。

②业务管理功能。MIS 的业务管理功能是指用数据处理功能提供的数据信息，辅助管理人员完成各种业务管理工作。

③决策支持功能。MIS 的决策支持功能是指利用积累的数据、数学方法、管理模型、典型案例等资料，以代替人的经验，把某些业务活动的具体要求作为综合或选择条件，并据此作出合乎逻辑的分析、推理和判断，辅助管理者完成诸如制订战略计划、执行最优控制等管理决策。

2. MIS 的结构

MIS 的结构为“金字塔”型：

①底层为作业层。作业层是 MIS 系统的基础，其任务是高效地使用现有的设备和资源，在预算的范围内执行各项活动。它的处理包括事务处理、决策层报表处理和查询处理。处理所需的数据主要来自企业内部，数据量大。

②中间层为管理层。管理层的任务是保证企业所需的人、财、物，综合衡

量企业经营的执行情况，检查企业各项技术经济指标的完成情况，并与计划值比较，找出偏差原因，提出解决方案。该层的处理包括使用计划或预算模型来帮助管理人员编制计划与预算，定期提供企业经营情况的综合报告，使用数据方法分析计划执行的偏差，并为管理人员提供满意的行动方案。

③顶层为决策层。决策层的任务是确定企业的经营目标，制定达到目标的战略计划。它的处理包括用建立数学模型，模拟和试凑法去探索问题的答案。这里所说问题是指企业的目标、经营方向等。尽管管理信息系统支持的战略计划不能像管理层和作业层那样全面，但它能对制定战略计划提供一些实质性的信息。

（三）零售 MIS

零售商内部 MIS 是以标准化的业务流程和规范的管理系统为基础。

1. 零售经营业务流程

零售经营业务流程如图 12－1 所示。

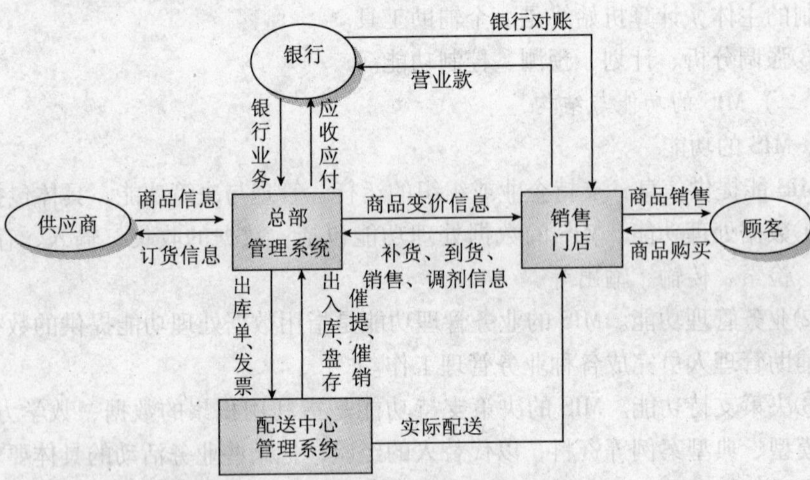

图 12－1　零售经营业务流程

2. 零售 MIS 的构成根据经营业务流程，零售的 MIS 大致可以分为采购管理、库存管理、财务管理、销售管理、经营计划管理及人事管理六个部分，其相互关系如图 12－2 所示。

由于现代电脑技术的飞速发展，以及社会性互通网络的日益健全，零售 MIS 与整个社会的信息系统日益融合。现代零售 MIS 不再局限于企业内部，更延伸与供应商、银行系统融为一体。

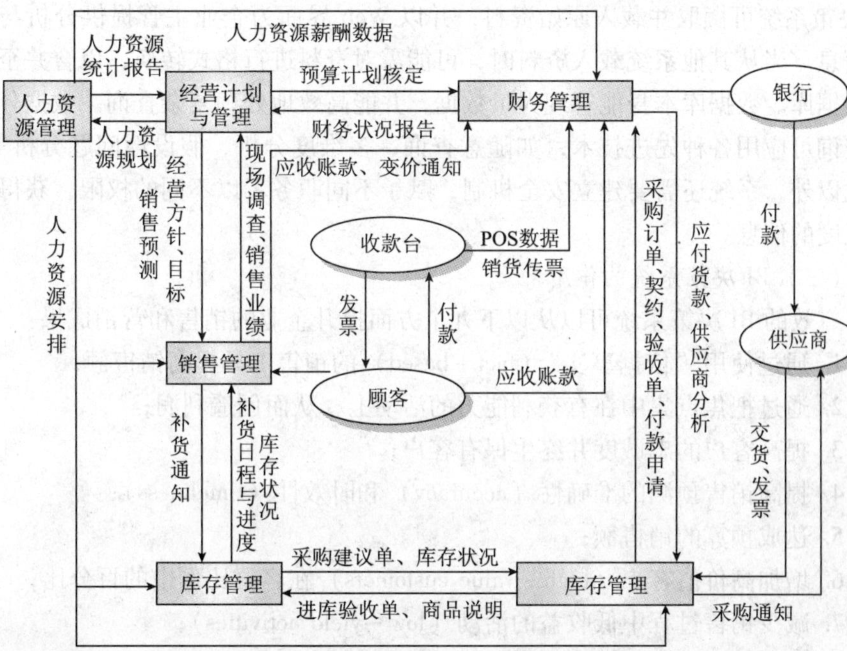

图 12－2　零售 MIS 系统图

二、商业智能决策系统（BI）

（一）BI 决策系统的概念

当企业有能力从日常运作的数据当中取出关键性的信息，并能快速加以利用时，其销售效率将获得改善，而利润也会跟着提升。目前，许多国际性公司都开始使用所谓的商业智能（Business Intelligence，简称 BI）决策系统来进行和支持这一类的数据分析。

何谓 BI 决策系统？BI 决策系统是建立在企业现有的 MIS 系统的基础上的，基于数据库技术，通过数据挖掘和数学模型等算法，将数据加工成信息，为企业决策提供相关依据的应用软件系统，简称为 BI。BI 的核心是将经验管理转变为现代化数据管理。

BI 的工作原理主要是通过对数据进行提取、筛选、分类、预测等处理，产生可供分析的各种数据。而这些数据可直观地显示商业决策所需的某些经营或市场规律。

（二）BI 决策系统的技术体系

BI 决策系统的主要基础是在前几年逐渐成熟的数据库技术。通过数据库，

BI 决策系统可撷取并载入原始资料，并以 Web 界面为企业主管提供分析与查询信息。当从其他系统载入资料时，可能需对资料进行格式转换，以合并至单一数据库。数据库本身能管理大量数据，并能高效地处理复杂查询。数据分析与查询可应用各种先进技术，如随意查询、多维度分析、假设性问题分析等。除此以外，系统还需要建立安全机制，赋予不同职务者以不同的权限，获得不同程度的信息。

（三）BI 决策系统的作用

有效的 BI 决策系统可以从以下九个方面提升企业的销售和营销成果：

1. 通过使用“依据事实”（fact－based）的销售工具提高销售额；
2. 通过把焦点集中在有获利能力的活动上，从而创造利润；
3. 提高客户的忠诚度并终生保有客户；
4. 提高销售预测的准确性（accuracy）和时效性（timeliness）；
5. 达成预算的销售额；
6. 增加高价值客户（high－value customers）在客群比例中的百分比；
7. 减少销售过程中低收益的活动（low－yield activities）；
8. 展开高收益的促销和广告活动；
9. 预测潜在和现有客户未来的消费行为。

（四）正确看待 BI

1. 应用 BI 是为帮助企业参与市场经营，不能“为商业智能而商业智能”。应从基础做起：第一步从经营流程的各个节点上把数据采集回来；第二步在后台把数据整理起来，形成后台业务一体化，提高效率，保证平滑的业务运作；第三步透过这些数据发现有价值的规律。

2. BI 并不仅仅是为决策者服务的工具。BI 更重要的是要让企业的每一个环节，包括采购、配送、供应商、收款、盘点等整个的供应链的每个节点，都能够产生一个智能的、协同的、及时补货的、能预测的规划。BI 也是一个全员的工具，涉及企业的全体员工。

3. 应用 BI 是为了更好地服务于顾客。BI 一方面是一种管理工具，另一方面更重要的是要借助它了解顾客，对顾客的喜好、满意度做出最快的反应，提升服务质量。

4. BI 不是商业巨舰的专利，只要信息化的第一、第二步成功的企业都是有能力、有机会用到 BI 的，但不同级别的企业使用 BI 会有程度和价值上的差异。

5. BI 投入要与应用相称。BI 重在应用，应用到什么程度，相应 BI 也要在这个程度，大而全没有必要。

三、客户关系管理系统（CRM）

（一）CRM 概念

客户关系管理系统（Customer Relations Management，简称 CRM），是正在兴起的一种旨在健全、改善企业与客户之间关系的新型管理系统。指的是企业利用信息技术，通过有意义的交流来了解并影响客户的行为，以提高客户招揽率、客户保持率、客户忠诚度和客户收益率。

CRM 的终极战略目标是，通过对客户的细化及系统化的研究，改进对客户的服务水平，提高客户的价值、满意度和忠诚度，并缩减销售周期和销售成本，寻找扩展业务所需的新的市场和渠道，为企业带来更多的利润。

CRM 是通过客户关系管理软件及配套系统来部署和实施的。利用 CRM，可以使企业在客户服务、市场竞争、销售及支持方面形成彼此协调的全新的关系实体，为企业带来长久的竞争优势；企业能搜集、追踪和分析每一个客户，充分了解他们的需求，并将客户想要的送到他们手中；CRM 还能观察和分析客户行为及其对企业利润的影响，使企业与客户的关系及企业赢利都得到最优化。

（二）CRM 的实施

CRM 成功实现有六个步骤：

1. 确立业务计划。为了获得生意上的成功，企业在考虑部署其 CRM 方案之前，首先确定利用这一新系统实现的具体生意目标，例如提高客户满意度、缩短产品销售周期以及增加合同的成交率等。即企业应了解这一自动化系统的价值。

2. 建立管理团队。为了成功地实现 CRM 方案，须对企业业务进行统筹考虑，并建立一支有效的团队，团队人员可以包括：兼管销售工作的副总裁、销售部门经理、销售代表、销售管理人员、IT 部门经理、财务人员以及数据库管理员等。最初，企业还应为这一方案的实现设立一名拥有较强管理能力的项目经理，并让销售部门参与此方案的规划与设计。

3. 评估销售过程。在评估一个 CRM 方案的可行性之前，用户需多花费一些时间，详细规划和分析自身具体业务流程。为此，需广泛征求员工意见，了解他们对销售过程的理解；确保企业高层销售人员的参与，以确立最佳方案。此外，还应对整个过程做出全面考察，消除那些不必要的步骤。

4. 明确实际需求。充分了解企业的业务动作情况后，接下来需从业务和销售人员的角度出发，确定其所需功能，并令最终用户（企业员工）寻找出对其有益的及其所希望使用的功能。就产品的销售而言，企业中存在着两大用户群：销售管理人员和销售人员。其中，销售管理人员感兴趣于市场预测、销售渠道管理以及销售报告的提交；而销售人员则希望迅速生成精确的销售额和销售建议、产品目录以及客户历史资料等。另外，还需对 IT 基础设施的需求进行优先级排序。确定企业销售对技术的需求，例如硬件规范或硬件升级；确定是否需要对企业资源规划、财务系统、产品库存以及传统系统的升级改造，并确定集成过程的具体实施方案。确定内部支持需求，如对服务台人员、管理人员及技术培训人员的需求以及是否需要雇用新员工；并把所有这些重要需求的成本计入 CRM 方案的预算之中。

5. 选择供应商。确保所选择的供应商对你的企业所要解决的问题有充分的理解。了解其方案可以提供的功能及应如何使用其 CRM 方案。确保该供应商所提交的每一软、硬设施都具有详尽的文字说明，例如提交的计划与期限，谁该负责些什么等。绝不要仅限于了解供应商的资历、产品价格以及具体的实现过程。

6. 开发的部署。CRM 方案的设计，需要企业与供应商两个方面的共同努力。为使这一方案得以迅速实现，企业应仅部署那些当前最为需要的功能，然后再分阶段不断向其中添加新功能。其中，应优先考虑使用这一系统的员工的需求，并针对某一用户群对这一系统进行测试。另外，企业还应针对 CRM 方案，确立相应的培训计划，不断对员工进行新的培训。同时，保持 CRM 员工队伍的稳定，也是维护企业 CRM 方案成功运行的不容忽视的重要因素。

企业是否需要实施 CRM？普华永道提出了一种快速测试的方法，可以帮助企业找到答案：

①你的销售代表能否方便快速地获取客户服务、送货和历史交易数据？

②你的企业是否量化每个客户的赢利贡献？

③你的企业是否利用客户信息为销售和市场活动服务？

④你的企业是否将市场推广活动的结果用于销售预测和生产计划中？

⑤你的企业是否奖励忠诚度高的客户？

⑥你是否量化市场活动的效益？

⑦客户信息系统是否为企业的各个功能和环节使用？

⑧你知道你的客户希望你通过什么方式与他联络吗？

⑨你的企业文化是以客户为中心还是以产品为中心？

⑩你的企业是否从不同的角度划分现有客户和潜在客户？

⑪你企业的高层管理者是否支持向以客户为中心转变?

如果企业与上述标准差距甚远，那么，请赶紧构建 CRM 系统。

第二节 零售交易自动化

一、零售销售时点系统（POS）

（一）POS 系统的概念

POS（Point Of Sale 的缩写），即销售时点系统，是以后台电脑和商品条形码为基础，以条形码扫描器为基本工具，配合电子收银机及其他电子设备（如磁卡阅读器）所构成的一个系统，通过该系统，对商品销售的所有交易信息进行采集、加工、整理、分析、传递和反馈，使零售商的营销管理现代化。它是实现商品管理从金额管理转向数量管理，从大类管理转向单品管理的有效手段。

（二）POS 的信息采集

POS 系统的重点在于 Point，即“点”，其意义是指对销售的重“点”管理，在商品销售的同一时间“点”上，商品销售所发生的资料在此“点”上完成采集输入。商品销售情况的资料包括：

Who——人：谁买的，谁卖的?

What——物：买什么，卖什么?

How much money——多少钱；买了多少钱，卖了多少钱?

When——时间；什么时候卖出?

商品销售的信息采集过程如下：

1. 条形码阅读器读入商品条形码，并将条形码信息输入收银机；
2. 在数据库中找到有关商品的相应资料；
3. 对销售的商品进行结算，开出单据；
4. 将有关销售资料输入工作站计算机处理；
5. 通过网络将工作站计算机处理的信息传送到后台计算机中心进一步加工；
6. 根据计算机中心加工的结果做出调整和决策，使进销存管理更合理。

（三）POS 系统应具备的功能

1. 对商品进行单品管理。所谓单品是指一个经营体的商品的种类、品牌、型号规格、分类包装等最低一级的分类。单品管理要求 POS 系统对商品的管理应能管理到单品级，具体的内容为：能逐一掌握门店陈列的每一种商品的销售动向；能逐一评估每一个营业员的工作业绩；能逐一掌握每一位顾客的消费情况。

2. 采购管理。POS 系统通过对安全库存量的控制，提供商品比价和历史销量，从而使采购决策更科学合理。

3. 进货验收。利用采购单逐笔对商品进行验收，并在 POS 系统的终端计算机上将采购单修正为进货单，并直接由后台计算机修正总库存量及打印出会计传票等。

4. 库存及销售现场管理。所采购的商品经验收后，可依计算机指示位置入库；也可根据每日销售报表将适当数量的商品从仓库补充到销售现场的陈列位置，这样既避免卖场缺货又不使商品的陈列太多。

5. 销售管理。由电子收银机提供商品销售单价，也可随时按需进行变价、折扣、赠送等促销处理，并将有关的数据随时输入计算机。

6. 盘点作业。利用 POS 系统的盘点机可以随时对商品进行盘存，并将资料送入计算机，由计算机将此资料与库存资料进行比较，并打印出盘点差异报表，再进行盘点，从而得出最新库存资料及确切的盈亏数据。

7. 供应商管理。在 POS 系统中建立供应商基本数据资料库，了解供货厂商的信用及合作程度，得以正确掌握商品的来源，达到供销平衡。

8. 会计作业。POS 系统可提供每日（月）的营业账款统计，各进（退）货供应商的应收、应付款的管理及有关的报表。

9. 销售分析报表。在营业时，可通过 POS 系统对商店的销售做出主动性的查询与分析，确实掌握销售动态，以便及时制订促销方案。营业后，POS 系统可及时做出每日的营业分析报表、时段及部门分析报表、毛利率分析、畅/滞销商品排行榜等，作为经营策略调整的依据。

10. 员工管理。一些 POS 系统同时还具有商店员工管理模块，以对商店的人事资料进行管理。建立商店员工的各项资料，包括员工的姓名、年龄、性别、工资、生日等一系列资料，以此作为经理对员工加薪、晋升等经济或精神激励一系列决定的依据。

（四）POS 系统运用的意义

1. 提供决策依据。运用 POS 系统这一现代科学的管理手段，将为零售商提供更迅速、更精确、更有用的信息资料，为决策提供可靠的依据。零售商通过 POS 系统，可以准确把握消费趋势，创造新的消费需求。

2. 提高经营能力。运用 POS 系统会大大降低超市的库存和提高销售的能力，大大提高商品的周转率和毛利率。由于运用 POS 系统可以准确地把握投向市场的商品种类、数量和价格，再加之商品采购和配送系统的配合，商品周转率和毛利率的提高、商品库存量和商品降价量的减少就成为当然之事。

（五）POS 系统基本构件介绍

POS 系统其发挥管理功能的基本构件包括：商品条形码、电子收款机、后台电脑。

1. 商品条形码

①商品条形码的定义

商品条形码是由若干黑白条纹组成，标有数字的图案。它是一种商品识别标记，它是供光电识读设备向计算机输入数据的代码，其内容包括商品的生产国名、厂名、产品编号等信息。具体定义为：由一组宽度不同，反射率不同，平行相邻的条和空，按照预先规定的编号规则组合起来，用来表示一组数据的符号。这个数据可以是数字、字母或某些符号。

商品条形码是适应计算机的发展而发展起来的一种高速准确的数据输入技术。商品条形码应用在 POS 系统上，它利用收款机作为终端与主机相联，并借助于光电识读设备录入商品信息，当带有条形码符号所表示的信息录入到计算机后，计算机可以从数据库中查找出该商品的名称、价格等，经过数据处理，打印出结算清单，并记录每一笔销售情况。

②条形码技术的优点

条形码技术是一种经济、实用的自动识别技术，具有五个方面的优点：输入速度快，与键盘输入相比，条形码输入的速度是键盘输入的 5 倍；可靠性高，其误码率约为百万分之一，读取率大于 98%，是一种十分先进的自动识别技术；采集信息量大；灵活实用；条形码标签易于制作，对设备和材料没有特殊要求，识别设备操作容易，不需特别培训。

③商品条形码的发展

条形码最初出现在 20 世纪 40 年代的美国，但是直到最近的 30 年才得到了实际的应用和快速的发展。现在，欧美、日本、东南亚及其他经济发达国家已经普遍使用商品条形码，并且正快速向全世界范围推广。虽然条形码最初和最多的应用是在商业，但现在其应用领域越来越广泛，同时逐步向其他技术领域渗透。

当前，国际上有通用于欧洲的 EAN 条码，通用于美国和加拿大的 UPC 条码两大系统。EAN 条码与 UPC 条码可以兼容，它们分属于国际物品编码委员会（EAN）和美国统一编码委员会（UCC）。标准型 EAN 代码由 13 位数字构成，称为 EAN－13 代码，其中由 3 位国家代码、4 位供应商代码、5 位商品代码和 1 位校验码构成。

凡是加入条码组织的会员国可以获得该组织分配的国际统一编号前缀。我国于 1988 年 12 月成立了“中国物品编码中心”，1991 年 4 月正式申请加入了国际编码组织 EAN 协会。近年来，我国条码技术发展迅速，目前，商品使用的前缀码有“690”、“691”和“692”，也就是以 690、691 或 692 为首的国际通用商品代码为中国商品代码，条码技术在我国零售业中已经得到广泛的应用。

2. 电子收款机

①电子收款机的功能

电子收款机（Electronic Cashier Register）与条形码阅读器共同构成 POS 的前台硬件系统，电子收款机具有如下功能：

——电子收款机接收条形码阅读器输入的商品条形码，然后根据此条形码搜索收款机内事先设置的商品数据库，找到该商品记录（如无此商品，显示相应提示）的内容，如品名、单价等，最后按本次实际销售数计算销售总额。

——按照实际的销售情况，打印出销售发票。销售过程由显示屏同步显示供顾客监视，并完成收款、找零等工作，货款放入收银柜。

——收款机中事先可设置各种促销处理功能，例如折扣、折让、支票交易、改错操作、退货退款及营业员管理功能等，供用户使用。

——自动进行销售后的处理工作，将销售情报通过网络传送到前台终端及后台电脑，做进一步的处理；同时自动进行库存处理。

——按需打印各种分析报表，例如交易日/月报、商品的单品报表、时段报表、收银员报表等。

②电子收款机的组成

按电子收款机的功能及性能不同，可分为早期单纯收款型的电子收款机、可用于 POS 系统联网的电子收款机及计算机连线型 PC 基准（PC—Base）收款机。由于收款机的品种不同，其各自的组成也各不相同，大致有如下组成部分：

——电子收款机键盘（Key Board）。不同功能类型的收款机其键盘的组成格式及功能互不相同

——文字数字显示器（Customer Display）。文字数字显示器用于显示交易价格、金额等现场数据，一般电子收款机配有 1～2 只，其中一个面向顾客，

另一个面向营业员，以LED方式发光显示。结构有可旋转式、升降式、固定式等，两只文字数字显示器并行工作。

——微型票据打印机（Mini Printer）。用于打印交易文字票据，结构有固定式、配件式等。

——收银钱柜（Cash Drawer）。收银钱柜为一个独立的柜，有电子锁，一般采用24V电源，可与收款机连接。在键盘上一般由总计/收款键连接控制，按下此键后收银钱柜自动打开，柜里面分成若干格，分别存放各种面额钞票，有夹子压紧。

——PC机与显示器（PC&Monitor）。较先进的PC基准的PC—POS收款机系统除了上述各种组成部分以外，还带有PC主机及显示器，以进行在本机上的进、销、调、存后台管理。PC基准的收款机既能用单机来实现小型商店的进、销、调、存全面管理，也可联网组成大型商场的POS系统。PC主机和显示器是这类收款机必要的组成部分。

③电子收款机的分类

电子收款机从功能和用途上分，可以分为第一类电子收款机、第二类电子收款机、第三类电子收款机。

——第一类电子收款机。最早出现的电子收款机。其主要作用是收款、结账。该类收款机可管理的商业店铺一般少于10个，单品价格查询数目少，只能对重点商品进行单品管理。适用于小型零售商、便利店、个体企业等。第一类电子收款机不具有通信能力，不能作为信息系统的数据采集终端。

——第二类电子收款机。第二类电子收款机具有通信功能和通信联网能力。与第一类电子收款机相比，第二类电子收款机的功能强得多。其单品数通常在几千个以上，部门数为几十个，单品价格查询多于3000个，4种以上的结算方式，4个以上的收款员。可连接多种外设，如条码扫描器、票据打印机等。

——第三类电子收款机。第三类电子收款机亦称PC—BASE型收款机或POS收款机，诞生于计算机技术、通信技术和机械技术的综合运用，使收款机由早期单纯的信息采集工具进化为多功能的信息处理工具。第三类电子收款机源于微机，在某种程度上又高于微机。首先，它既有计算机的通用接口，又有用于商业环境的专用接口。其次，它具有针对商业环境的专用键盘。第三，由于应用环境复杂，对其抗干扰能力的要求远高于通用计算机。

3. 后台电脑

POS系统要能正常运转，还要靠后台电脑建立起商品主档资料。当扫描器接收了商品条码信息后，就要到后台电脑寻找商品主档资料以辨识商品代号是否正确，然后接受该商品售价，记录下该种商品销售数量。由此可知后台电脑是一个商品的信息库，也是对前台 POS 收款机的控制中心。因此，每一种商品在第一次进入超市销售时，一定要依据规定的格式，将有关该商品的基本资料输入后台电脑，这时该种商品才可销售。商品主档资料建立的权力在商品采购人员。当电脑人员接到采购人员的指令后，才可将商品主档信息资料输入后台电脑。即对零售商来说，商品主档资料的建立由采购部进行，通过电脑网络传输到店铺的后台电脑。

二、电子订货系统（EOS）

（一）EOS 的概念

EOS（Electronic Ordering System 的简称）即电子订货系统。是指用电子通信方式传输订货信息的系统，以取代人力送单、取单或邮寄、口头约定等订货方式。

不管采取何种方式（如掌上型终端机、商店 POS 终端机、个人电脑、总部主机等），只要是通过电子通信线路传输订货信息，做到收发订单省力化、迅速化、准确化，便符合 EOS 的要求。

EOS 的功能主要是运用于零售商的订货管理和盘点管理。

（二）EOS 基本构件

1. 价格卡（含商品条形码）

EOS 是以扫描的方式将欲订货的商品条形码输入掌上型终端机，再输入订货数量，来完成一种商品的订货过程。在订货作业中，商品的条码不一定要求贴在商品上，只要扫描商品价格卡上的商品条形码就可完成订货作业。

之所以只要扫描价格卡，其原因是价格卡上的条形码不易变动，其稳定性和准确性好。运用 EOS 采用价格卡的好处还在于，订货人员可在超市卖场中，随时掌握存货状况，并对是否订货迅速作出决定。

2. 掌上型终端机

电子订货的常用工具是掌上型终端机（Handy Termincal，简称 HT）。HT 功能是将所需订货的商品条形码及订货数量，以扫描和输入的方式储存在 HT 的记忆体中，待订货作业结束，再将 HT 与后台电脑连接，把储存在内存中的订货资料存入电脑主机。HT 具有电脑储存、处理和运算等功能。

3. 调制解调器

输入电脑内的订货资料要输送给供应商或配送中心，必须通过调制解调器才行。调制解调器可将电脑内的订货数字化资料，转换成线性脉冲资料，透过专用线或拨接方式，传递给对方的调制解调器，再还原成数字信号，进入电脑产生出发货资料。调制解调器是连接订货地和发货地两地电脑的主要通信装置。

（三）EOS 订货作业流程

应用 EOS 进行商品订货，其作业流程如下：

1. 查看销售状况。订货人员在卖场查看各商品销售状况，确认确需订货方可进行订货作业，要特别注意是否有未上货架的库存商品。

2. 输入订货量。订货人员在卖场扫描所需进货的商品价格卡，输入订货商品的数量。

3. 发送订货资料。订货人员将 HT 的订货资料输入后台电脑，再由后台电脑通过调制解调器，把订货资料传送至供应商或连锁公司总部的配送中心。

（四）EOS 盘点作业流程

1. 输入清点商品资料。超市在进行盘点作业时，盘点人员可手持掌上型终端机去卖场和仓库，逐一扫描商品的价格卡或商品的条码，并输入清点的商品数量。

2. 统计盘点资料。商品存货清点与输入完成之后，将掌上型终端机连接到后台电脑上，以便统计出传输的盘点资料。

3. 制作盘点报表。通过调制解调器把盘点资料传输至公司总部的电脑，总部电脑经过运算后，可做出盘点统计表、盈亏表和其他的管理报表。

三、电子数据交换（EDI）

EOS 的实现必通过零售商和合作企业的数据交换，即电子数据交换（EDI）技术的应用。

（一）EDI 的概念

EDI（Electronic Data Interchange，简称 EDI）即电子数据交换系统，是利用电脑和通信技术，将交易双方的各种文件标准化，并实施自动化的传输。

EDI 技术实现企业间业务文件以特定的格式在电脑网络上交换，从商品选择、订货、出货、配送、流通、收货至付款等交易过程，完全实现自动化，由于 EDI 技术可以有效减少甚至消除各种有形单据，因而也被俗称为无纸贸易。

EDI 起源于 20 世纪 70 年代的西欧和北美，其真正得到发展是在 80 年代以后。早期的 EDI 只是在两个贸易伙伴之间，依靠双方计算机之间的直接通信来传递具有特定内容的商业文件。经过 30 多年的发展和完善，随着贸易过程中各种有形单据和文件数据量的激增以及商业竞争的日趋激烈，EDI 以其不可替代的优越性，已发展成为一种全球性的、具有战略意义和巨大商业价值的现代化交易手段之一。EDI 的广泛应用导致了商业贸易领域的革命性变革，西方经济界人士称 EDI 实际上已经引起了“一场结构性的商业革命。”

零售商借助于 EDI，可以有效地简化交易手续，缩短交易的周期，节约人工和处理费用，加快资金周转，提高企业的竞争能力。EDI 已经成为企业在市场竞争中不可缺少的重要手段。

（二）EDI 的内容

为了 EDI 能被有效使用，用户必须遵循格式化和交换信息。EDI 包括三个方面的内容：通信网络、计算机应用、数据标准化。这三方面的内容相互联系，相互依存，构成了 EDI 的基本要素和框架。

1. 通信网络。EDI 是一种数据的电子传输方法，所以 EDI 系统中必然包括通信网络。

2. 计算机应用。EDI 信息可被自动处理，这要求通信网络要与计算机连接，同时要有一定的软件支撑。

3. 数据标准化。EDI 信息要为不同的用户所识别，这就要求有一套公认的标准格式，同时还要有一个装置来完成用户文件与标准文件之间的双向转换。

（三）EDI 的实现方式

实现 EDI 可以有以下两种方式：

1. 点对点通信方式。将零售商与商业伙伴的计算机系统直接连接起来，使得商业文件能在零售商及其商业伙伴的计算机间往复传输，我们称之为点对点通信方式。

2. 网络通信方式。借助公共通信网络，零售商与商业伙伴的计算机都连接在网络上，通过网络相互交换有关的商业文件，这是网络通讯方式。

（四）EDI 运用的意义

采用 EDI 可在四个方面提高商业效益：

1. 可以节省人工和处理费用。据有关资料，美国零售商每张订单的处理费用在使用 EDI 后下降了 1.3 美元。

2. 降低了错误率。由于 EDI 本身具有一定的数据检错功能，因而大大减少了出错的几率。据统计，仅此一项就使由于错漏而造成的商业损失减少了 40%。

3. 降低了货物安全库存量，缩短了商业交易周期。这主要是由于使用

EDI 后，文件处理速度大大提高，信息得到及时交换。

4. 增加了贸易机会。EDI 不仅是一种商业信息的快速传递手段，它在贸易中的应用直接影响到了贸易方式的变革。这种变革可以使企业在整个贸易链中与贸易伙伴建立更好更密切的合作关系，选择更好的贸易伙伴，从而增加贸易机会。

（五）EDI 标准和特征

1. EDI 标准

正如只有标准的普通话才能被所有中国人理解和接受一样，各种贸易单证也必须具有标准格式，才能被各公司的计算机识别，EDI 的标准是实施 EDI 所必需的。EDI 标准是使各组织之间的不同文件格式，形成公认的标准数据格式，从而实现彼此之间文件交换的目的，EDI 的应用离不开结构化信息形式。

2. EDI 标准的特征

①提供一种任何贸易伙伴都可使用的语句，这种语句应该是无歧义的。

②这种标准是不受计算机型影响的，是能适用于计算机之间的数据交换，同时又能独立于计算机之外的标准。

3. EDI 标准三要素

在 EDI 标准中，我们称数据元、段、标准报文格式为 EDI 标准的三要素。其中，贸易数据元是电子单证最基本的单位。段是由数据元构成，在电子单证中完成一定功能，是组成电子单证的单元。EDI 标准中除包括贸易数据元目录和段目录外，还应包括标准报文格式，即用户都能识别的电子单证。标准报文格式一般包括两部分：即报文控制部分和报文内容部分。报文控制部分由控制段构成，至少包括报文头和报文尾两个段。报文内容部分由数据段构成，涉及的段由报文性质决定。

四、电子标签（RFID）

（一）什么是 RFID 技术

RFID（Radio Frequency Identification）即射频识别，俗称电子标签，实际上是智能识别技术的一种。此种射频技术制备的商品标签比条形码技术的标签又进了一大步。自 2004 年以来，与 RFID 技术相关的文章在各个媒体上不断涌现，相关的报道让这个历史其实并不短的技术在短时间内成为国际追逐的焦点。从全球零售商巨头沃尔玛，到国际 IT 巨头 IBM、HP、微软等，从美国国防部到中国国家标准委员会，全都在关注和探索 RFID 的发展与应用。RFID 被认为是今后全球商品或物流中最广为采用的技术之一。

RFID射频识别是一种非接触式的自动识别技术，它通过射频信号自动识别目标对象并获取相关数据，识别工作无须人工干预，可工作于各种恶劣环境下。RFID技术可识别高速运动物体并可同时识别多个标签，储存的信息量非常大，操作快捷方便。

最基本的RFID系统由三部分组成：

1. 标签（Tag）。由耦合元件及芯片组成，每个标签具有惟一的电子编码，附着在物体上标识目标对象；

2. 阅读器（Reader）。读取（有时还可以写入）标签信息的设备，可设计为手持式或固定式；

3. 天线（Antenna）。在标签和读取器间传递射频信号。

RFID技术的基本工作原理并不复杂：标签进入磁场后，接收解读器发出的射频信号，凭借感应电流所获得的能量发送出存储在芯片中的产品信息（Passive Tag，无源标签或被动标签），或者主动发送某一频率的信号（Active Tag，有源标签或主动标签），解读器读取信息并解码后，送至中央信息系统进行有关数据处理。

（二）RFID对现代零售业的影响

据Sanford C. Bernstein公司的零售业分析师估计，通过采用RFID，沃尔玛每年可以节省83.5亿美元，其中大部分是因为不需要人工查看进货的条形码而节省的劳动力成本。尽管另外一些分析师认为80亿美元这个数字过于乐观，但毫无疑问，RFID的应用有助于解决零售商的两个最大难题：商品断货和损耗（因盗窃和供应链被搅乱而损失的产品），而现在单是盗窃一项，沃尔玛一年的损失就差不多有20亿美元，如果一家合法企业的营业额能达到这个数字，就可以在美国1000家最大企业的排行榜中名列第694位。研究机构估计，这种RFID技术能够帮助把失窃和存货水平降低25%。

（三）RFID技术的探索

2004年，沃尔玛开始在多家超市和德州的分销中心采用RFID技术，一开始在高价位和流动快的商品中使用。到2005年10月底，沃尔玛约有500家商店、俱乐部和5个配送中心采用RFID标签。有130家主要供货商向分销中心发送RFID标签产品。预计到2007年初沃尔玛采用RFID的供应商将超过600家。2005年下半年，沃尔玛公司的CIO Linda Dillman在分析师见面会上称，在过去的12月中，由于采用了RFID技术，公司的库存下降了16%，使用RFID标签的商品进货量是非RFID商品的三倍之多。

除了沃尔玛，麦德龙（Metro）等零售商也在探索RFID技术的应用。麦德龙正在与包括 IBM、SAP 在内的数家 IT 公司，以及 40 多家消费者货物和技术供应商合作，开发面向零售领域的 RFID 系统，进行欧洲最大规模的 RFID 试验。在麦德龙 Extra Future Store 的“智能试衣室”，当顾客携带附有 RFID 标签的服装进入“试衣室”，读取器自动读入服装特征和顾客体征参数，显示屏随即显示各类参数，动态穿衣效果，以及与该消费者的适配程度等，为购物提供决策依据，当顾客决定选购后，随即自动结算。

随着 RFID 标签价格的下降，越来越多的供货商开始采用 RFID 标签。2004 年前，RFID 标签的平均费用为 20 ~ 50 美分，到 2005 年 10 月已下降到了 10 ~ 20 美分。

（四）RFID 取代条形码的障碍

由于 RFID 标签中保存了各种应用程序和数据，因此隐私保护成了一个非常重大的问题。RFID 标签在保护个人隐私方面存在两个方面的问题：一是别人可能会窥视到你的包里放了什么东西，因为他人可能会通过无线通信的方式读到这些物品的商品代码等信息；另一隐忧是如果在大街上到处都装上标签扫描器，那么就能够利用随身携带物品的 RFID 标签对一个人实施跟踪。

德国零售巨头麦德龙公司信息技术部门的管理主管沃尔夫拉姆曾指出：RFID 将越来越多地取代条形码，但要 15 年或更长的时间才会被用来识别所有产品。沃尔夫拉姆认为，RFID 的普及，除了芯片的高价格和信号干扰等技术问题外，数据隐私将是一个重要问题。消费者需要确信 RFID 能够使他们享受到“更丰富的购物体验”，而不是跟踪他们的行踪。消费者对使用 RFID 技术的反对，迫使麦德龙在 2004 年放弃在 Extra Future Store 超市的客户忠诚卡中使用 RFID 技术。

“消费者反超级市场隐私侵犯”组织和其他隐私机构一直在进行游说，反对大规模地部署 RFID，担心这一技术会造成极权主义世界。2005 年 10 月，一个叫 CASPIAN 的组织在沃尔玛的达拉斯超市中心举行抗议，反对沃尔玛在惠普生产的打印机和扫描仪上贴 RFID 标签。该组织的发言人 Katherine Albrecht 称：“人们穿的，用的，都将被远程跟踪。我们有足够的证据说明，沃尔玛已采用这种做法。”

但是，作为一种先进的智能识别技术，在解决好保护个人隐私方面的问题后，其在零售业将具有非常好的发展前景。

第三节　供应链整合的发展趋势

一、供应链管理（SCM）

（一）SCM 概念

从最初获取原材料到转换成最终产品，直至交付给最终用户的整个生产、销售过程是由若干“供”—“需”环节做有序链接的。因此这一过程可被称为“供应链（Supply Chain）”。供应链包括了在企业内、外制造产品和提供用户服务的增值链中的全部功能。因此，供应链涉及两个以上通过物流、信息流和资金流关联在一起的法律上的独立组织。由于经营众多种产品，所以零售商的供应链实际上是以自身企业为核心的全部增值过程（或活动）的网络。

供应链管理（Supply Chain Management，简称 SCM），就是对企业现有的供应链进行改造，使企业的增值流更流畅、更有效，即对供应链所涉及组织的集成和对物流、信息流、资金流的协同，以满足用户的需求和提高供应链整体竞争能力。简言之，SCM 就是优化和改进供应链活动，SCM 的对象是供应链的组织（企业）和它们之间的“流”；应用的方法是集成和协同；目标是满足用户需求；最终是提高供应链的整体竞争能力。

SCM 采用信息技术，使包括交货运输、分销中心、工厂和原材料供应等各方面构成的日益扩展的网络赋予自动的智能决策能力，引导供应和需求达到更加完美的平衡。按照这种模式，供应链中的每个环节都能利用最新和最好的相关信息来管理业务，实现产品从起点开始就以尽可能快的速度、最少的成本和更为完美的供需平衡流向客户的目标。

（二）SCM 的必要性

1. 日益激烈的竞争压力，需要极大程度地改进生产和向客户提供产品的过程，以增加利润。

2. 越来越多的生产过程由一些独立的生产和供货实体组成。

3. 世界经济趋于成熟，对“地区性”产品的需求量增加。

4. 对待特殊客户的特殊服务，如快速、可靠供货等竞争压力越来越大。

SCM 是随着 Internet 和电子商务的发展应运而生的一种新型管理系统，它能够帮助企业实现订货、进货、生产、销售等日常工作全流程的信息化，并方便管理者获取与企业相关的各种信息。它有助于降低开支，提高工作效率，增加收入，提高客户的忠诚度，帮助企业的管理者作出更明智的决定。

（三）SCM 的类型

1. 企业内部供应链

SCM 最初起源于 ERP（企业资源规划），是基于企业内部范围的管理。它将企业内部经营所有的业务单元如订单、采购、库存、计划、生产、质量、运输、市场、销售、服务等以及相应的财务活动、人事管理均纳入一条供应链内进行统筹管理。其间经历了从“推式”的 SCM（管理的出发点是从原材料推到产成品、市场、一直推至客户端）到“拉式”SCM（以客户及客户满意度为中心的管理）。这种“拉式”SCM 将企业各业务环节的信息化孤岛连接在一起，使各种业务和信息能够实现集成和共享。

2. 企业外部供应链

随着竞争范围的扩大，企业内部 SCM 延伸并发展为面向全行业的产业链管理，管理的资源从企业内部扩展到了外部。首先，在整个行业中建立一个环环相扣的供应链——产业供应链，使多个企业能在一个整体的管理下实现协作经营和协调运作。其次，在市场、加工（组装）、制造环节与流通环节之间，建立一个业务相关的动态企业联盟（或虚拟公司）——动态联盟供应链。这不仅使每一个企业保持了自己的个体优势，也扩大了其资源利用的范围，使每个企业可以享用联盟中的其他资源。

企业外部 SCM 拆除了企业的围墙，将各个企业独立的信息化“孤岛”连接在一起，建立起一种跨企业的协作，以此来追求和分享市场机会，通过 Internet、电子商务把过去分离的业务过程集成起来，覆盖了从供应商到客户的全部过程，包括原材料供应商、外协加工和组装、生产制造、分销与运输、批发商、零售商、仓储和客户服务等，实现了从生产领域到流通领域一步到位的全程业务过程。

3. 全球网络 SCM

Internet、交互式 Web 应用以及电子商务的出现，改变了商业方式，也将改变现有供应链的结构，传统意义的经销商的功能将逐渐被全球网络电子商务所取代，传统多层的供应链将转变为基于 Internet 的开放式的全球网络供应链。在全球网络供应链中，企业的形态和边界将产生根本性改变，整个供应链的协同运作将取代传统的电子订单，供应商与客户间信息交流层次的沟通与协调将是一种交互式、透明的协同工作。一些新型的、有益于供应链运作的代理服务商将替代传统的经销商，并成为新兴业务，如交易代理、信息检索服务等，因此将会有更多的商业机会等待着人们去发现。这种全球网络供应链将广泛而彻底地影响并改变所有企业的经营运作方式。

二、高效率消费者反应（ECR）

现代供应链管理的发展趋势为：从供应商为整合资源的核心，向零售商成为整合资源的核心方向转移。在这一背景下，高效率消费者反应（ECR）的模式出现了。

（一）ECR的概念

ECR（Efficient Consumer Response的简称）即高效率消费者反应，是指在商品分销系统中，零售商和供应商以消费者需求为中心，为消除系统中不必要的成本和费用而进行密切合作的战略。

ECR的核心在于要求供应商和零售商共同关注消费者的需求，把以往用于谈判的精力，转移到了解消费者的需求并为之做出努力，让消费者少付出金钱、时间、精力和风险，获取更好的品质、更新的创意、更多的信息、更加方便的商品。与此同时，供应商和零售商也从中双双获利，共同成为市场的赢家。ECR力求将消费者、供应商和零售商拴在一条线上，结成利益共同体。由于ECR是以电子商务技术为基础（特别是CPFR技术的应用），消除了价值链上的牛鞭效应的影响，使得整个价值链的补货、存货都是根据消费者需求的变化随时调整的。值得称道的是英国著名电子商务零售商Tesco. Com公司，该公司不但持续改进其电子商务技术，还招聘了一些消费者（如家庭主妇）通过网络为其提供消费信息，指导货架摆设，使得消费者成为公司的决策顾问，从而真正把消费者放在中心地位上，因而使得该公司在许多方面超过了英国的百年老店马莎集团（Marker & Spencer）。例如英国航空公司以前是从马莎订购航空食品，现在改为从Tesco. com订购航空食品。

ECR是英国食品杂货业在市场低迷时提出并发展起来的，据宝洁公司提供的一项国际性调查研究结果表明，若能实现以ECR取代落后而花费繁多的管理系统，全球零售业将节约5000亿元人民币，中国则可节约2000亿元人民币。部分推行ECR的先导公司预测：在5年内，连接在他们及其业务伙伴之间的将是一个无纸的、完全整合的商业信息系统。该系统将具有许多补充功能，既可降低成本，又可使人们专注于其他管理以及产品、服务和系统的创造性开发。

为在我国推进ECR，中国物品编码中心和中国连锁经营协会于2001年共同组建了ECR中国委员会。

（二）ECR 的四大要素

1. 快速产品引进。最有效地开发新产品，进行产品的生产计划，以降低成本。

2. 快速商店分类。通过第二次包装（如为满足不同订单需求，将一个运输包装中的产品进行不同的包装，并赋予不同的包装标识）等手段，提高货物的分销效率，使库存和商店空间的使用率最优化。

3. 快速促销。提高仓库、运输、管理和生产效率，减少预先购买、供应商库存及仓储费用，使零售和促销的整个系统效益最高。

4. 快速补充。通过 EDI 实现以需求为导向的自动连续补充和计算机辅助订货的快速实现，使补充系统的时间和成本最优化。

（三）ECR 的关键技术

ECR 的关键技术是计算机辅助订货，连续补充程序，交接运输，产品、价格和促销数据库。

1. 计算机辅助订货

计算机辅助订货（Computer Assistance Ordering，简称 CAO）是一个由零售商建立的 ECR 工具，应用计算机辅助订货使得零售商能够配合客户的要求，控制货物的流动，达到最佳存货管理。CAO 是通过计算机对有关产品转移（如销售点的设备记录）、影响需求的外在因素（如季节变化）、实际库存、产品接收和可接受的安全库存等信息进行集成而实现的。

计算机究竟什么时候自动生成订单？首先，应了解一下库存系统。库存系统由恒定的最高库存和最低库存之间的一个恒定的订货点所控制。位于最高库存与最低库存之间的库存水平为安全库存。由于零售商在销售点通过扫描客户所购商品上的商品条码，计算机系统就会自动更新商店的销售数据库和库存数据库中的有关数据。随着商品的不断出售，其对应的库存水平也不断地下降。当库存低于恒定订货点时，计算机就会自动“报警”并自动生成一个新的订购单。当该订购单经零售商确认以后，零售商便可通过使用订货单报文，向供应商传送订单，并且可自动更新零售商的订购单操作应用系统。

2. 连续补充程序

连续补充程序（Continuous Replenishment Programme，简称 CRP）改变了零售商向商业伙伴生成订单的传统补充方式，它是由供应商根据从客户那里得到的库存和销售方向的信息，决定补充货物的数量。

在库存系统中，订货点与最低库存之差主要取决于从订货到交货时间、产品周转时间、产品价格、供销变化以及其他变量。订货点与最低库存保持一定的距离，是为了防止产品脱销情况的发生。最高库存与订货点之差，主要取决于交货的频率、产品周转时间、供销变化等。为了满足高效率消费者反应和“降低库存”要求，供应商通过与零售商缔结伙伴关系，主动向零售商频繁交货，并缩短从订货到交货之间的时间间隔。这样，就可降低整个货物补充过程（由工厂到商店）的存货，尽量切合客户的要求，同时减轻存货和生产量的波动。

可见，CRP 成功的关键因素是在信息系统开放的环境中，供应商和零售商之间通过进行库存报告、销售预测报告和订购单报文等有关商业信息的实时数据交换，实现供应商从过去单纯地执行零售商的订购任务，转而主动为零售商分担补充存货的责任，以最高效率补充销售点或仓库的货品。

3. 交接运输

交接运输（Cross Docking）是将仓库或配送中心接到的货物不作为存货，而是为紧接着的下一次货物发送做准备的一种分销系统。因此，交接运输要求所有的归港和出港运输尽量同时进行。

交接运输的流程如下：

①供应商利用发货通知报文，向仓库或配送中心提供装运货物的预先通知；

②在交货地、仓库或配送中心，零售商利用自动数据采集设备扫描接收到的货物包装，核查其是否与供应商发出的货物匹配，并自动生成收货通知报文以便传回供应商；

③在交货地点利用扫描技术可使仓库或配送中心自动处理交付的货物，并自动跟踪货物的下一项分销事宜，使其正确到达最终目的地。

4. 产品、价格和促销数据库

要想提高供应链关系的效率，必须着眼于供应商和零售商最所关注的产品、价格和促销数据库。将信息存取到产品、价格和促销数据库中，对 ECR 的有效运作是很重要的。对供应商和零售商拥有的产品细目进行校准，将消除在供应链的许多节点上可能出现的种种错误，如：代码错误导致的错误产品运输、销售扫描错误导致的库存和订货错误等。

案例与分析

麦德龙的未来商店

麦德龙公司在德国莱茵贝格市郊区开设了首家“未来商店”。在3800平方米的超市大厅里，麦德龙公司同萨普（SAP）、英特尔和另外大约35个来自高科技和消费品行业的合作伙伴一起合作，检测哪些现代技术能够在现有条件下投入商业使用。

麦德龙公司的计划负责人格尔德·沃尔弗拉姆预先制定了主要目标：不仅提高购物过程的效率非常重要，而且“技术的使用还应该使购物变得更舒适、更快捷”。

使购物变得更舒适，这将成为“个人购物顾问”的功能之一。这也意味着在今后，当“特别未来商店”的顾客出示其会员卡后，将得到一台由尼克斯多夫公司生产的能够放在购物车上的小型板式电脑。这台个人电脑在确认了顾客的身份后，就成了该顾客的个人购物向导。

值得一提的是，会员卡记录了该顾客最近几次的购物情况。在此基础上，电脑将帮助顾客在超市里定位，并向他展示他喜欢的商品在什么地方。当然，电脑屏幕上还会出现个性化服务。在对商品进行扫描后，屏幕上还会显示出商品的相关信息，这些相关信息的数据库由甲骨文软件公司提供。

对于莱茵贝格市的顾客来说，排长队也将成为过去。在现有的付款系统外，麦德龙公司在该超市又增添了两台自动扫描付款机，顾客自己扫描商品并把它们装进购物袋里。当然，在这时购物监测系统也称出了商品的重量，并进行价格提示。

超市出口处的一个信息窗口装备了国民现金出纳机公司的技术。在那里，一名女职员观察着整个过程，并在顾客要求的情况下提供帮助。顾客可以用现金或者欧洲支票来支付。

案例思考题

麦德龙的“未来商店”涉及了本章所学的哪些技术知识，体现了哪些现代零售自动化理念？

本章思考题

1. 什么是管理信息系统？
2. 零售企业的 POS 系统应具备哪些功能？
3. POS 系统有哪些基本构件？
4. 什么是电子订货系统？
5. 什么叫电子数据交换系统？
6. 什么是电子标签？
7. 零售企业的供应链管理呈现什么趋势？

参考文献

1. ［美］高登 B. 戴维斯等著．管理信息系统．乌鲁木齐：新疆人民出版社，1988

2. 王成荣，赖阳等著．流通现代化新论．北京：中国经济出版社，2006

3. 赖阳主编．连锁超市．北京：中国财经出版社，2002

4. 何明珂等编著．现代物流与配送中心：推动流通创新的趋势．北京：中国商业出版社，1997